VIDOCQ

MÉMOIRES DE VIDOCQ,

CHEF DE LA POLICE DE SÛRETÉ JUSQU'EN 1827

AUJOURD'HUI PROPRIETAIRE ET FABRICANT
DE PAPIER A SAINT-MANDE

TOME PREMIER

(1828)

Le plus grand fléau, est l'homme qui provoque.

Quand il n'y a point de provocateurs, ce sont les forts qui commettent les crimes, parce que ce ne sont que les forts qui les conçoivent. En police, il vaut mieux ne pas faire d'affaire que d'en créer.

Mémoires, *tome* 1.

VIDOCQ

AU LECTEUR

Ce fut au mois de janvier 1828 que je terminai ces Mémoires, dont je voulais diriger moi-même la publication. Malheureusement, dans le courant de février, je me cassai le bras droit, et comme il était fracturé en cinq endroits différents, il fut question de me le couper ; pendant plus de six semaines, mes jours furent en péril, j'étais en proie à d'horribles souffrances. Dans cette cruelle situation, je n'étais guère en état de relire mon manuscrit, et d'y mettre ce qu'on appelle la dernière main : cependant j'avais vendu, et le libraire était pressé de publier ; il offrit de me donner un réviseur, et, trompé par la recommandation d'un écrivain honorablement connu dans la littérature, pour faire un travail qu'en toute autre circonstance je n'eusse confié à personne, il me présenta l'un de ces prétendus hommes de lettres dont l'intrépide jactance cache la nullité, et qui n'ont d'autre vocation que le besoin d'argent. Ce prétendu homme de lettres exaltait beaucoup trop son propre mérite, pour que je n'éprouvasse pas quelque répugnance à l'accepter, mais il avait derrière lui une caution respectable, il était désigné par un littérateur distingué. J'écartai des préventions peut-être injustes, et je consentis à être suppléé en attendant ma guérison. Le suppléant devait immédiatement prendre connaissance du manuscrit ; il le parcourut, et après un examen superficiel, afin de se faire valoir, il ne manqua pas d'affirmer, suivant l'usage, qu'il, avait beaucoup à revoir et à corriger ; le libraire, suivant l'usage encore, le crut sur parole ; on réussit à me persuader dans le même sens, et, comme tant d'autres, qui ne s'en vantent pas, j'eus un *teinturier*.

Certes, il avait beaucoup à reprendre dans mon style : j'ignorais les convenances et les formes littéraires, mais j'étais habitué à un ordre logique, je savais l'inconvénient des répétitions de mots, et si je n'étais pas grammairien comme Vaugelas, soit routine, soit bonheur, j'avais presque toujours l'avantage d'éviter les fautes de français. Vidocq écrivant avec cette correction était peut-être une invraisemblance aux yeux de mon censeur, c'est ce que je ne sais pas : mais voici le fait :

Au mois de juillet dernier, j'allai à Douai pour faire entériner des lettres de grâces qui m'avaient été accordées en 1818. À mon retour, je demandai en communication les feuilles imprimées de mes Mémoires, et comme ma réintégration dans les droits de citoyen ne me laissait plus redouter aucune rigueur arbitraire de la part de l'autorité, je me proposai de refondre dans mon manuscrit tout ce qui est relatif à la police, afin de le compléter par des révélations dont je m'étais jusqu'alors abstenu.

Quel ne fut pas mon étonnement, lorsqu'à la lecture du premier volume et d'une partie du second, je m'aperçus que ma rédaction avait été entièrement changée, et qu'à une narration dans laquelle se retrouvaient à chaque instant, les saillies, la vivacité et l'énergie de mon caractère, on en avait substitué une autre, tout à fait dépourvue de vie, de couleur et de rapidité. Sauf quelques altérations, les faits étaient bien les mêmes, mais tout ce qu'il y avait de fortuit, d'involontaire, de spontané dans les vicissitudes d'une carrière orageuse, ne s'y présentait plus que comme une longue préméditation du mal. L'empire de la nécessité était soigneusement dissimulé ; j'étais en quelque sorte le Cartouche de l'époque, ou plutôt un autre *compère Matthieu*, n'ayant ni sensibilité, ni conscience, ni regrets, ni repentir. Pour comble de disgrâce, la seule intention qui pût justifier quelques aveux d'une sincérité peu commune, devenait imperceptible, je n'étais plus qu'un éhonté qui, accoutumé à ne plus rougir, joint à l'immoralité de certaines actions, celle de se complaire à les raconter. Pour me déconsidérer sous d'autres rapports, on me prêtait encore un langage d'une trivialité que rien ne rachète. De bonne foi, je me sentais intérieurement humilié de ce que la presse avait reproduit des détails que je n'aurais pas manqué de faire disparaître, si je n'avais pas compté sur la révision d'un homme de goût. J'étais choqué de cette multitude de locutions vicieuses, de tournures fatigantes, de phrases prolixes, dans lesquelles l'oreille n'est pas plus ménagée que le bon sens et la syntaxe. Il ne m'était pas concevable qu'avec une telle absence de talent, on s'aveuglât au point de prendre la qualité d'homme de lettres. Mais bientôt des soupçons s'élevèrent dans mon esprit, et à la suppression de quelques noms que j'étais surpris de ne plus trouver (celui de mon successeur, Coco-Lacour, par exemple), je crus reconnaître le doigt d'une police émérite et les traces d'une transaction à laquelle on s'était bien gardé de nous initier, le libraire et moi. Vraisemblablement le parti Delavau et Franchet, informé du fatal accident qui m'empêchait de surveiller par moi-même une publication qui doit l'inquiéter, avait profité de la circonstance pour faire rédiger mes Mémoires d'une manière à paralyser d'avance l'effet de révélations dont il n'aura pas à s'applaudir. Toutes les conjectures étaient permises ; je n'accusai avec certitude que l'incapacité de mon correcteur, et comme, sans vanité, j'étais plus satisfait de ma prose que de la sienne, je le priai de se dispenser de continuer son travail.

Il semblerait qu'alors il n'eut point d'objection à faire ; mais devait-il se départir de sa mission ? il opposa un marché et un commencement d'exécution, en vertu duquel il s'attribuait le droit de me mutiler bon gré malgré, et de m'accommoder jusqu'au bout à sa fantaisie, à moins qu'il ne me plût de lui allouer une indemnité. J'aurais pu à plus juste titre lui demander des dommages et intérêts ; mais où il n'y a ni bien ni honneur à quoi sert une réclamation de ce genre ? Pour ne pas perdre de temps en débats inutiles, je rachetai mon manuscrit, et j'en payai la rançon sous certaines réserves que je fis *in petto*.

Dès ce moment, je pris la résolution d'anéantir les pages dans lesquelles ma vie et les diverses aventures dont elle se compose étaient offertes sans excuse. Une lacération complète était le plus sûr moyen de déjouer une intrigue dont il était facile d'apercevoir le but ; mais un premier volume était prêt, et déjà le second était en bon train ; une suppression totale eût été un sacrifice trop considérable pour le libraire : d'un autre côté, par un des plus coupables abus de confiance, le forban qui nous avait fait contribuer, trafiquant d'un exemplaire soustrait frauduleusement, vendait mes Mémoires à Londres, et insérés par extraits dans les journaux ils revenaient bientôt à Paris, où ils étaient donnés comme des traductions. Le vol était audacieux ; je ne balançai pas à en nommer l'auteur. J'aurais pu le poursuivre ; son action ne restera pas impunie. En attendant, j'ai pensé qu'il était bon d'aller au plus pressé, c'est-à-dire de sauver la spéculation du libraire, en ne souffrant pas qu'il soit devancé, et qu'un larcin inouï dans les fastes de la librairie parvienne à ses dernières conséquences ; il fallait une considération de ce genre, pour que je me décidasse à immoler mon amour-propre : c'est parce qu'elle a été toute puissante sur moi, que, dans un intérêt contraire au mien, et pour satisfaire à l'impatience du public, j'accepte aujourd'hui, comme mienne, une rédaction que j'avais d'abord le dessein de répudier. Dans ce texte, tout est conforme à la vérité ; seulement le vrai, en ce qui me concerne, est dit avec trop peu de ménagements et sans aucune des précautions qu'exigeait une confession générale, d'après laquelle chacun est appelé à me juger. Le principal défaut est dans une disposition malveillante, dont je puis seul avoir à me plaindre. Quelques rectifications m'ont paru indispensables, je les ai faites. Ceci explique la différence de ton dont on pourra être frappé en comparant entre elles quelques portions de ces Mémoires ; mais, à partir de mon admission parmi les corsaires de Boulogne, on se convaincra facilement que je n'ai plus d'interprète ; personne ne s'est immiscé ni ne s'immiscera désormais dans la tâche que je me suis imposée de dévoiler au public tout ce qui peut l'intéresser ; je parle et je parlerai sans réserve, sans restriction, et avec toute la franchise d'un homme qui n'a plus de craintes, et qui, enfin rentré dans la plénitude des droits dont il fut injustement privé, aspire à les exercer dans toute leur étendue. Que si l'on concevait quelques doutes sur la réalité de cette intention, il me suffirait de renvoyer le lecteur au dernier chapitre de mon second volume, où il acquerrait déjà la preuve que j'ai la volonté et la force de tenir parole.

CHAPITRE PREMIER.

Ma naissance. – Dispositions précoces. – Je suis mitron. – Un premier vol. – La fausse clé. – Les poulets accusateurs. – L'argenterie enlevée. – La prison. – La clémence maternelle. – Mon père ouvre les yeux. – Le grand coup. – Départ d'Arras. – Je cherche un navire. – Le courtier d'un musicos. – Le danger de l'ivresse. – La trompette m'appelle. – M. Comus, premier physicien de l'univers. – Le précepteur du général Jacquot. – Les acrobates. – J'entre dans la banque. – Les leçons du petit diable. – Le sauvage de la mer du Sud. – Polichinel et le théâtre des variétés amusantes. – Une scène de jalousie, ou le sergent dans l'œil. – Je passe au service d'un médecin nomade. – Retour à la maison paternelle. – La connaissance d'une comédienne. – Encore une fugue. – Mon départ dans un régiment. – Le camarade précipité. – La désertion. – Le franc Picard et les assignats. – Je passe à l'ennemi. – Une schlag. – Je reviens sous mes anciens drapeaux. – Un vol domestique et la gouvernante d'un vieux garçon. – Deux duels par jour. – Je suis blessé. – Mon père fonctionnaire public. – Je fais la guerre. – Changement de corps. – Séjour à Arras.

Je suis né à Arras : mes travestissements continuels, la mobilité de mes traits, une aptitude singulière à me grimer, ayant laissé quelques incertitudes sur mon âge, il ne sera pas superflu de déclarer ici que je vins au monde le 23 juillet 1775, dans une maison voisine de celle où, seize ans auparavant, était né Robespierre. C'était la nuit : la pluie tombait par torrents ; le tonnerre grondait ; une parente, qui cumulait les fonctions de sage-femme et de sybille, en conclut que ma carrière serait fort orageuse. Il y avait encore dans ce temps de bonnes gens qui croyaient aux présages : aujourd'hui qu'on est plus éclairé, combien d'hommes qui ne sont pas des commères, parieraient pour l'infaillibilité de Mademoiselle Lenormand !

Quoi qu'il en soit, il est à présumer que l'atmosphère ne se bouleversa pas tout exprès pour moi, et bien que le merveilleux soit parfois chose fort séduisante, je suis loin de penser que la haut on ait pris garde à ma naissance. J'étais pourvu d'une constitution des plus robustes, l'étoffe n'y avait pas été épargnée ; aussi, dès que je parus, on m'eût pris pour un enfant de deux ans, et j'annonçais déjà ces formes athlétiques, cette structure colossale, qui depuis ont glacé d'effroi les coquins les plus intrépides et les plus vigoureux. La maison de mon père étant située sur la place d'armes, rendez-vous habituel de tous les polissons du quartier, j'exerçai de bonne heure mes facultés musculaires, en rossant régulièrement mes camarades, dont les parents ne manquaient pas de venir se plaindre aux miens. Chez nous, on n'entendait parler que d'oreilles arrachées, d'yeux pochés, de vêtements déchirés : à huit ans, j'étais la terreur des chiens, des chats et des enfants du voisinage ; à treize, je maniais assez bien un fleuret pour n'être pas déplacé dans un assaut. Mon père s'apercevant que je hantais les militaires de la garnison, s'alarma de mes progrès, et m'intima l'ordre de me disposer à faire ma première communion : deux dévotes se chargèrent de me préparer à cet acte solennel. Dieu sait quel fruit j'ai tiré de leurs leçons ! Je commençais, en même temps, à apprendre l'état de boulanger : c'était la profession de mon père, qui me destinait à lui succéder, bien que j'eusse un frère plus âgé que moi.

Mon emploi consistait principalement à porter du pain dans la ville. Je profitais de ces courses pour faire de fréquentes visites à la salle d'armes ; mes parents ne l'ignoraient pas, mais les cuisinières faisaient de si pompeux éloges de ma complaisance et de mon exactitude, qu'ils fermèrent les yeux sur mainte escapade Cette tolérance dura jusqu'à ce qu'ils eussent constaté un déficit dans le comptoir, dont ils ne retiraient jamais la clé. Mon frère, qui l'exploitait concurremment avec moi, fut pris en flagrant délit, et déporté chez un boulanger de Lille. Le lendemain de cette exécution, dont on ne m'avait pas confié le motif, je me disposais à explorer, comme de coutume, le bienheureux tiroir, lorsque je m'aperçus qu'il était soigneusement fermé. Le même jour, mon père me signifia que j'eusse à mettre plus de célérité dans mes tournées, et à rentrer à heure fixe. Ainsi il était évident que désormais je n'aurais plus ni argent ni liberté : je déplorai ce double malheur, et m'empressai d'en faire part à l'un de mes camarades, le nommé *Poyant*, qui était plus âgé que moi. Comme le comptoir était percé pour l'introduction des monnaies, il me conseilla d'abord de passer dans le trou une plume de corbeau enduite de glu ; mais cet ingénieux procédé ne me procurait que des pièces légères, et il fallut en venir à l'emploi d'une fausse clé, qu'il me fit fabriquer par le fils d'un sergent de ville. Alors je puisai de nouveau dans la caisse, et nous consommâmes ensemble le produit de ces larcins dans une espèce de taverne où nous avions établi notre quartier général. Là se réunissaient, attirés par le patron du lieu, bon nombre de mauvais sujets connus, et quelques malheureux jeunes gens qui, pour avoir le gousset garni, usaient du même expédient que moi. Bientôt je me liai avec tout ce qu'il y avait de libertins dans le pays, les Boudou, les Delcroix, les Hidou, les Franchison, les Basserie, qui m'initièrent à leurs dérèglements. Telle était l'honorable société au sein de laquelle s'écoulèrent mes loisirs, jusqu'au moment où mon père m'ayant surpris un jour, comme il avait surpris mon frère, s'empara de ma clé, m'administra une correction, et prit des précautions telles qu'il ne fallut plus songer à m'attribuer un dividende dans la recette.

Il ne me restait plus que la ressource de prélever en nature la dîme sur les fournées. De temps à autre, j'escamotais quelques pains ; mais comme, pour m'en défaire, j'étais obligé de les donner à vil prix, à peine, dans le produit de la vente, trouvais-je de quoi me régaler de tartes et d'hydromel. La nécessité rend actif : j'avais l'œil sur tout ; tout m'était bon, le vin, le sucre, le café, les liqueurs. Ma mère n'avait pas encore vu ses provisions s'épuiser si vite ; peut-être n'eût-elle pas découvert de sitôt où elles passaient, lorsque deux poulets que j'avais résolu de confisquer à mon profit élevèrent la voix pour m'accuser. Enfoncés dans ma culotte, où mon tablier de mitron les dissimulait ils chantèrent en montrant la crête, et ma mère, avertie ainsi de leur enlèvement, se présenta à point nommé pour l'empêcher. Il me revint alors quelques soufflets, et j'allai me coucher sans souper. Je ne dormis pas, et ce fut, je crois, le malin esprit qui me tint éveillé. Tout ce que je sais, c'est que je me levai avec le projet bien arrêté de faire main basse sur l'argenterie. Une seule chose m'inquiétait : sur chaque pièce le nom de Vidocq était gravé en toutes lettres. Poyant, à qui je m'ouvris à ce sujet, leva toutes les difficultés, et le jour même, à l'heure du dîner, je fis une rafle de dix couverts et d'autant de cuillers à café. Vingt minutes après, le tout était engagé, et dès le surlendemain, je n'avais plus une obole des cent cinquante francs que l'on m'avait prêtés.

Il y avait trois jours que je n'avais pas reparu chez mes parents, lorsqu'un soir je fus arrêté par deux sergents de ville, et conduit aux *Baudets*, maison de dépôt où l'on renfermait les fous, les prévenus et les mauvais sujets du pays. L'on m'y tint dix jours au cachot, sans vouloir me faire connaître les motifs de mon arrestation ; enfin le geôlier m'apprit que j'avais été incarcéré à la demande de mon père. Cette nouvelle calma un peu mes inquiétudes : c'était une correction paternelle qui m'était infligée, je me doutais bien qu'on ne me tiendrait pas rigueur. Ma mère vint me voir le lendemain, j'en obtins mon pardon ; quatre jours après j'étais libre, et je m'étais remis au travail avec l'intention bien prononcée de tenir désormais une conduite irréprochable. Vaine résolution !

Je revins promptement à mes anciennes habitudes, sauf la prodigalité, attendu que j'avais d'excellentes raisons pour ne plus faire le magnifique ; mon père, que j'avais vu jusqu'alors assez insouciant, était d'une vigilance qui eût fait honneur au commandant d'une grand'garde. Était-il obligé de quitter le poste du comptoir, ma mère le relevait aussitôt : impossible à moi d'en approcher, quoique je fusse sans cesse aux aguets. Cette permanence me désespérait. Enfin, un de mes compagnons de taverne pris pitié de moi : c'était encore Poyant, fieffé vaurien, dont les habitants d'Arras peuvent se rappeler les hauts faits. Je lui confiai mes peines. « Eh quoi ! me dit-il, tu es bien bête de rester à l'attache, et puis ça n'a-t-il pas bonne mine, un garçon de ton âge n'avoir pas le sou ? va ! si j'étais à ta place, je sais bien ce que je ferais. – Eh ! que ferais-tu ? – Tes parents sont riches, un millier d'écus de plus ou de moins ne leur fera pas de tort : de vieux avares, c'est pain béni, il faut faire une main-levée. – J'entends, il faut empoigner en gros ce qu'on ne peut pas avoir en détail. – Tu y es : après l'on décampe, ni vu ni connu. – Oui, mais la maréchaussée. – Tais-toi : est-ce que tu n'es pas leur fils ? et puis ta mère t'aime bien trop. » Cette considération de l'amour de ma mère, joint au souvenir de son indulgence après mes dernières fredaines, fut toute-puissante sur mon esprit ; j'adoptai aveuglément un projet qui souriait à mon audace ; il ne restait plus qu'à le mettre à exécution ; l'occasion ne se fit pas attendre.

Un soir que ma mère était seule au logis, un affidé de Poyant vint l'avertir, jouant le bon apôtre, qu'engagé dans une orgie avec des filles, je battais tout le monde, que je voulais tout casser et briser dans la maison, et que si l'on me laissait faire, il y aurait au moins pour 100 fr. de dégât, qu'il faudrait ensuite payer.

En ce moment, ma mère, assise dans son fauteuil, était à tricoter ; son bas lui échappe des mains ; elle se lève précipitamment et court tout effarée au lieu de la prétendue scène, qu'on avait eu le soin de lui indiquer à l'une des extrémités de la ville. Son absence ne devait pas durer long-temps : nous nous hâtâmes de la mettre à profit. Une clé que j'avais escamotée la veille nous servit à pénétrer dans la boutique. Le comptoir était fermé ; je fus presque satisfait de rencontrer cet obstacle. Cette fois, je me rappelai l'amour que me portait ma mère, non plus pour me promettre l'impunité, mais pour éprouver un commencement de remords. J'allais me retirer, Poyant me retint, son éloquence infernale me fit rougir de ce qu'il appelait ma faiblesse, et lorsqu'il me présenta une pince dont il avait eu la précaution de se munir, je la saisis presque avec enthousiasme : la caisse fut forcée ; elle contenait à peu près deux mille francs, que nous partageâmes, et une demi-heure après j'étais seul sur la route de Lille. Dans le trouble où m'avait jeté cette expédition, je marchai d'abord fort vite de sorte qu'en arrivant à Lens, j'étais déjà excédé de fatigue ; je m'arrêtai. Une voiture de retour vint à passer, j'y pris place, et en moins de trois heures j'arrivai dans la capitale de la Flandre française, d'où je partis immédiatement pour Dunkerque, pressé que j'étais de m'éloigner le plus possible, pour me dérober à la poursuite.

J'avais l'intention d'aller faire un tour dans le Nouveau Monde. La fatalité déjoua ce projet : le port de Dunkerque était désert ; je gagnai Calais, afin de m'embarquer sur-le-champ ; mais on me demanda un prix qui excédait la somme que je possédais. On me fit espérer qu'à Ostende le transport serait meilleur marché, vu la concurrence ; je m'y rendis, et n'y trouvai pas les capitaines plus traitables qu'à Calais. À force de désappointements, j'étais tombé dans cette disposition aventureuse où l'on se jette volontiers dans les bras du premier venu, et je ne sais trop pourquoi je m'attendais à rencontrer quelque bon enfant qui me prendrait gratis à son bord, ou du moins ferait un rabais considérable en faveur de ma bonne mine, et de l'intérêt qu'inspire toujours un jeune homme. Tandis que j'étais à me promener, préoccupé de cette idée, je fus accosté par un individu dont l'abord bienveillant me fit croire que ma chimère allait se réaliser. Les premières paroles qu'il m'adressa furent des questions : il avait compris que j'étais étranger ; il m'apprit qu'il était courtier de navires, et quant je lui eus fait connaître le but de mon séjour à Ostende, il me fit des offres de service. « Votre physionomie me plaît, me dit-il ; j'aime les figures ouvertes ; il y a dans vos traits un air de franchise et de jovialité que j'estime : tenez, je veux vous le prouver, en vous faisant obtenir votre passage presque pour rien. ». Je lui en témoignai ma reconnaissance. « Point de remerciement, mon ami ; quand votre affaire sera faite, à la bonne heure ; ce sera bientôt, j'espère ; en attendant, vous devez vous ennuyer ici ? » Je répondis qu'en effet je ne m'amusais pas beaucoup. « Si vous voulez venir avec moi à Blakemberg, nous, souperons ensemble chez de braves gens qui sont fous des Français. » Le courtier me fit tant de politesse, il me conviait de si bonne grâce qu'il y aurait eu de la malhonnêteté à me faire prier ; j'acceptai donc : il me conduisit dans une maison ou des dames fort aimables nous accueillirent avec tout l'abandon de cette hospitalité antique, qui ne se bornait pas au festin. À minuit, probablement ; je dis probablement, car nous ne comptions plus les heures, j'avais la tête lourde, mes jambes ne pouvaient plus me porter ; il y avait autour de moi un mouvement de rotation générale, et les choses tournèrent de telle sorte, que, sans m'être aperçu que l'on m'eût déshabillé, il me sembla être en chemise sur le même édredon qu'une des nymphes blakembergeoises : peut-être était-ce vrai ; tout ce que je sais, c'est que je m'endormis. À mon réveil, je sentis une vive impression de froid... Au lieu de vastes rideaux verts qui m'avaient apparu comme dans un songe, mes yeux appesantis entrevoyaient une forêt de mâts, et j'entendais ce cri de vigilance qui ne retentit que dans les ports de mer ; je voulus me lever sur mon séant, ma main s'appuya sur un tas de cordages auxquels j'étais adossé. Rêvais-je maintenant, ou bien avais-je rêvé la veille ? je me tâtai, je me secouai, et quand je fus debout, il me fut démontré que je ne rêvais pas, et, qui pis est, que je n'étais pas du petit nombre de ces êtres privilégiés à qui la fortune vient en dormant. J'étais à demi vêtu, et, à part deux écus de six livres, que je trouvai dans une des poches de ma culotte, il ne me restait pas une pièce de monnaie. Alors il me devint trop clair que, suivant le désir du courtier, *mon affaire avait été bientôt faite*. J'étais transporté de fureur ; mais à qui m'en prendre : il ne m'aurait pas même été possible d'indiquer l'endroit où l'on m'avait dépouillé de la sorte ; j'en pris mon parti, et je retournai à l'auberge, où quelques hardes que j'avais encore pouvaient combler le déficit de ma toilette. Je n'eus pas besoin de mettre mon hôte au fait de ma mésaventure. « Ah ! ah ! me dit-il, d'aussi loin qu'il put m'apercevoir, en voilà encore un. Savez-vous, jeune homme, que vous en êtes quitte à bon compte ? vous revenez avec tous vos membres, c'est bien heureux quand on va dans des guêpiers pareils : vous savez à présent ce qu'est un *musicos ;* il y avait aux moins de belles syrènes ! tous les flibustiers, voyez-vous, ne sont pas sur la mer, ni les requins dedans ; je gage qu'il ne vous reste pas une plaquette. » Je tirai fièrement mes deux écus pour les montrer à l'aubergiste. « Ce sera, reprit-il, pour solder votre dépense. » Aussitôt il me présenta ma note ; je le payai et pris congé de lui, sans cependant quitter la ville.

Décidément, mon voyage d'Amérique était remis aux calendes grecques et le vieux continent était mon lot ; j'allais être réduit à croupir sur les plus bas degrés d'une civilisation infime, et mon avenir m'inquiétait d'autant plus, que je n'avais aucune ressource pour le présent. Chez mon père, jamais le pain ne m'aurait manqué : aussi regrettais-je le toit paternel ; le four, me disais-je, aurait toujours chauffé pour moi comme pour tous les autres. Après ces regrets, je repassai dans mon esprit toute cette foule de réflexions morales qu'on a cru fortifier en les ramenant à des formes superstitieuses : *Une mauvaise action ne porte pas bonheur ; le bien mal acquis ne profite pas. Pour la* première fois je reconnaissais, d'après mon expérience, un fonds de vérité dans ces sentences prophétiques, qui sont des prédictions perpétuelles plus sûres que les admirables centuries de Michel Nostradamus. J'étais dans une veine de repentir, que ma situation rend très concevable. Je calculais les suites de ma *fugue* et des circonstances aggravantes, mais ces dispositions ne furent qu'éphémères ; il était écrit que je ne serais pas lancé de sitôt dans une bonne voie. La marine était une carrière qui m'était ouverte, je me résolus d'y prendre du service ; au risque de me rompre le cou trente fois par jour, à grimper pour onze francs par mois dans les haubans d'un navire. J'étais prêt à m'enrôler comme novice, lorsqu'un son de trompette attira tout à coup mon attention : ce n'était pas de la cavalerie, c'était paillasse et son maître, qui, devant une baraque tapissée des enseignes d'une ménagerie ambulante, appelaient un public qui ne siffle jamais à assister à leurs grossiers lazzis ; j'arriva pour voir commencer la parade, et tandis qu'un auditoire assez nombreux manifestait sa gaîté par de gros éclats de rire, il me vint le pressentiment que le maître de paillasse pourrait m'accorder quelqu'emploi. Paillasse me paraissait un bon garçon, je voulus m'en faire un protecteur, et comme je savais qu'une prévenance en vaut une autre, quand il descendit de ses tréteaux pour dire *suivez le monde*, pensant bien qu'il était altéré, je consacra mon dernier escalin à lui offrir de prendre sa moitié d'une pinte de genièvre. Paillasse, sensible à cette politesse me promit aussitôt de parler pour moi, et dès que notre pinte fut finie, il me présenta au directeur. Celui-ci était le célèbre Cotte-Comus ; il s'intitulait le premier physicien de l'univers, et pour parcourir la province, il avait mis ses talents en commun avec le naturaliste Garnier, le savant précepteur du général Jacquot, que tout Paris a vu dans la cour des Fontaines avant et depuis la restauration. Ces messieurs s'étaient adjoint une troupe d'acrobates. Comus, dès que je parus devant lui, me demanda ce que je savais faire. « Rien, lui répondis je. – En ce cas, me dit-il, on t'instruira ; il y en a de plus bêtes, et puis, d'ailleurs tu ne m'as pas l'air maladroit ; nous verrons si tu as des dispositions pour la banque ; alors je t'engagerai pour deux ans ; les premiers six mois tu seras bien nourri, bien vêtu ; au bout de ce temps tu auras un sixième de *la manche* (la quête) ; et l'année d'ensuite, si tu es intelligent, je te donnerai ta part comme aux autres ; en attendant mon ami, je saurai t'occuper. »

Me voilà introduit, je vais partager le grabat de l'obligeant paillasse. Au point du jour, nous sommes éveillés par la voix majestueuse du patron, qui me conduit dans un espèce de bouge : « Toi, me dit-il, en me montrant des lampions et des girandoles de bois, voilà ta besogne, tu vas m'approprier tout ça, et le mettre en état comme il faut, entends-tu ? après tu nettoieras les cages des animaux, et tu balaieras la salle. » J'allais faire un métier qui ne me plaisait guère : le suif me dégoûtait, et je n'étais pas trop à mon aise avec les singes, qui, effarouchés par un visage qu'ils ne connaissaient pas, faisaient des efforts incroyables pour m'arracher les yeux. Quoi qu'il en soit, je me conformai à la nécessité. Ma tâche remplie, je parus devant le directeur, qui me déclara que j'étais son affaire, en ajoutant que si je continuais à montrer du zèle, il ferait quelque chose de moi. Je m'étais levé matin, j'avais une faim dévorante, il était dix heures, je ne voyais pas qu'il fût question de déjeûner, et pourtant il était convenu qu'on me donnerait le logement et la table ; je tombais de besoin, quand on m'apporta enfin un morceau de pain bis, si dur, que, ne pouvant l'achever, bien que j'eusse des dents excellentes et un rude appétit, j'en jetai la plus grande partie aux animaux. Le soir, il me fallut illuminer ; et comme, faute d'habitude, je ne déployais pas dans ces fonctions toute la célérité convenable, le directeur, qui était brutal, m'administra une petite correction qui se renouvela le lendemain et jours suivants. Un mois ne s'était pas écoulé, que j'étais dans un état déplorable ; mes habits tachés de graisse et déchirés par les singes, étaient en lambeaux ; la vermine me dévorait ; la diète forcée m'avait maigri au point qu'on ne m'aurait pas reconnu ; c'est alors que se ranimèrent encore avec plus d'amertume les regrets de la maison paternelle, où l'on était bien nourri, bien couché, bien vêtu, et où l'on n'avait pas à faire des ménages de singe.

J'étais dans ces dispositions, lorsqu'un matin Comus vint me déclarer qu'après avoir bien réfléchi à ce qui me convenait, il s'était convaincu que je ferais un habile *sauteur*. Il me remit en conséquence dans les mains du sieur *Balmate*, dit le *petit diable*, qui eut ordre de me dresser. Mon maître faillit me casser les reins à la première souplesse qu'il voulut me faire faire : je prenais deux ou trois leçons par jour. En moins de trois semaines, j'étais parvenu à exécuter dans la perfection le saut de carpe, le saut de singe, le saut de poltron, le saut d'ivrogne, etc. Mon professeur, enchanté de mes progrès, prenait plaisir à les accélérer encore... cent fois je crus que, pour développer mes moyens, il allait me disloquer les membres. Enfin nous en vînmes aux difficultés de l'art, c'était toujours de plus fort en plus fort. Au premier essai du grand écart, je manquai de me pourfendre ; au saut de la chaise, je me rompis le nez. Brisé, moulu, dégoûté d'une si périlleuse gymnastique, je pris le parti d'annoncer à M. Comus, que décidément je ne me souciais pas d'être sauteur. Ah ! tu ne t'en soucies pas, me dit-il, et sans rien m'objecter il me repassa force coups de cravaches ; dès ce moment Balmate ne s'occupa plus de moi, et je retournai à mes lampions.

M. Comus m'avait abandonné, ce devait bientôt être au tour de Garnier de s'occuper de me donner un état ; un jour qu'il m'avait rossé plus que de coutume (car c'était un exercice dont il partageait le plaisir avec M. Comus), Garnier, me toisant de la tête aux pieds, et contemplant avec une satisfaction trop marquée le délabrement de mon pourpoint, qui montrait les chairs : « Je suis content de toi, me dit-il, te voilà précisément au point où je te voulais ; à présent, si tu es docile, il ne tiendra qu'à toi d'être heureux ; à dater d'aujourd'hui, tu vas laisser croître tes ongles ; tes cheveux sont déjà d'une bonne longueur, tu es presque nu, une décoction de feuilles de noyer fera le reste. » J'ignorais où Garnier allait en venir, lorsqu'il appela mon ami Paillasse, à qui il commanda de lui apporter la peau de tigre et la massue : Paillasse revint avec les objets demandés. « À présent, reprit Garnier, nous allons faire une répétition. Tu es un jeune sauvage de la mer du Sud, et, qui plus est, un antropophage[1] ; tu manges de la chair crue, la vue du sang te met en fureur, et quand tu as soif, tu t'introduis dans la bouche des cailloux que tu broies ; tu ne pousses que des sons brusques et aigus, tu ouvres de grands yeux, tes mouvements sont saccadés, tu ne vas que par sauts et par bonds ; enfin, prends exemple sur l'homme des bois qui est ici dans la cage n° 1. » Pendant cette instruction, une jatte pleine de petits cailloux parfaitement arrondis était à mes pieds, et tout près de là un coq qui s'ennuyait d'avoir les pattes liées ; Garnier le prit et me le présenta en me disant : « Mords là dedans. » Je ne voulus pas mordre ; il insista avec des menaces ; je m'insurgeai et fis aussitôt la demande de mon congé ; pour toute réponse, on m'administra une douzaine de soufflets ; Garnier n'y allait pas de main morte. Irrité de ce traitement, je saisis un pieu, et j'aurais infailliblement assommé monsieur le naturaliste, si toute la troupe, étant venue fondre sur moi, ne m'eût jeté à la porte au milieu d'une grêle de coups de pieds et de coups de poings.

Depuis quelques jours, je m'étais rencontré dans le même cabaret avec un bateleur et sa femme, qui faisaient voir les marionnettes en plein vent. Nous avions fait connaissance, et j'étais certain de leur avoir inspiré de l'intérêt. Le mari me plaignait beaucoup d'être condamné, disait-il, au *supplice des bêtes*. Parfois il me comparait plaisamment à Daniel dans la fosse aux lions. On voit qu'il était érudit et fait pour quelque chose de mieux que pour le drame *de polichinel ;* aussi devait-il, plus tard, exploiter une direction dramatique en province : peut-être l'exploite-t-il encore ; je tairai son nom. Le futur directeur était très spirituel, madame ne s'en apercevait pas ;

---

[1] L'orthographe de l'édition originale a été conservée ; de même pour « cejourd'hui », « walser », « savatte », « comfortable », « savanne », « gands », etc. *(Note du correcteur – ELG.)*

mais il était fort laid, et elle le voyait bien ; madame était en outre une de ces brunes piquantes, à longs cils, dont le cœur est inflammable au plus haut degré, dût-il ne s'y allumer qu'un feu de paille. J'étais jeune, madame l'était aussi ; elle n'avait pas seize ans, monsieur en avait trente-cinq. Dès que je me vis sans place, j'allai trouver les deux époux ; j'avais dans l'idée qu'ils me donneraient un conseil utile : ils me donnèrent à dîner, et me félicitèrent d'avoir osé m'affranchir du joug despotique de Garnier, qu'ils appelaient le *cornac*. « Puisque tu es devenu ton maître, me dit le mari, il faut venir avec nous, tu nous seconderas ; au moins, quand nous serons trois il n'y aura plus d'entre-actes, tu me tendras les acteurs pendant qu'Elisa *fera la manche* ; le public, tenu en haleine, ne filera pas, et la recette en sera plus abondante. Qu'en dis-tu, Elisa ? » Elisa répondit à son mari qu'il ferait à cet égard tout ce qu'il voudrait, qu'au surplus elle était de son avis, et en même temps elle laissa tomber sur moi un regard qui me prouva qu'elle n'était pas fâchée de la proposition, et que nous nous entendrions à merveille. J'acceptai avec reconnaissance le nouvel emploi qui m'était offert, et, à la prochaine représentation je fus installé à mon poste. La condition était infiniment meilleure qu'auprès de Garnier. Elisa, qui, malgré ma maigreur, avait découvert que je n'étais pas si mal bâti que mal habillé, me faisait en secret mille agaceries auxquelles je répondais, au bout de trois jours, elle m'avoua que j'étais sa passion et je ne fus pas ingrat : nous étions heureux, nous ne nous quittions plus. Au logis, nous ne faisions que rire, jouer, plaisanter : le mari d'Elisa prenait tout cela pour des enfantillages. Pendant le travail, nous nous trouvions côte à côte sous une étroite cabane formée de quatre lambeaux de toile, décorée du titre pompeux de *Théâtre des Variétés amusantes*. Elisa était à la droite de son mari, et moi j'étais à la droite d'Elisa, que je remplaçais lorsqu'elle n'était plus là pour surveiller les entrées et les sorties. Un dimanche, le spectacle était en pleine activité, il y avait foule autour de l'échoppe, Polichinel avait battu tout le monde ; notre bourgeois n'ayant plus que faire d'un de ses personnages (c'était le sergent du guet), veut qu'on le mette au rancard, et demande *le commissaire* ; nous n'entendons pas : *le commissaire ! le commissaire !* répète-t-il avec impatience, et à la troisième fois il se retourne et nous aperçoit l'un et l'autre dans une douce étreinte. Elisa, surprise, cherche une excuse, mais le mari, sans l'écouter, crie encore : *le commissaire !* et lui plonge dans l'œil le crochet qui sert à suspendre le sergent. Au même instant le sang coule, la représentation est interrompue, une bataille s'engage entre les deux époux, l'échoppe est renversée, et nous restons à découvert au milieu d'un cercle nombreux de spectateurs auxquels cette scène arrache une salve prolongée de rires et d'applaudissements.

Cette esclandre me mit de nouveau sur le pavé ; je ne savais plus où donner de la tête. Si encore j'avais eu une mise décente, j'aurais pu obtenir du service dans quelque bonne maison ; mais j'avais une mine si pitoyable que personne n'aurait voulu de moi. Dans ma position, je n'avais qu'un parti à prendre, c'était de revenir à Arras ; mais comment vivre jusque-là ? J'étais en proie à ces perplexités, lorsque passa près de moi un homme qu'à sa tournure je pris pour un marchand colporteur ; j'engageai avec lui la conversation, et il m'apprit qu'il allait à Lille, qu'il débitait des poudres, des opiats, des élixirs, coupait les cors aux pieds, enlevait les durillons, et se permettait quelquefois d'arracher les dents. « C'est un bon métier, ajouta-t-il, mais je me fais vieux, et j'aurais besoin de quelqu'un pour porter la balle, c'est un luron comme vous qu'il me faudrait : bon pied, bon œil, si vous voulez, nous ferons route ensemble. – Je le veux bien », lui dis-je, et sans qu'il y eût entre nous de plus amples conventions, nous poursuivîmes notre chemin. Après huit heures de marche, la nuit s'avançait, et nous voyions à peine à nous conduire, quand nous fîmes halte devant une misérable auberge de village. « C'est ici, dit le médecin nomade, en frappant à la porte. – Qui est là ? cria une voix rauque. – Le père Godard, avec son pitre, répondit mon guide » ; et la porte s'ouvrant aussitôt, nous nous trouvâmes au milieu d'une vingtaine de colporteurs, étameurs, saltimbanques, marchands de parapluies, bateleurs, etc., qui fêtèrent mon nouveau patron et lui firent mettre un couvert. Je croyais qu'on ne me ferait pas moins d'honneur qu'à lui, et déjà je me disposais à m'attabler, quand l'hôte, me frappant familièrement sur l'épaule, me demanda si je n'étais pas le pitre du père Godard. – « Qu'appelez-vous le pitre, m'écriai-je avec étonnement. – Le paillasse donc. » J'avoue, que malgré les souvenirs très récents de la ménagerie et du théâtre des *variétés amusantes*, je me sentis humilié d'une qualification pareille ; mais j'avais un appétit d'enfer, et comme je pensais que la conclusion de l'interrogatoire serait le souper, et qu'après tout, mes attributions près du père Godard n'avaient pas été bien définies, je consentis à passer pour son pitre. Dès que j'eus répondu, l'hôte me conduisit effectivement dans une pièce voisine, espèce de grange, où une douzaine de confrères fumaient, buvaient et jouaient aux cartes. Il annonça qu'on allait me servir. Bientôt après, une grosse fille m'apporta une gamelle de bois sur laquelle je me jetai avec avidité. Une côte de brebis, nageait dans l'eau de vaisselle, avec des navets filandreux ; j'eus fait disparaître, le tout en un clin d'œil. Ce repas terminé, je m'étendis avec les autres *pitres* sur quelques bottes de paille que nous partagions avec un chameau, deux ours démuselés et une meute de chiens savants. Le voisinage de tels camarades de lit n'était rien moins que rassurant ; cependant il fallut s'en accommoder ; tout ce qu'il en advint, c'est que je ne dormis pas : les autres ronflèrent comme des bienheureux.

J'étais défrayé par le père Godard ; quelque mauvais que fussent les gîtes et l'ordinaire, comme chaque pas me rapprochait d'Arras, il m'importait de ne pas me séparer de lui. Enfin nous arrivâmes a Lille ; nous y fîmes notre entrée un jour de marché. Le père Godard, pour ne pas perdre le temps, alla droit à la grande place, et m'ordonna de disposer sa table, sa cassette, ses fioles, ses paquets, puis il me proposa de faire la parade. J'avais bien déjeûné, la proposition me révolta : passe pour avoir porté le bagage comme un dromadaire depuis Ostende jusqu'à Lille, mais faire la parade ! à dix lieues d'Arras ! j'envoyai promener le père Godard, et pris aussitôt mon essor vers ma ville natale, dont je ne tardai pas à revoir le clocher. Parvenu près des remparts, avant la fermeture des portes, je tressaillis à l'idée de la réception qu'on allait me faire ; un instant je fus tenté de battre en retraite, mais je n'en pouvais plus de fatigue et de faim ; le repos et la réfection m'étaient indispensables : je ne balance plus, je cours au domicile paternel. Ma mère était seule dans la boutique ; j'entre, je tombe à ses genoux, et en pleurant je demande mon pardon. La pauvre femme, qui me reconnaissait à peine, tant j'étais changé, fut attendrie : elle n'eut pas la force de me repousser, elle parut même avoir tout oublié, et me réintégra dans mon ancienne chambre, après avoir pourvu à tous mes besoins : Il fallait néanmoins que mon père fût prévenu de ce retour ; elle ne se sentait pas le courage d'affronter les premiers éclats de sa colère : un ecclésiastique de ses amis, l'aumônier du régiment d'Anjou, en garnison à Arras, se chargea de porter des paroles de paix, et mon père, après avoir jeté feu et flammes, consentit à me recevoir en grâce. Je tremblais qu'il ne fût inexorable ; quand j'appris qu'il s'était laissé fléchir, je sautai de joie ; ce fut l'aumônier qui me donna cette nouvelle, en l'accompagnant d'une morale sans doute fort touchante, dont je ne retins pas un mot ; seulement, je me souviens qu'il me cita la parabole de l'*Enfant prodigue :* c'était à peu près mon histoire.

Mes aventures avaient fait du bruit dans la ville, chacun voulait en entendre le récit de ma bouche ; mais personne, à l'exception d'une actrice de la troupe qui résidait à Arras, ne s'y intéressait d'avantage que deux modistes de la rue des *Trois Visages ;* je leur faisais de fréquentes visites. Toutefois, la comédienne eut bientôt le privilège exclusif de mes assiduités ; il s'ensuivit une intrigue, dans laquelle, sous les traits d'une jeune fille, je renouvelai auprès d'elle quelques scènes du roman de Faublas. Un voyage impromptu à Lille avec ma conquête, son mari et une fort jolie femme de chambre, qui me faisait passer pour sa sœur, prouva à mon père que j'avais bien vite oublié les tribulations de ma première campagne. Mon absence ne fut pas de longue durée : trois semaines s'étaient à peine écoulées, que, faute d'argent, la comédienne renonça à me traîner parmi ses bagages. Je revins tranquillement à Arras, et mon père fut confondu de l'aplomb avec lequel je lui demandai son consentement pour entrer au service. Ce qu'il avait de mieux à faire, c'était de l'accorder ; il le comprit, et le lendemain j'avais sur le corps l'uniforme du régiment de Bourbon. Ma taille, ma bonne mine, mon adresse dans le maniement des armes, me valurent l'avantage d'être immédiatement placé dans une compagnie de chasseurs. Quelques vieux soldats s'en étant formalisés, j'en envoyai deux à l'hôpital, où j'allai bientôt les rejoindre, blessé par l'un de leurs camarades. Ce début me fit remarquer : on prenait un malin plaisir à me susciter des affaires, si bien qu'au bout de six mois, *Sans Gêne,* c'était le surnom que l'on m'avait donné, avait tué deux hommes et mis quinze fois l'épée à la main. Du reste, je jouissais de tout le bonheur que comporte la vie de garnison ; mes gardes étaient toujours montées aux dépens de quelques bons marchands dont les filles se cotisaient pour me procurer des loisirs. Ma mère ajoutait à ces libéralités, mon père me faisait une haute-paie, et je trouvai encore le moyen de m'endetter : aussi je faisais réellement figure, et ne sentais presque pas le poids de la discipline. Une seule fois, je fus condamné à quinze jours de prison, parce que j'avais manqué à trois appels. Je subissais ma peine dans un cachot creusé sous un des bastions, lorsqu'un de mes amis et compatriotes, fut enfermé avec moi. Soldat dans le même régiment, il était accusé d'avoir commis plusieurs vols, et il en avait fait l'aveu. À peine fûmes-nous ensemble, qu'il me raconta le motif de sa détention. Nul doute, le régiment allait l'abandonner ; cette idée, jointe à la crainte de déshonorer sa famille, le jetait dans le désespoir. Je le pris en pitié, et ne voyant aucun remède à une situation si déplorable, je lui conseillai de se dérober au supplice, ou par une évasion ou par un suicide ; il consentit d'abord à tenter l'une avant d'essayer de l'autre ; et, avec un jeune homme du dehors, qui venait me visiter, je me hâtai de tout disposer pour sa fuite. À minuit, deux barreaux de fer sont brisés ; nous conduisons le prisonnier sur le rempart, et là je lui dis : « Allons ! il faut *sauter ou être pendu.* » Il calcule la hauteur, il hésite, et finit par déclarer qu'il courra les chances du jugement plutôt que de se casser les jambes. Il se dispose à regagner son cachot ; mais au moment où il s'y attend le moins, nous le précipitons ; il pousse un cri, je lui recommande de se taire, et je rentre dans mon souterrain, où, sur ma paille, je goûtai le repos que procure la conscience d'une bonne action. Le lendemain on s'aperçut que mon compagnon avait disparu, on m'interrogea, et j'en fus quitte pour répondre que je n'avais rien vu. Plusieurs années après, j'ai rencontré ce malheureux, il me regardait comme son libérateur. Depuis sa chute il était boiteux, mais il était devenu honnête homme.

Je ne pouvais rester éternellement à Arras : la guerre venait d'être déclarée à l'Autriche, je partis avec le régiment, et bientôt après j'assistai à cette déroute de Marquain, qui se termina à Lille par le massacre du brave et infortuné général Dillon. Après cet événement, nous fûmes dirigés sur le camp de Maulde, et ensuite sur celui *de la Lune,* où, avec l'armée Infernale, sous les ordres de *Kellerman,* je pris part à l'engagement du 20 octobre, contre les Prussiens. Le lendemain je passai caporal de grenadiers : il s'agissait *d'arroser mes galons,* et je m'en acquittai avec éclat à la cantine, lorsque, je ne sais plus à quel propos, j'eus une querelle avec le sergent-major de la compagnie d'où je sortais : une partie d'honneur que je proposai fut acceptée ; mais une fois sur le terrain, mon adversaire prétendit que la différence de grade ne lui permettait pas de se mesurer avec moi ; je voulus l'y contraindre en recourant aux voies de fait ; il alla se plaindre, et le soir même on me mit à la garde du camp avec mon témoin. Deux jours après on nous avertit qu'il était question de nous traduire devant un conseil de guerre : il était urgent de déserter, c'est ce que nous fîmes. Mon camarade en veste, en bonnet de police, et dans l'attitude d'un soldat en punition, marchait devant moi, qui avais conservé mon bonnet à poil, mon sac et mon fusil, à l'extrémité duquel était en évidence un large paquet, cacheté de cire rouge, et portant pour suscription : *Au citoyen commandant de place à Vitry-le-Français :* c'était là notre passeport ; il nous fit arriver sans encombre à Vitry, où un Juif nous procura des habits bourgeois. À cette époque, les murs de chaque ville étaient couverts de placards, dans lesquels on conviait tous les Français à voler à la défense de la patrie. Dans de telles conjonctures, on enrôle les premiers venus : un maréchal-des-logis du 11e de chasseurs reçut notre engagement ; on nous délivra des feuilles de route, et nous partîmes aussitôt pour Philippeville, où était le dépôt.

Mon compagnon et moi, nous avions fort peu d'argent ; heureusement, une bonne aubaine nous attendait à Châlons. Dans la même auberge que nous, logeait un soldat de Beaujolais ; il nous invita à boire : c'était un franc Picard, je lui parlai le patois du pays, et insensiblement le verre à la main, il s'établit entre nous une si grande confiance, qu'il nous montra un portefeuille rempli d'assignats qu'il prétendait avoir trouvé aux environs de Château-L'abbaye. « Camarades, nous dit-il, je ne sais pas lire, mais si vous voulez m'indiquer ce que ces papiers valent, je vous en donnerai votre part. » Le Picard ne pouvait pas mieux s'adresser : sous le rapport du volume, il eut le plus gros lot ; mais il ne soupçonnait pas que nous nous étions adjugé les neuf dixièmes de la somme. Cette petite subvention ne nous fut pas inutile pendant le cours de notre voyage, qui s'acheva le plus gaîment du monde. Parvenus à notre destination, il nous resta de quoi *graisser généreusement la marmite*. En peu de temps nous fûmes assez forts sur l'équitation pour être dirigés sur les escadrons de guerre ; nous y étions arrivés depuis deux jours, lorsqu'eut lieu la bataille de Jemmapes : ce n'était pas la première fois que je voyais le feu ; je n'eus pas peur, et je crois même que ma conduite m'avait concilié la bienveillance de mes chefs, quand mon capitaine vint m'annoncer que, signalé comme déserteur, j'allais être inévitablement arrêté. Le danger était imminent ; dès le soir même je sellai mon cheval pour passer aux Autrichiens ; en quelques minutes j'eus atteint leurs avant-postes ; je demandai du service, et l'on m'incorpora dans les cuirassiers de Kinski. Ce que je redoutais le plus, c'était d'être obligé de me sabre le lendemain avec les Français ; je me hâtai d'échapper à cette nécessité. Une feinte indisposition me valut d'être évacué sur Louvain, où, après quelques jours d'hôpital, j'offris aux officiers de la garnison de leur donner des leçons d'escrime. Ils furent enchantés de la proposition ; aussitôt l'on me fournit des masques, des gants, des fleurets ; et un assaut, dans lequel je pelotai deux ou trois prétendus maîtres allemands, suffit pour donner une haute opinion de mon habileté. Bientôt j'eus de nombreux élèves, et je fis une ample moisson de florins.

J'étais tout fier de mes succès, lorsqu'à la suite d'un démêlé un peu trop vif avec un brigadier de service, je fus condamné à recevoir vingt coups de *schlag*, qui, selon la coutume, me furent distribués à la parade. Cette exécution me transporta de fureur ; je refusai de donner leçon ; on m'ordonna de continuer en me laissant l'option entre l'enseignement et une correction nouvelle, je choisis l'enseignement ; mais la schlag me restait sur le cœur, et je résolus de tout braver pour m'en affranchir. Informé qu'un lieutenant se rendait au corps d'armée du général Schroeder, je le suppliai de m'emmener comme domestique ; il y consentit dans l'espoir que je ferais de lui un Saint-Georges ; il s'était trompé : aux approches du Quesnois, je lui brûlai la politesse, et me dirigeai sur Landrecies, où je me présentai comme un Belge qui abandonnait les drapeaux de l'Autriche. On me proposa d'entrer dans la cavalerie ; la crainte d'être reconnu et fusillé si jamais je me trouvais de brigade avec mon ancien régiment, me fit donner la préférence au 14e léger (anciens chasseurs des barrières). L'armée de Sambre-et-Meuse marchait alors sur Aix-la-Chapelle ; la compagnie à laquelle j'appartenais reçoit l'ordre de suivre le mouvement. Nous partons : en entrant à Rocroi j'aperçois des chasseurs du 11e ; je me croyais perdu, quand mon ancien capitaine, avec qui je ne pus éviter d'avoir une entrevue, se hâta de me rassurer. Ce brave homme, qui me portait de l'intérêt depuis qu'il m'avait vu tailler des croupières aux hussards de Saxe-Teschen, m'annonça qu'une amnistie me mettant désormais à l'abri de toute poursuite, il me verrait avec plaisir revenir sous ses ordres. Je lui témoignai que je n'en serais pas fâché non plus ; il prit sur lui d'arranger l'affaire, et je ne tardai pas à être réintégré dans le 11e. Mes anciens camarades m'accueillirent avec plaisir, je ne fus pas moins satisfait de me retrouver avec eux, et rien ne manquait à mon bonheur, lorsque l'amour, qui y était aussi pour quelque chose, s'avisa de me jouer un de ses tours. On ne sera pas surpris qu'à dix-sept ans j'eusse captivé la gouvernante d'un vieux garçon. Manon était le nom de cette fille ; elle avait au moins le double de mon âge ; mais elle m'aimait beaucoup, et pour me le prouver, elle était capable des plus grands sacrifices, rien ne lui coûtait ; j'étais à son gré le plus beau des chasseurs, parce que j'étais le sien, et elle voulait encore que j'en fusse le plus pimpant ; déjà elle m'avait mis la montre au côté, et j'étais tout fier de me parer de quelques précieux bijoux, gages du sentiment que je lui inspirais, lorsque j'appris que, sur la dénonciation de son maître, Manon allait être traduite pour vol domestique. Manon confessait son crime, mais en même temps, pour être bien certaine qu'après sa condamnation, je ne passerais pas dans les bras d'une autre, elle me désignait comme son complice ; elle alla même jusqu'à dire que je l'avais sollicitée : il y avait de la vraisemblance ; je fus impliqué dans l'accusation, et j'aurais été assez embarrassé de me tirer de ce mauvais pas, si le hasard ne m'eût fait retrouver quelques lettres desquelles résultait la preuve de mon innocence. Manon confondue se rétracta. J'avais été enfermé dans la maison d'arrêt de Stenay, je fus élargi et renvoyé blanc comme neige. Mon capitaine, qui ne m'avait jamais cru coupable, fut très content de me revoir, mais les chasseurs ne me pardonnèrent pas d'avoir été soupçonné : en butte à des allusions et à des propos, je n'eus pas moins de dix duels en six jours. À la fin, blessé grièvement, je fus transporté à l'hôpital où je restais plus d'un mois avant de me rétablir. À ma sortie, mes chefs, convaincus que les querelles ne manqueraient pas de se renouveler si je ne m'éloignais pour quelque temps, m'accordèrent un congé de six semaines : j'allai le passer à Arras, où je fus fort étonné de trouver mon père dans un emploi public ; en sa qualité d'ancien boulanger, il venait d'être préposé à la surveillance des ateliers du munitionnaire ; il devait s'opposer à l'enlèvement du pain ; dans un moment de disette, de telles fonctions, bien qu'il les remplît gratis, étaient fort scabreuses, et sans doute elles l'eussent conduit à la guillotine, sans la protection du citoyen Souham[2], commandant du 2e bataillon de la Corrèze, dans lequel je fus mis provisoirement en subsistance.

---

[2] Aujourd'hui lieutenant-général.

Mon congé expiré, je rejoignis à Givet, d'où le régiment partit bientôt pour entrer dans le comté de Namur. On nous cantonna dans les villages des bords de la Meuse, et comme les Autrichiens étaient en vue, il n'y avait pas de jour où l'on n'échangeât quelques coups de carabine avec eux. À la suite d'un engagement plus sérieux, nous fûmes repoussés jusque sous le canon de Givet, et, dans la retraite, je reçus à la jambe un coup de feu qui me força d'entrer à l'hôpital, puis de rester au dépôt ; j'y étais encore lorsque vint passer la *légion germanique,* composée en grande partie de déserteurs, de maîtres d'armes, etc. Un des principaux chefs, qui était Artésien, me proposa d'entrer dans ce corps, en m'offrant le grade de maréchal des logis. « Une fois admis, me dit-il, je réponds de vous, vous serez à l'abri de toutes les poursuites. » La certitude de ne pas être recherché, jointe au souvenir des désagréments que m'avait attirés mon intimité avec mademoiselle Manon, me décida : j'acceptai, et le lendemain j'étais avec la légion sur la route de Flandres. Nul doute qu'en continuant de servir dans ce corps, où l'avancement était rapide, je ne fusse devenu officier ; mais ma blessure se rouvrit, avec des accidents tellement graves, qu'il me fallut demander un nouveau congé ; je l'obtins, et six jours après je me retrouvai encore une fois aux portes d'Arras.

CHAPITRE II.

Joseph Lebon. – L'orchestre de la guillotine et la lecture du bulletin. – Le perroquet aristocrate. – La citoyenne Lebon. – Allocution aux sans-culottes. – La marchande de pommes. – Nouvelles amours. – Je suis incarcéré. – Le concierge Beaupré. – La vérification du potage. – M. de Béthune. – J'obtiens ma liberté. – La sœur de mon libérateur. – Je suis fait officier. – Le Lutin de Saint-Sylvestre Capelle. – L'armée révolutionnaire. – La reprise d'une barque. – Ma fiancée. – Un travestissement. – La fausse grossesse. – Je me marie. – Je suis content sans être battu. – Encore un séjour aux Baudets. – Ma délivrance.

En entrant dans la ville, je fus frappé de l'air de consternation empreint sur tous les visages ; quelques personnes que je questionnai me regardèrent avec méfiance, et je les vis s'éloigner sans me répondre. Que se passait-il donc d'extraordinaire ? À travers la foule qui s'agitait dans les rues sombres et tortueuses, j'arrivai bientôt sur la place du Marché aux Poissons. Là, le premier objet qui frappa mes regards fut la guillotine élevant ses madriers rouges au-dessus d'une multitude silencieuse ; un vieillard, que l'on achevait de lier à la fatale planche, était la victime… ; tout à coup j'entends le bruit des fanfares. Sur une estrade qui dominait l'orchestre, était assis un homme jeune encore, vêtu d'une carmagnole à raies noires et bleues ; ce personnage, dont la pose annonçait des habitudes plus monacales que militaires, s'appuyait nonchalamment sur un sabre de cavalerie, dont l'énorme garde représentait un bonnet de liberté ; une rangée de pistolets garnissait sa ceinture, et son chapeau, relevé à l'espagnole, était surmonté d'un panache tricolore : je reconnus Joseph Lebon. Dans ce moment, cette figure ignoble s'anima d'un sourire affreux ; il cessa de battre la mesure avec son pied gauche, les fanfares s'interrompirent : il fit un signe, et le vieillard fut placé sous le couteau. Une espèce de greffier demi ivre parut alors à côté du *vengeur du peuple,* et lut d'une voix rauque un bulletin de l'armée de Rhin-et-Moselle. À chaque paragraphe, l'orchestre reprenait un accord, et, la lecture terminée, la tête du malheureux tomba au cri de *vive la République !* répété par quelques uns des acolytes du féroce Lebon. Je ne saurais rendre l'impression que fit sur moi cette scène horrible ; j'arrivai chez mon père, presque aussi défait que celui dont j'avais vu si cruellement prolonger l'agonie : là, je sus que c'était un M. de Mongon, ancien commandant de la citadelle, condamné comme aristocrate. Peu de jours auparavant, on avait exécuté sur la même place M. de Vieux-Pont, dont tout le crime était de posséder un perroquet dans le jargon duquel on avait cru reconnaître le cri de *vive le roi.* Le nouveau *Vert-Vert* avait failli partager le sort de son maître, et l'on racontait qu'il n'avait obtenu sa grâce qu'à la sollicitation de la citoyenne Lebon, qui avait pris l'engagement de le convertir. La citoyenne Lebon était une ci-devant religieuse de l'abbaye du Vivier. Sous ce rapport, comme sous beaucoup d'autres, elle était la digne épouse de l'ex-curé de Neuville : aussi exerçait-elle une grande influence sur les membres de la commission d'Arras, où siégeaient, soit comme juges, soit comme jurés, son beau-frère et trois de ses oncles. L'ex-béguine n'était pas moins avide d'or que de sang. Un soir, en plein spectacle, elle osa faire cette allocution au parterre : « *Ah çà ! Sans-culottes, on dirait que ce n'est pas pour vous que l'on guillotine ! que diable il faut dénoncer les ennemis de la patrie !… connaissez-vous quelque noble, quelque riche, quelque marchand aristocrate ? dénoncez-le, et vous aurez ses écus.* » La scélératesse de ce monstre ne pouvait être égalée que par celle de son mari, qui s'abandonnait à tous les excès. Souvent, à la suite d'orgies, on le voyait courir la ville, tenant des propos obscènes aux jeunes personnes, brandissant un sabre au-dessus de sa tête, et tirant des coups de pistolet aux oreilles des femmes et des enfants.

Une ancienne marchande de pommes, coiffée d'un bonnet rouge, les manches retroussées jusqu'à l'épaule, et tenant à la main un long bâton de coudrier, l'accompagnait ordinairement dans ses promenades, et il n'était pas rare de la rencontrer bras dessus bras dessous avec elle. Cette femme, surnommée la *Mère Duchesne* par allusion au fameux *Père Duchesne,* figura la déesse de la Liberté, dans plus d'une solennité démocratique. Elle assistait régulièrement aux séances de la Commission, dont elle préparait les arrêts par ses apostrophes et ses dénonciations. Elle fit ainsi guillotiner tous les habitants d'une rue, qui demeura déserte.

Je me suis souvent demandé comment il se peut qu'au milieu de circonstances aussi déplorables, le goût des amusements et des plaisirs ne perde rien de son intensité. Le fait est qu'Arras continuait de m'offrir les mêmes distractions qu'auparavant ; les demoiselles, étaient tout aussi faciles, et il fut aisé de m'en convaincre, puisqu'en peu de jours, je m'élevai graduellement dans mes amours de la jeune et jolie Constance, unique progéniture du caporal Latulipe, cantinier de la citadelle, aux quatre filles d'un notaire qui avait son étude au coin de la rue des Capucins. Heureux si je m'en fusse tenu là, mais je m'avisai d'adresser mes hommages à une beauté de la rue de Justice, et il m'arriva de rencontrer un rival sur mon chemin. Celui-ci, ancien musicien de régiment, était un de ces hommes qui, sans se vanter de succès qu'ils n'ont pas obtenus, donnent cependant à entendre qu'on ne leur a rien refusé. Je lui reprochai une jactance de ce genre, il se fâcha, je le provoquai, il souffla dans la manche, et déjà j'avais oublié mes griefs, lorsqu'il me revint qu'il tenait sur mon compte des propos faits pour m'offenser. J'allai aussitôt lui en demander raison ; mais ce fut inutilement, et il ne consentit à venir sur le terrain, qu'après avoir reçu de moi, en présence de témoins, la dernière des humiliations. Le rendez-vous fut donné pour la matinée du lendemain. Je fus exact ; mais à peine arrivé, je me vis entouré par une troupe de gendarmes et d'agents de la municipalité, qui me sommèrent de leur rendre mon sabre et de les suivre. J'obéis, et bientôt se fermèrent sur moi les portes des *Baudets*, dont la destination était changée depuis que les terroristes avaient mis la population d'Arras en coupe réglée. Le concierge Beaupré, la tête couverte d'un bonnet rouge, et suivi de deux énormes chiens noirs qui ne le quittaient pas, me conduisit dans un vaste galetas, où il tenait sous la garde l'élite des habitants de la contrée. Là, privés de toute communication avec le dehors, à peine leur était-il permis d'en recevoir des aliments, et encore ne leur parvenaient ils que retournés en tous sens par Beaupré, qui poussait la précaution jusqu'à plonger ses mains horriblement sales dans le potage, afin de s'assurer s'il ne s'y trouvait pas quelque arme ou quelque clé. Murmurait-on, il répondait à celui qui se plaignait : « *Te voilà bien difficile, pour le temps que tu as à vivre... Qui sait si tu n'es pas pour la fournée de demain ? Attends donc ! comment te nommes-tu ? – Un tel. – Ma foi oui, c'est pour demain !* » Et les prédictions de Beaupré manquaient d'autant moins à se réaliser que lui-même désignait les individus à Joseph Lebon, qui, après son dîner, le consultait en lui disant : « *Qui laverons-nous demain ?* »

Parmi les gentilshommes enfermés avec nous, se trouvait le comte de Béthune. Un matin, on vint le chercher pour le conduire au tribunal. Avant de l'amener dans le préau, Beaupré lui dit brusquement : « *Citoyen Béthune, puisque tu vas là-bas, ce que tu laisses ici sera pour moi, n'est-ce pas ? – Volontiers, Monsieur Beaupré* », répondit avec tranquillité ce vieillard. – « *Il n'y a plus de monsieur* », reprit en ricanant le misérable geôlier ; « *Nous sommes tous citoyens ;* » et de la porte il lui criait encore : « *Adieu, citoyen Béthune !* » M. de Béthune fut cependant acquitté. On le ramena à la prison comme suspect. Son retour nous remplit de joie ; nous le croyions sauvé, mais sur le soir on l'appela de nouveau. Joseph Lebon, en l'absence de qui la sentence d'absolution avait été rendue, arrivait de la campagne ; furieux de ce qu'on lui dérobait le sang d'un aussi brave homme, il avait ordonné aux membres de la commission de se réunir immédiatement, et M. de Béthune, condamné séance tenante, fut exécuté aux flambeaux.

Cet événement, que Beaupré nous annonça avec une joie féroce, me donna des inquiétudes assez sérieuses. Tous les jours on envoyait à la mort des hommes qui ne connaissaient pas plus que moi le motif de leur arrestation, et dont la fortune ou la position sociale ne les désignaient pas davantage aux passions politiques ; d'un autre côté, je savais que Beaupré, très scrupuleux sur le nombre, se souciait peu de la qualité, et que souvent, n'apercevant pas de suite les individus qui lui étaient désignés, pour que le service ne souffrit aucun retard, il envoyait les premiers venus. D'un instant à l'autre je pouvais donc me trouver sous la main de Beaupré, et l'on conçoit que cette expectative n'avait rien de bien rassurant.

Il avait déjà seize jours que j'étais détenu, quand on nous annonça la visite de Joseph Lebon ; sa femme l'accompagnait, et il traînait a sa suite les principaux terroristes du pays, parmi lesquels je reconnus l'ancien perruquier de mon père, et un cureur de puits nommé *Delmotte* dit *Lantillette*. Je les priai de dire un mot en ma faveur au représentant ; ils me le promirent, et j'augurai d'autant mieux de la démarche, qu'ils étaient tous deux fort en crédit. Cependant Joseph Lebon parcourait les salles, interrogeant les détenus d'un air farouche, et affectant de leur adresser d'effrayantes interpellations. Arrivé à moi, il me regarda fixement, et me dit d'un ton moitié dur, moitié goguenard : « *Ah ! ah ! c'est toi, François !... tu t'avises donc d'être aristocrate ; tu dis du mal des sans-culottes... tu regrettes ton ancien régiment de Bourbon... prends-y garde, car je pourrais bien t'envoyer commander à cuire* (guillotiner). *Au surplus, envoie-moi ta mère ?* ». Je lui fis observer qu'étant au secret, je ne pouvais la voir. *Beaupré,* dit-il alors au geôlier, « *tu feras entrer la mère Vidocq,* » et il sortit me laissant plein d'espoir, car il m'avait évidemment traité avec une aménité toute particulière. Deux heures après, je vis venir ma mère ; elle m'apprit ce que j'ignorais encore, que mon dénonciateur était le musicien que j'avais appelé en duel. La dénonciation était entre les mains d'un jacobin forcené, le terroriste Chevalier, qui, par amitié pour mon rival, m'aurait certainement fait un mauvais parti, si sa sœur, sur les instances de ma mère, n'eût obtenu de lui qu'il sollicitât mon élargissement.

Sorti de prison, je fus conduit en grande pompe à la société patriotique, où l'on me fit jurer fidélité à la république, haine aux tyrans. Je jurai tout ce qu'on voulut : de quels sacrifices n'est-on pas capable pour conserver sa liberté !

Ces formalités remplies, je fus replacé au dépôt, où mes camarades témoignèrent une grande joie de me revoir. D'après ce qui s'était passé, c'eût été manquer à la reconnaissance, de ne pas regarder Chevalier comme mon libérateur ; j'allai le remercier, et j'exprimai à sa sœur combien j'étais touché de l'intérêt qu'elle avait bien voulu prendre à un pauvre prisonnier. Cette femme, qui était la plus passionnée des brunes, mais dont les grands yeux noirs ne compensaient pas la laideur, crut que j'étais amoureux parce que j'étais poli ; elle prit au pied de la lettre quelques compliments que je lui fis, et dès la première entrevue elle se méprit sur mes sentiments, au point de jeter sur moi son dévolu. Il fut question de nous unir ; on sonda à cet égard mes parents, qui répondirent qu'à dix-huit ans on était bien jeune pour le mariage, et l'affaire traîna en longueur. Sur ces entrefaites, on organisa à

Arras les bataillons de la réquisition : connu pour un excellent instructeur, je fus appelé à concourir avec sept autres sous-officiers à instruire le 2e bataillon du Pas-de-Calais ; de ce nombre était un caporal de grenadiers du régiment de Languedoc, nommé César, aujourd'hui garde champêtre à Colombes ou à Puteaux, près Paris ; il fut nommé adjudant-major. Pour moi, je fus promu au grade de sous-lieutenant en arrivant à Saint-Silvestre-Capelle, près Bailleul, où l'on nous cantonna. César avait été maître-d'armes dans son régiment ; on se rappelle mes prouesses avec les prévôts des cuirassiers de Kinski. Nous décidâmes qu'outre la théorie, nous enseignerions l'escrime aux officiers du bataillon, qui furent enchantés de l'arrangement. Nos leçons nous produisaient quelque argent, mais cet argent était loin de suffire aux besoins, ou, si l'on aime mieux, aux fantaisies de praticiens de notre force. C'était surtout la partie des vivres qui nous faisait faute. Ce qui doublait nos regrets et notre appétit, c'est que le maire, chez qui nous étions logés, mon collègue de salle et moi, tenait une table excellente. Nous avions beau chercher les moyens de nous faufiler dans la maison, une vieille servante-maîtresse Sixca se jetait toujours à travers nos prévenances, et déjouait nos plans gastronomiques : nous étions désespérés et affamés.

Enfin César trouva le secret de rompre le charme qui nous éloignait invinciblement de l'ordinaire de l'officier municipal : à son instigation, le tambour-major vint un matin faire battre la *diane* sous les fenêtres de la mairie ; on juge du vacarme. On présume bien que la vieille Mégère ne manqua pas d'invoquer notre intervention pour faire cesser ce tintamarre. César lui promit d'un air doucereux de faire tout son possible pour qu'un pareil bruit ne se renouvelât pas ; puis il courut recommander au tambour-major de reprendre de plus belle, et le lendemain, c'était un vacarme à réveiller les morts d'un cimetière voisin ; enfin, pour ne pas faire les choses à demi, il envoya le tambour-maître exercer ses élèves sur les derrières de la maison : un élevé de l'abbé Sicard n'y eût pas tenu. La vieille se rendit ; elle nous invita assez gracieusement, le perfide César et moi, mais cela ne suffisait pas. Les tambours continuaient leur concert, qui ne finit que lorsque leur respectable chef eut été admis comme nous au banquet municipal.

Dès lors on n'entendit plus de tambours à Saint-Silvestre-Capelle, que lorsqu'il y passait des détachements, et tout le monde vécut en paix, excepté moi, que la vieille commençait à menacer de ses redoutables faveurs. Cette passion malheureuse amena une scène que l'on doit se rappeler encore dans le pays, où elle fit beaucoup de bruit.

C'était la fête du village : on chante, on danse, on boit surtout, et pour ma part, je me conditionne si proprement, qu'on est obligé de me porter dans mon lit. Le lendemain je m'éveille avant le jour. Comme à la suite de toutes les orgies, j'avais la tête lourde, la bouche pâteuse et l'estomac irrité. Je veux boire, et tout en me levant sur mon séant, je sens une main froide comme la corde d'un puits se porter à mon cou : la tête encore affaiblie par les excès de la veille, je jette un cri de Diable. Le maire, qui couchait dans une chambre voisine, accourt avec son frère et un vieux domestique, tous deux armés de bâtons. César n'était pas rentré ; déjà la réflexion m'avait démontré que le visiteur nocturne ne pouvait être autre que Sixca : feignant toutefois d'être effrayé, je dis à l'assistance que quelque farfadet s'était placé à mes côtés, et venait de se glisser au fond du lit. On applique alors au fantôme quelques coups de bâton, et Sixca, voyant qu'il y allait pour elle d'être assommée, s'écrie : « Eh ! Messieurs, ne frappez pas, c'est moi, c'est Sixca... en rêvant je suis venue me coucher à côté de l'officier. » En même temps, elle montra sa tête, elle fit bien, car, quoiqu'ils eussent reconnu sa voix, les superstitieux Flamands allaient recommencer la bastonnade. Comme je viens de le dire, cette aventure, qui rend presque vraisemblables certaines scènes de *Mon Oncle Thomas* et des *Barons de Felsheim,* fit du bruit dans le cantonnement ; elle se répandit même jusqu'à Cassel, et m'y valut plusieurs bonnes fortunes ; j'eus entre autres une fort belle limonadière, à laquelle je n'accorderais pas cette mention, si, la première, elle ne m'eût appris qu'au comptoir de certains cafés, un joli garçon peut recevoir la monnaie d'une pièce qu'il n'a pas donnée.

Nous étions cantonnés depuis trois mois, lorsque la division reçut l'ordre de se porter sur Stinward. Les Autrichiens avaient fait une démonstration pour se porter sur Poperingue, et le deuxième bataillon du Pas-de-Calais fut placé en première ligne. La nuit qui suivit notre arrivée, l'ennemi surprit nos avant-postes, et pénétra dans le village de la Belle, que nous occupions ; nous nous formâmes précipitamment en bataille. Dans cette manœuvre de nuit, nos jeunes réquisitionnaires déployèrent cette intelligence et cette activité qu'on chercherait vainement ailleurs que chez les Français. Vers six heures du matin, un escadron des hussards de Wurmser déboucha par la gauche, et nous chargea en tirailleurs, sans pouvoir nous entamer. Une colonne d'infanterie, qui les suivait, nous aborda en même temps à la baïonnette ; et mais ce ne fut qu'après un engagement des plus vifs, que l'infériorité du nombre nous força de nous replier sur Stinward, où se trouvait le quartier-général.

En, arrivant, je reçus les félicitations du général Vandamme et un billet d'hôpital pour Saint-Omer ; car j'avais été atteint de deux coups de sabre en me débattant contre un hussard autrichien, qui se tuait de me crier : *Ergib dich ! Ergib dich !...* (Rends-toi ! Rends-toi !...).

Mes blessures n'étaient pas toutefois bien graves, puisqu'au bout de deux mois je fus en état de rejoindre le bataillon, qui se trouvait à Hazebrouck. C'est là que je vis cet étrange corps qu'on nommait *l'armée révolutionnaire.*

Les hommes à piques et à bonnet rouge qui la composaient promenaient partout avec eux la guillotine. La Convention n'avait pas, disait-on, trouvé de meilleur moyen de s'assurer de la fidélité des officiers des quatorze armées qu'elle avait sur pied, que de mettre sous leurs yeux l'instrument du supplice qu'elle réservait aux traîtres ; tout ce que je puis dire, c'est que cet appareil lugubre faisait mourir de peur la population des contrées qu'il parcourait ; il ne flattait pas davantage les militaires, et nous avions de fréquentes querelles avec les Sans-culottes, qu'on appelait *les Gardes du Corps de la guillotine*. Je souffletai pour ma part un de leurs chefs, qui s'avisait de trouver mauvais que j'eusse des épaulettes en or, quand le règlement prescrivait de n'en porter qu'en laine. Cette belle équipée m'eût joué certainement un mauvais tour, et j'aurais payé cher mon infraction à la loi somptuaire, si l'on ne m'eût donné le moyen de gagner Cassel ; j'y fus rejoint par le corps, qu'on licencia alors comme tous les bataillons de la réquisition ; les officiers redevinrent simples soldats, et ce fut en cette qualité que je fus dirigé sur le 28e bataillon de volontaires, qui faisait partie de l'armée destinée à chasser les Autrichiens de Valenciennes et de Condé.

Le bataillon était cantonné à Fresnes. Dans une ferme où j'étais logé, arriva un jour la famille entière d'un patron de barque, composée du mari, de la femme et de deux enfants, dont une fille de dix-huit ans, qu'on eût remarquée partout. Les Autrichiens lui avaient enlevé un bateau chargé d'avoine, qui composait toute leur fortune, et ces pauvres gens, réduits aux vêtements qui les couvraient, n'avaient eu d'autre ressource que de venir se réfugier chez mon hôte, leur parent. Cette circonstance, leur fâcheuse position, et peut-être aussi la beauté de la jeune fille, qu'on nommait Delphine, me touchèrent.

En allant à la découverte, j'avais vu le bateau, que l'ennemi ne déchargeait qu'au fur et à mesure des distributions. Je proposai à douze de mes camarades d'enlever aux Autrichiens leur capture, ils acceptèrent ; le colonel donna son consentement, et, par une nuit pluvieuse, nous nous approchâmes du bateau sans être aperçus du factionnaire, qu'on envoya tenir compagnie aux poissons de l'Escaut, muni de cinq coups de baïonnette. La femme du patron, qui avait absolument voulu nous suivre, courut aussitôt à un sac de florins qu'elle avait caché dans l'avoine, et me pria de m'en charger. On détacha ensuite le bateau, pour le laisser dériver jusqu'à un endroit où nous avions un poste retranché : mais, au moment où il prenait le fil de l'eau, nous fûmes surpris par le *werdaw* d'un factionnaire que nous n'avions pas aperçu au milieu des roseaux où il était embusqué. Au bruit du coup de fusil, dont il accompagna une seconde interpellation, le poste voisin prit les armes : en un instant, la rive se couvrit de soldats qui firent pleuvoir une grêle de balles sur le bateau ; il fallut bien alors l'abandonner. Nous nous jetâmes mes camarades et moi dans une espèce de chaloupe qui nous avait amenés à bord ; la femme prit le même parti. Mais le patron, oublié dans le tumulte, ou retenu par un reste d'espoir, tomba au pouvoir des Autrichiens, qui ne lui épargnèrent ni les gourmades, ni les coups de crosse. Cette tentative nous avait d'ailleurs coûté trois hommes, et j'avais eu moi-même deux doigts cassés d'un coup de feu. Delphine me prodigua les soins les plus empressés. Sa mère étant partie sur ces entrefaites pour Gand, où elle savait que son mari avait été envoyé comme prisonnier de guerre, nous nous rendîmes de notre côté à Lille : j'y passai ma convalescence. Comme Delphine avait une partie de l'argent retrouvé dans l'avoine, nous menions assez joyeuse vie. Il fut question de nous marier, et l'affaire était si bien engagée, que je me mis en route un matin pour Arras, d'où je devais rapporter les pièces nécessaires et le consentement de mes parents. Delphine avait obtenu déjà celui des siens, qui se trouvaient toujours à Gand. À une lieue de Lille, je m'aperçois que j'ai oublié mon billet d'Hôpital, qu'il m'était indispensable de produire à la municipalité d'Arras ; je reviens sur mes pas. Arrivé à l'hôtel, je monte à la chambre que nous occupions, je frappe, personne ne répond ; il était cependant impossible que Delphine fut sortie d'aussi grand matin, il était à peine six heures ; je frappe encore ; Delphine vient enfin ouvrir, étendant ses bras et se frottant les yeux comme quelqu'un qui s'éveille en sursaut. Pour l'éprouver, je lui propose de m'accompagner à Arras afin que je puisse la présenter à mes parents ; elle accepte d'un air tranquille. Mes soupçons commencent à se dissiper ; quelque chose me disait cependant qu'elle me trompait. Je m'aperçois enfin qu'elle jetait souvent les yeux vers certain cabinet de garde-robe : je feins de vouloir l'ouvrir, ma chaste fiancée s'y oppose en me donnant un de ces prétextes que les femmes ont toujours à leur disposition ; mais j'insiste, et je finis par ouvrir le cabinet, où je trouve caché sous un tas de linge sale un médecin qui m'avait donné des soins pendant ma convalescence. Il était vieux, laid et malpropre : le premier sentiment fut à l'humiliation d'avoir un pareil rival ; peut-être eussé-je été plus furieux de trouver un beau fils : je laisse le cas à la décision des nombreux amateurs qui se sont trouvés à pareille fête ; pour moi je voulais commencer par assommer mon Esculape à bonnes fortunes, mais ce qui m'arrivait assez rarement, la réflexion me retint. Nous étions dans une place de guerre, on pouvait me chicaner sur mon permis de séjour, me faire quelque mauvais parti ; Delphine, après tout, n'était pas ma femme, je n'avais sur elle aucun droit ; je pris toutefois celui de la mettre à la porte à grands coups de pied dans le derrière, après quoi je lui jetai par la fenêtre ses nippes et quelque monnaie pour se rendre à Gand. Je m'allouai ainsi le reste de l'argent que je croyais avoir légitimement acquis, puisque j'avais dirigé la superbe expédition qui l'avait repris sur les Autrichiens. J'oubliais de dire que je laissai le docteur effectuer paisiblement sa retraite.

Débarrassé de ma perfide, je continuai à rester à Lille, bien que le temps de ma permission fut expiré ; mais on se cache presque aussi facilement dans cette ville qu'à Paris, et mon séjour n'eût pas été troublé sans une aventure galante dont j'épargnerai les détails au lecteur ; il lui suffira de savoir, qu'arrêté sous les habits de femme, au moment où je fuyais la colère d'un mari jaloux, je fus conduit à la place, où je refusai d'abord obstinément de m'expliquer ; en parlant, je devais, en effet, ou perdre la personne qui avait des bontés pour moi, ou me faire connaître comme déserteur. Quelques heures de prison me firent cependant changer de résolution : un officier supérieur que j'avais fait appeler pour recevoir ma déclaration, et auquel j'expliquai franchement ma position, parut y prendre quelque intérêt : Le général commandant la division voulut entendre de ma propre bouche ce récit, qui faillit vingt fois le faire pouffer de rire ; il donna ensuite l'ordre de me mettre en liberté, et me fit délivrer une feuille de route pour rejoindre le 28e bataillon dans le Brabant ; mais, au lieu de suivre cette destination, je tirai vers Arras, bien décidé que j'étais à ne rentrer au service qu'à la dernière extrémité.

Ma première visite fut pour le patriote Chevalier ; son influence sur Joseph Lebon me faisait espérer d'obtenir, par son entremise, une prolongation de congé ; on me l'accorda effectivement, et je me trouvai de nouveau introduit dans la famille de mon protecteur. Sa sœur, dont on connaît déjà les bonnes intentions à mon égard, redoubla ses agaceries ; d'un autre côté, l'habitude de la voir me familiarisait insensiblement avec sa laideur ; bref, les choses en vinrent au point que je ne dus pas être étonné de l'entendre me déclarer un jour qu'elle était enceinte ; elle ne parlait pas de mariage, elle n'en prononçait même pas le mot ; mais je ne voyais que trop qu'il en fallait venir là, sous peine de m'exposer à la vengeance du frère, qui n'eût pas manqué de me dénoncer comme suspect, comme aristocrate, et surtout comme déserteur. Mes parents, frappés de toutes ces considérations et concevant l'espoir de me conserver près d'eux, donnèrent leur consentement au mariage, que la famille Chevalier pressait très vivement ; il se conclut enfin, et je me trouvai marié à dix-huit ans. Je me croyais même presque père de famille, mais quelques jours s'étaient à peine écoulés, que ma femme m'avoua que sa grossesse simulée n'avait eu pour but que de m'amener au *conjungo*. On conçoit toute la satisfaction que dut me causer une pareille confidence ; les mêmes motifs qui m'avaient décidé à contracter me forçaient cependant à me taire, et je pris mon parti tout en enrageant. Notre union commençait d'ailleurs sous d'assez fâcheux auspices. Une boutique de mercerie, que ma femme avait levée, tournait fort mal ; j'en crus voir la cause dans les fréquentes absences de ma femme, qui était toute la journée chez son frère ; je fis des observations, et pour y répondre, on me fit donner l'ordre de rejoindre à Tournai. J'aurais pu me plaindre de ce mode expéditif de se débarrasser d'un mari incommode, mais j'étais de mon côté tellement fatigué du joug de Chevalier, que je repris avec une espèce de joie l'uniforme que j'avais eu tant de plaisir à quitter.

À Tournai, un ancien officier du régiment de Bourbon, alors adjudant-général, m'attacha à ses bureaux comme chargé de détails d'administration, et particulièrement en ce qui concernait l'habillement. Bientôt les affaires de la division nécessitent l'envoi d'un homme de confiance à Arras ; je pars en poste, et j'arrive dans cette ville à onze heures du soir. Comme chargé d'ordres, je me fais ouvrir les portes, et par un mouvement que je ne saurais trop expliquer, je cours chez ma femme ; je frappe long-temps sans que personne vienne répondre ; un voisin m'ouvre enfin la porte de l'allée, et je monte, rapidement à la chambre de ma femme ; en approchant, j'entends le bruit d'un sabre qui tombe, puis on ouvre la fenêtre, et un homme saute dans la rue. Il est inutile de dire qu'on avait reconnu ma voix : je redescends aussitôt les escaliers en toute hâte, et je rejoins bientôt mon Lovelace, dans lequel je reconnais un adjudant-major du 17e chasseurs à cheval, en semestre à Arras. Il était à demi nu ; je le ramène au domicile conjugal ; il achève sa toilette, et nous ne nous quittons qu'avec l'engagement de nous battre le lendemain.

Cette scène avait mis tout le quartier en rumeur. La plupart des voisins accourus aux fenêtres m'avaient vu saisir le complice ; devant eux il était convenu du fait. Il ne manquait donc pas de témoins pour provoquer et obtenir le divorce, et c'était bien ce que je me proposais de faire ; mais la famille de ma chaste épouse, qui tenait à lui conserver un chaperon, se mit aussitôt en campagne pour arrêter toutes mes démarches, ou du moins pour les paralyser. Le lendemain, avant d'avoir pu joindre l'adjudant-major, je fus arrêté par des sergents de ville et par des gendarmes, qui parlaient déjà de m'écrouer aux *Baudets*. Heureusement pour moi, j'avais pris quelqu'assurance, et je sentais fort bien que ma position n'avait rien d'inquiétant. Je demandai à être conduit devant Joseph Lebon ; on ne pouvait pas s'y refuser ; je parus devant le représentant du peuple, que je trouvai entouré d'une masse énorme de lettres et de papiers. *C'est donc toi, me dit-il, qui viens ici sans permission…, et pour maltraiter ta femme encore !…* Je vis aussitôt ce qu'il y avait à répondre ; j'exhibai mes ordres, j'invoquai le témoignage de tous les voisins de ma femme et celui de l'adjudant-major lui-même, qui ne pouvait plus s'en dédire. Enfin, j'expliquai si clairement mon affaire que Joseph Lebon fut forcé de convenir que les torts n'étaient pas de mon côté. Par égard pour son ami Chevalier, il m'engagea cependant à ne pas rester plus long-temps à Arras, et comme je craignais que le vent ne tournât comme j'en avais eu tant d'exemples, je me promis bien de déférer le plus promptement possible à cet avis. Ma mission remplie, je pris congé de tout mon monde, et le lendemain au point du jour j'étais sur la route de Tournai.

CHAPITRE III.

Séjour à Bruxelles. – Les cafés. – Les gendarmes gastronomes. – Un faussaire. – L'armée roulante. – La Baronne et le garçon boulanger. – Contre-temps. – Arrivée à Paris. – Une femme galante. – Mystifications.

Je ne trouvai point à Tournai l'adjudant-général ; il était parti pour Bruxelles ; je me disposai aussitôt à aller le rejoindre, et le lendemain je pris la diligence pour cette destination. Du premier coup d'œil, je reconnus parmi les voyageurs trois individus que j'avais connus à Lille, passant les journées entières dans les estaminets, et vivant d'une manière fort suspecte. Je les vis à mon grand étonnement revêtus d'uniformes de divers corps, et portant l'un des épaulettes de lieutenant-colonel, les autres celles de capitaine et de lieutenant. Où peuvent-ils, disais-je en moi-même, avoir attrapé tout cela, puisqu'ils n'ont jamais servi ; je me perdais dans mes conjectures. De leur côté, ils paraissaient d'abord un peu confus de la rencontre, mais ils se remirent bientôt, et me témoignèrent une surprise amicale de me retrouver simple soldat. Lorsque je leur eus expliqué comment le licenciement des bataillons de la réquisition m'avait fait perdre mon grade, le *lieutenant-colonel* me promit sa protection, que j'acceptai, quoique ne sachant trop que penser du protecteur ; ce que j'y voyais de plus clair, c'est qu'il était en fonds, et qu'il payait pour tous dans les tables d'hôte, où il affichait un républicanisme ardent, tout en affectant de laisser entrevoir qu'il appartenait à quelque ancienne famille.

Je ne fus pas plus heureux à Bruxelles qu'à Tournai ; l'adjudant-général, qui semblait se dérober devant moi, venait de se rendre à Liège ; je pars pour cette ville, comptant bien cette fois ne pas faire une course inutile : j'arrive, mon homme s'était mis en route la veille pour Paris, où il devait comparaître à la barre de la Convention. Son absence ne devait pas être de plus de quinze jours ; j'attends, personne ne paraît ; un mois s'écoule, personne encore. Les espèces baissaient singulièrement chez moi ; je prends le parti de regagner Bruxelles, où j'espérais trouver plus facilement les moyens de sortir d'embarras. Pour parler avec la franchise que je me pique d'apporter dans cette histoire de ma vie, je dois déclarer que je commençais à n'être pas excessivement difficile sur le choix de ces moyens ; mon éducation ne devait pas m'avoir rendu homme à grands scrupules, et la détestable société de garnison que je fréquentais depuis mon enfance, eût corrompu le plus heureux naturel.

Ce fut donc sans faire grande violence à ma délicatesse, que je me vis installé, à Bruxelles, chez une femme galante de ma connaissance, qui, après avoir été entretenue par le général Van-der-Nott, était à peu près tombée dans le domaine public. Oisif comme tous ceux qui ont jeté dans cette existence précaire, je passais les journées entières et une partie des nuits au *Café Turc* et au *Café de la Monnaie,* où se réunissaient de préférence les chevaliers d'industrie et les joueurs de profession ; ces gens-là faisaient de la dépense, jouaient un jeu d'enfer ; et comme ils n'avaient aucune ressource connue, je ne revenais pas de leur voir mener un pareil train. Un jeune homme avec lequel je m'étais lié, et que je questionnai à ce sujet, parut frappé de mon inexpérience, et j'eus toutes les peines du monde à lui persuader que j'étais aussi neuf que je le disais. « Les hommes que vous voyez ici tous les jours, me dit-il alors, sont des escrocs ; ceux qui ne font qu'une apparition sont des dupes qui ne reparaissent plus, une fois qu'ils ont perdu leur argent. » Muni de ces instructions, je fis une foule de remarques qui jusque-là m'avaient échappé ; je vis des tours de passe-passe incroyables, et, ce qui prouverait qu'il y avait encore du bon chez moi, je fus souvent tenté d'avertir le malheureux qu'on dépouillait ; ce qui m'arriva prouverait que les faiseurs m'avaient deviné.

Une partie s'engage un soir au *Café Turc ;* on jouait quinze louis en cinq impériales ; le *gonse* (la dupe) perd cent cinquante louis, demande une revanche pour le lendemain, et sort. À peine a-t-il mis le pied dehors, que le gagnant, que je vois encore tous les jours à Paris, s'approche, et me dit du ton le plus simple : *Ma foi, monsieur, nous avons joué de bonheur, et vous n'avez pas mal fait de vous mettre de mon jeu... j'ai gagné dix parties... À quatre couronnes que vous avez engagées, c'est dix louis... les voilà !* Je lui fis observer qu'il était dans l'erreur, que je ne m'étais pas intéressé à son jeu ; il me répondit qu'en me mettant les dix louis dans la main, après quoi il me tourna le dos. *Prenez,* me dit le jeune homme qui m'avait initié aux mystères du tripot, et qui se trouvait à côté de moi, *prenez, et suivez-moi.* Je fis machinalement ce qu'il me disait, et lorsque nous fûmes dans la rue, mon Mentor ajouta : « On s'est aperçu que vous suiviez les parties, on craint qu'il ne vous prenne fantaisie de découvrir le pot aux roses, et comme il n'y a pas moyen de vous intimider, parce qu'on sait que vous avez le bras bon et la main mauvaise, on s'est décidé à vous donner part au gâteau : ainsi, soyez tranquille sur votre existence, les deux cafés peuvent vous suffire, puisque vous en pouvez tirer, comme moi, de quatre à six couronnes par jour. » Malgré toute la complaisance qu'y mettait ma conscience, je voulus répliquer et faire des observations : « Vous êtes un enfant, me dit mon honorable ami, il ne s'agit pas ici de vol… on corrige tout bonnement la fortune…, et croyez que les choses se passent ainsi dans le salon comme dans la taverne… Là on triche, c'est le mot reçu…, et le négociant qui, le matin dans son comptoir, se ferait un crime de vous faire tort d'une heure d'intérêt, celui-là même vous attrape fort tranquillement le soir au jeu. » Que répondre à d'aussi formidables arguments ? Rien. Il ne restait qu'à garder l'argent, et c'est ce que je fis.

Ces petits dividendes, joints à une centaine d'écus que me fit passer ma mère, me mirent en état de faire quelque figure, et de témoigner ma reconnaissance à cette Émilie, dont le dévouement ne me trouvait pas tout à fait insensible. Nos affaires étaient donc en assez bon train, lorsqu'un soir je fus arrêté au théâtre du Parc, par plusieurs agents de police, qui me sommèrent d'exhiber mes papiers. C'eût été pour moi chose assez dangereuse : je répondis que je n'en avais pas. On me conduisit aux Madelonettes, et le lendemain, à l'interrogatoire, je m'aperçus qu'on ne me connaissait pas, ou qu'on me prenait pour un autre. Je déclarai alors me nommer Rousseau, né à Lille, et j'ajoutai que, venu à Bruxelles pour mon plaisir, je n'avais pas cru devoir me munir de papiers. Je demandai enfin à être conduit à Lille à mes frais, par deux gendarmes ; on m'accorda ce que je réclamais, et, moyennant quelques couronnes, mon escorte consentit à ce que la pauvre Émilie m'accompagnât.

Être sorti de Bruxelles, c'était fort bien, mais il était encore plus important de ne pas arriver à Lille, où je devais être inévitablement reconnu déserteur. Il fallait s'évader à tout prix, et ce fut l'avis d'Émilie, à laquelle je communiquai mon projet, que nous exécutâmes en arrivant à Tournai. Je dis aux gendarmes que devant nous quitter le lendemain en arrivant à Lille, où je devais être mis sur-le-champ en liberté, je voulais leur faire mes adieux par un bon souper. Déjà charmés de mes manières libérales et de ma gaîté, ils acceptèrent de grand cœur et le soir, pendant que, couchés sur la table, ivres de bière et de rhum, ils me croyaient dans le même état, je descendais avec mes draps par la fenêtre d'un second étage ; Émilie me suivait, et nous nous enfoncions dans des chemins de traverse, où l'on ne devait pas même songer à venir nous chercher. Nous gagnâmes ainsi le faubourg Notre-Dame, à Lille, où je me revêtis d'une capote d'uniforme de chasseurs à cheval, en prenant la précaution de me mettre sur l'œil gauche un emplâtre de taffetas noir, qui me rendait méconnaissable. Cependant, je ne jugeai pas prudent de rester long-temps dans une ville aussi voisine du lieu de ma naissance, et nous partîmes pour Gand. Là, par un incident passablement romanesque, Émilie retrouva son père, qui la décida à revenir dans sa famille. Il est vrai qu'elle ne consentit à me quitter, qu'à la condition expresse que j'irais la rejoindre aussitôt que les affaires que je disais avoir à Bruxelles seraient terminées.

Les affaires que j'avais à Bruxelles, c'était de recommencer à exploiter le *Café Turc* et le *Café de la Monnaie*. Mais, pour me présenter dans cette ville, il me fallait des papiers qui justifiassent que j'étais bien Rousseau né à Lille, comme je l'avais dit dans l'interrogatoire qui avait précédé mon évasion. Un capitaine de carabiniers belges au service de France, nommé Labbre, se chargea, moyennant quinze louis, de me *fournir* les pièces qui m'étaient nécessaires. Au bout de trois semaines, il m'apporta effectivement un extrait de naissance, un passeport et un certificat de réforme au nom de Rousseau ; le tout confectionné avec une perfection que je n'ai jamais reconnu chez aucun faussaire. Muni de ces pièces, je reparus effectivement à Bruxelles, où le commandant de place, ancien camarade de Labbre, se chargea d'arranger mon affaire.

Tranquille de ce côté, je courus au *Café Turc*. Les premières personnes que j'aperçus dans la salle, furent les officiers de fabrique avec lesquels on se rappelle que j'avais déjà voyagé. Ils me reçurent à merveille, et devinant, au récit de mes aventures, que ma position n'était pas des plus brillantes, ils me proposèrent un grade de sous-lieutenant de chasseurs à cheval, sans doute parce qu'ils me voyaient une capote de l'armée. Une promotion aussi avantageuse n'était pas chose à refuser : on prit mon signalement séance tenante ; et comme je faisais observer au comité que Rousseau était un nom d'emprunt, le digne lieutenant-colonel me dit de prendre celui qui me conviendrait le mieux. On voit qu'il était impossible d'y mettre plus de bonne volonté. Je me décide à conserver le nom de Rousseau, sous lequel on me délivre, non pas un brevet, mais une feuille de route de sous-lieutenant du 6e chasseurs, voyageant avec son cheval et ayant droit au logement et aux distributions.

C'est ainsi que je me trouvai incorporé dans cette *armée roulante,* composée d'officiers sans brevet, sans troupe, qui, munis de faux états et de fausses feuilles de route, en imposaient d'autant plus facilement aux commissaires des guerres, qu'il y avait moins d'ordre à cette époque dans les administrations militaires. Ce qu'il y a de certain, c'est que, dans une tournée que nous fîmes dans les Pays-Bas, nous touchâmes partout nos rations, sans qu'on fit la moindre observation. Cependant *l'armée roulante* n'était pas alors composée de moins de deux mille aventuriers, qui vivaient là comme le poisson dans l'eau. Ce qu'il y a de plus curieux, c'est qu'on se donnait un avancement aussi rapide que le permettaient les circonstances ; avancement dont les résultats étaient toujours lucratifs, puisqu'il faisait élever les rations. Je passai, de cette manière, capitaine de hussards, un de nos camarades devint chef de bataillon ; mais, ce qui me confondit, ce fut la promotion d'Auffray, notre lieutenant-colonel, au grade de général de brigade. Il est vrai que si l'importance du grade, et l'espèce de notabilité d'un déplacement de ce genre, rendait la fraude plus difficile à soutenir, l'audace d'une telle combinaison écartait jusqu'au soupçon.

Revenus à Bruxelles, nous nous fîmes délivrer des billets de logement, et je fus envoyé chez une riche veuve, madame la baronne d'I…

On me reçut comme on recevait, à cette époque, les Français à Bruxelles, c'est-à-dire à bras ouverts. Une fort belle chambre fut mise à mon entière disposition, et mon hôtesse, enchantée de ma réserve, me prévint de l'air le plus gracieux, que si ses heures me convenaient, mon couvert serait toujours mis. Il était impossible de résister à des offres aussi obligeantes ; je me confondis en remercîments, et le même jour il me fallut paraître au dîner, dont les convives étaient trois vieilles dames, non compris la baronne, qui n'avait guère passé la cinquantaine. Tout ce monde fut enchanté des manières prévenantes du capitaine de hussards. À Paris, on l'eut trouvé un peu gauche en pareille compagnie ; mais à Bruxelles, on devait le trouver parfait, pour un jeune homme dont l'entrée précoce au service avait dû nécessairement nuire à son éducation. La baronne fit sans doute quelques réflexions de ce genre, puisqu'elle en vint, avec moi à de petits soins qui me donnèrent fort à penser.

Comme je m'absentais quelquefois pour aller dîner avec *mon général,* dont je ne pouvais pas, lui disais-je, refuser les invitations, elle voulut absolument que je le lui présentasse avec mes autres amis. D'abord je ne me souciais guères d'introduire mes associés dans la société de la baronne ; elle voyait du monde, et nous pouvions rencontrer chez elle quelqu'un qui découvrît nos petites spéculations. Mais la baronne insista, et je me rendis, en témoignant le désir que *le général,* qui voulait garder une espèce d'incognito, fût reçu en petit comité. Il vint donc : la baronne, qui l'avait placé près d'elle, lui fit un accueil si distingué, lui parla si long-temps à demi voix, que je fus piqué. Pour rompre le tête-à-tête, j'imaginai d'engager *le général* à nous chanter quelque chose en s'accompagnant sur le piano. Je savais fort bien qu'il était incapable de déchiffrer une note, mais je comptais sur les instances ordinaires de la compagnie, pour lui donner de l'occupation au moins pour quelques instants. Mon stratagème ne réussit qu'à moitié : le *lieutenant-colonel,* qui était de la partie, voyant qu'on pressait vivement *le général,* offrit obligeamment de le remplacer ; je le vis en effet se mettre au piano, et chanter quelques morceaux avec assez de goût pour recueillir tous les suffrages, tandis que j'aurais voulu le voir à tous les diables.

Cette éternelle soirée finit pourtant, et chacun se retira, moi roulant dans ma tête des projets de vengeance contre le rival qui allait m'enlever, je ne dirai pas l'amour, mais les soins obligeants de la baronne. Tout préoccupé de cette idée, je me rendis à mon lever chez *le général,* qui fut assez surpris de me voir de si grand matin. « Sais-tu, me dit-il, sans me laisser le temps d'entamer la conversation, sais-tu, mon ami, que la baronne est... – Qui vous parle de la baronne ? interrompis-je brusquement, ce n'est pas de ce qu'elle est ou de ce qu'elle n'est pas, qu'il s'agit ici. – Tant pis, reprit-il, si tu ne me parles pas d'elle, je n'ai rien à entendre. » Et, continuant ainsi quelque temps à m'intriguer, il finit par me dire que son entretien avec la baronne n'avait roulé que sur moi seul, et qu'il avait tellement avancé mes affaires, qu'il la croyait toute disposée à... à m'épouser.

Je crus d'abord que la tête avait tourné à mon pauvre camarade. Une des femmes titrées les plus riches des Provinces-Unies, épouser un aventurier dont elle ne connaissait ni la famille, ni la fortune, ni les antécédents, il y avait là de quoi rendre les plus confiants incrédules. Devais-je, d'ailleurs, m'engager dans une fourberie qui devait tôt ou tard se découvrir et me perdre ? N'étais-je pas, enfin, bien et dûment marié à Arras. Ces objections et plusieurs autres, que me suggérait une sorte de remords de tromper l'excellente femme qui me comblait d'amitiés, n'arrêtèrent pas un instant mon interlocuteur. Voici comment il y répondit :

« Tout ce que tu me dis là est fort beau ; je suis tout à fait de ton avis, et pour suivre mon penchant naturel pour la vertu, il ne me manque que dix mille livres de rente. Mais je ne vois pas la raison de faire ici le scrupuleux. Que veut la baronne ? un mari, et un mari qui lui convienne. N'es-tu pas ce mari-là ? N'es-tu pas dans l'intention d'avoir pour elle toute sorte d'égards, et de la traiter comme quelqu'un qui nous est utile, et dont nous n'avons jamais eu à nous plaindre. Tu me parles d'inégalité de fortune ; la baronne n'y tient pas. Il ne te manque donc pour être son fait, qu'une seule chose : des titres ; eh bien ! je t'en donne... Oui, je t'en donne !... Tu as beau me regarder avec de grands yeux, écoute-moi plutôt, et ne fais pas répéter le commandement... Tu dois connaître quelque noble de ton pays, de ton âge... Tu es ce noble-là, tes parents ont émigré ; ils sont maintenant à Hambourg. Toi, tu es rentré en France pour faire racheter par un tiers la maison paternelle, afin de pouvoir enlever à loisir la vaisselle plate et mille double louis cachés sous le parquet du salon. Au commencement de la terreur, la présence de quelques importuns, la précipitation du départ, un mandat d'amener lancé contre ton père ne permettait pas de retarder d'un instant, vous ont empêché de reprendre ce dépôt. Arrivé dans le pays, déguisé en compagnon tanneur, tu as été dénoncé par l'homme même qui devait te seconder dans ton entreprise, décrété d'accusation, poursuivi par les autorités républicaines, et tu étais à la veille de porter ta tête sur l'échafaud, quand je t'ai retrouvé sur une grande route, demi-mort d'inquiétude et de besoin. Ancien ami de ta famille, je t'ai fait obtenir un brevet d'officier de hussards, sous le nom de Rousseau, en attendant que l'occasion se présente d'aller rejoindre tes nobles parents à Hambourg... La baronne sait déjà tout cela... Oui, tout..., excepté ton nom, que je ne lui ai pas dit, par forme de discrétion, mais en effet par la raison que je ne sais pas encore celui que tu prendras. C'est une confidence que je te réserve à toi-même.

» Ainsi, c'est une affaire faite, te voilà gentilhomme, il n'y a pas à s'en dédire. Ne me parle pas de ta coquine de femme ; tu divorces à Arras sous le nom de Vidocq, et tu te maries à Bruxelles sous celui de comte de B... Maintenant, écoute-moi bien : jusqu'à présent nos affaires ont assez bien été ; mais tout cela peut changer d'un moment à l'autre. Nous avons déjà trouvé quelques commissaires des guerres curieux ; nous pouvons en rencontrer de moins dociles, qui nous coupent les vivres et nous envoient servir dans la *petite marine* à Toulon. Tu comprends..., suffit. Ce qui peut t'arriver de plus heureux, c'est de reprendre le sac et le crucifix à ressorts dans ton ancien régiment, au risque d'être fusillé comme déserteur... En te mariant, au contraire, tu t'assures une belle existence, et tu te mets en position d'être utile aux amis. Puisque nous en sommes sur ce chapitre-là, faisons nos petites conventions : ta femme a cent mille florins de rente, nous sommes trois, tu nous feras à chacun mille écus de pension, payables d'avance, et je palperai de plus une prime de trente mille francs, pour avoir fait un comte du fils d'un boulanger. »

J'étais déjà ébranlé : cette harangue, dans laquelle *le Général* m'avait adroitement présenté toutes les difficultés de ma position, acheva de triompher de ma résistance, qui, à vrai dire, n'était pas des plus opiniâtres. Je consens à tout ; on se rend chez la baronne : le comte de B... tombe à ses pieds. La scène se joue, et, ce qu'on aura peine à croire, je me pénètre si bien de l'esprit du rôle, que je me surprends un moment, m'y trompant moi-même ; ce qui arrive, dit-on, quelquefois aux menteurs. La baronne est charmée des saillies et des mots de sentiment que la situation m'inspire. *Le Général* triomphe de mes succès, et tout le monde est enchanté. Il m'échappait bien par-ci par-là quelques expressions qui sentaient un peu la cantine, mais *le Général* avait eu soin de prévenir la baronne que les troubles politiques avaient fait singulièrement négliger mon éducation : elle s'était contentée de cette explication. Depuis, M. le maréchal Suchet ne s'est pas montré plus difficile lorsque Coignard, lui écrivant à M. le *duque* d'Albufera, s'excusait sur ce qu'émigré fort jeune, il ne pouvait connaître que très imparfaitement le français.

On se met à table : le dîner se passe à merveille. Au dessert, la baronne me dit à l'oreille : « Je sais, mon ami, que votre fortune est entre les mains des jacobins. Cependant vos parents qui sont à Hambourg, peuvent se trouver dans l'embarras ; faites-moi le plaisir de leur adresser une traite de trois mille florins que mon banquier vous remettra demain matin. » Je commençais des remerciements, elle m'interrompit, et quitta la table pour passer au salon. Je saisis ce moment pour dire au *Général* ce qui venait de m'arriver. « Eh ! nigaud, me dit-il, crois-tu m'apprendre quelque chose... ? N'est-ce pas moi qui ai soufflé à la baronne que tes parents pouvaient avoir besoin d'argent... Pour le moment, ces parents-là, c'est nous... Nos fonds baissent, et hasarder quelque coup pour s'en procurer, ce serait risquer de gaîté de cœur le succès de notre grande affaire... Je me charge de négocier la traite... En même temps, j'ai insinué à la baronne qu'il te fallait quelque argent pour faire figure avant le mariage, et il est convenu que d'ici à la cérémonie, tu toucheras cinq cents florins par mois. » Je trouvai effectivement cette somme le lendemain sur mon secrétaire, où l'on avait déposé de plus une toilette en vermeil et quelques bijoux.

Cependant l'extrait de naissance du comte de B..., dont j'avais pris le nom, et que *le Général* avait voulu faire lever, comptant faire fabriquer les autres pièces, n'arrivait pas. La baronne, dont l'aveuglement doit paraître inconcevable aux personnes qui ne sont pas en position de savoir jusqu'où peut aller la crédulité des dupes et l'audace des fripons, consentit à m'épouser sous le nom de *Rousseau*. J'avais tous les papiers nécessaires pour en justifier. Il ne me manquait plus que le consentement de mon père, et rien n'était plus facile que de se le procurer, au moyen de Labbre, que nous avions sous la main ; mais bien que la baronne eût consenti à m'épouser sous un nom qu'elle savait bien n'être pas le mien, il pouvait lui répugner d'être en quelque sorte complice d'un faux qui n'avait plus pour excuse le besoin de sauver ma tête. Pendant que nous nous concertions pour sortir d'embarras, nous apprîmes que l'effectif de *l'Armée Roulante* était devenu si considérable dans les pays conquis, que le gouvernement, ouvrant enfin les yeux, donnait les ordres les plus sévères pour la répression de ces abus. On mit alors bas les uniformes, croyant n'avoir plus ainsi rien à craindre ; mais les recherches devinrent tellement actives, que *le Général* dut quitter brusquement la ville pour gagner Namur, où il croyait être moins en vue. J'expliquai ce brusque départ à la baronne en lui disant que *le Général* était inquiété pour m'avoir fait obtenir du service sous un nom supposé. Cet incident lui inspira les plus vives inquiétudes pour moi-même, et je ne pus la tranquilliser qu'en partant pour Breda, où elle voulut absolument m'accompagner.

Il me siérait mal de jouer la sensiblerie, et ce serait compromettre la réputation de finesse et de tact qu'on m'accorde assez généralement, que d'étaler les beaux sentiments. On doit donc me croire lorsque je déclare que tant de dévouement me toucha. La voix des remords, à laquelle on n'est jamais sourd à dix-neuf ans, se fit entendre ; je vis l'abîme où j'allais entraîner l'excellente femme qui s'était montrée si généreuse à mon égard ; je la vis repoussant bientôt avec horreur le déserteur, le vagabond, le bigame, le faussaire ; et cette idée me détermina à lui tout avouer. Éloigné de ceux qui m'avaient engagé dans cette intrigue, et qui venaient d'être arrêtés à Namur, je m'affermis dans ma résolution ; un soir, au moment où le souper se terminait, je me décidai à rompre la glace. Sans entrer dans le détail de mes aventures, je dis à la baronne que des circonstances qu'il m'était impossible de lui expliquer m'avaient contraint à paraître à Bruxelles sous les deux noms qu'elle me connaissait, et qui n'étaient pas les miens. J'ajoutai que des événements me forçaient de quitter les Pays-Bas sans pouvoir contracter une union qui eut fait mon bonheur, mais que je conserverais éternellement le souvenir des bontés qu'on y avait eues pour moi.

Je parlai long-temps, et, l'émotion me gagnant, je parlai avec une chaleur, une facilité à laquelle je n'ai pu songer depuis sans en être étonné moi-même : il me semblait que je craignais d'entendre la réponse de la baronne. Immobile, les joues pâles, l'œil fixe comme une somnambule, elle m'écouta sans m'interrompre ; puis, me jetant un regard d'effroi, elle se leva brusquement, et courut s'enfermer dans sa chambre ; et je ne la revis plus. Éclairée par mon aveu, par quelques mots qui m'étaient sans doute échappés dans le trouble du moment, elle avait reconnu les périls qui la menaçaient, et, dans sa juste méfiance, peut-être me soupçonnait-elle plus coupable que je ne l'étais en effet ; peut-être croyait-elle s'être livrée à quelque grand criminel ; peut-être y avait-il là du sang !... D'un autre côté, si cette complication de déguisements devait rendre ses appréhensions bien vives, l'aveu spontané que je venais de lui faire était aussi bien propre à calmer ses inquiétudes ; cette dernière idée domina probablement chez elle, puisque le lendemain, à mon réveil, l'hôte me donna une cassette contenant quinze mille francs en or, que la baronne lui avait remise pour moi avant son départ, à une heure du matin ; je l'appris avec plaisir ; sa présence me pesait. Rien ne me retenant à Breda, je fis faire mes malles, et quelques heures après j'étais sur la route d'Amsterdam.

Je l'ai dit, je le répète : certaines parties de cette aventure pourront paraître peu naturelles, et l'on ne manquera pas d'en conclure que tout est faux ; rien n'est cependant plus exact. Les initiales que je donne suffiront, pour mettre sur la voie les personnes qui ont connu Bruxelles il y a trente ans. Il n'y a d'ailleurs dans tout cela que des situations communes, telles qu'en offre le plus mince roman. Si je suis entré dans quelques détails minutieux, ce n'est donc pas dans l'espoir d'obtenir des *effets* de mélodrame, mais avec l'intention de prémunir les personnes trop confiantes, contre un genre de déception employé plus fréquemment et avec plus de succès qu'on ne pense, dans toutes les classes de la société : tel est au reste le but de cet ouvrage. Qu'on le médite dans toutes ses parties, et les fonctions de procureur du roi, de juge, de gendarme et d'agent de police, se trouveront peut-être un beau matin des sinécures.

Mon séjour à Amsterdam fut très court : c'était Paris que je brûlais de voir. Après avoir touché le montant de deux traites qui faisaient partie de l'argent que m'avait laissé la baronne, je me mis en route, et le deux mars 1796 je fis mon entrée dans cette capitale, où mon nom devait faire un jour quelque bruit. Logé rue de l'Échelle, *hôtel du Gaillard-Bois,* je m'occupai d'abord de changer mes ducats contre de l'argent français, et de vendre une foule de petits bijoux et d'objets de luxe qui me devenaient inutiles, puisque j'avais l'intention de m'établir dans quelque ville des environs, où j'aurais embrassé un état quelconque : je ne devais pas réaliser ce projet. Un soir, un de ces messieurs qu'on trouve toujours dans les hôtels pour faire connaissance avec les voyageurs, me propose de me présenter dans une maison où l'on fait la partie. Par désœuvrement, je me laissai conduire, confiant dans mon expérience du *café Turc* et du café de *la Monnaie ;* je m'aperçus bientôt que les *crocs* de Bruxelles n'étaient que des apprentis en comparaison des praticiens dont j'avais l'avantage de faire la partie. Aujourd'hui l'administration des jeux n'a guère pour elle que *le refait,* et l'immense avantage d'être toujours au jeu ; les chances sont du reste à peu près égales. À l'époque dont je parle, au contraire, la police tolérant ces tripots particuliers nommés *étouffoirs,* on ne se contentait pas de filer la carte ou d'assembler les couleurs, comme y furent pris, il y a quelque temps, chez M. Lafitte, MM de S... fils, et A. de la Roch... : les habitués avaient entre eux des signaux de convention tellement combinés, qu'il fallait absolument succomber. Deux séances me débarrassèrent d'une centaine de louis, et j'en eus assez comme cela : mais il était écrit que l'argent de la baronne me fausserait bientôt compagnie. L'agent du destin fut une fort jolie femme que je rencontrai dans une table d'hôte où je mangeais quelquefois. Rosine, c'était son nom, montra d'abord un désintéressement exemplaire. Depuis un mois j'étais son amant en titre, sans qu'elle m'eût rien coûté que des dîners, des spectacles, des voitures, des chiffons, des gands, des rubans, des fleurs, etc...., toutes choses qui, à Paris, *ne coûtent rien,* ... quand on ne les paye pas.

Toujours plus épris de Rosine, je ne la quittais pas d'un instant. Un matin, déjeûnant avec elle, je la trouve soucieuse, je la presse de questions, elle résiste, et finit par m'avouer qu'elle était tourmentée pour quelques bagatelles dues à sa marchande de modes et à son tapissier ; j'offre avec empressement mes services ; on refuse avec une magnanimité remarquable, et je ne peux pas même obtenir l'adresse des deux créanciers. Beaucoup d'honnêtes gens se le seraient tenu pour bien dit, mais, véritable paladin, je n'eus pas un instant de repos que Divine, la femme de chambre, ne m'eût donné les précieuses adresses. De la rue Vivienne, où demeurait Rosine, qui se faisait appeler madame de Saint-Michel, je cours chez le tapissier, rue de Cléry. J'annonce le but de ma visite ; aussitôt on m'accable de prévenances, comme c'est l'usage en pareille circonstance ; on me remet le mémoire, et je vois avec consternation qu'il s'élève à douze cents francs : j'étais cependant trop avancé pour reculer ; je paye. Chez la modiste, même scène et même dénouement, à cent francs près ; il y avait là de quoi refroidir les plus intrépides : mais les derniers mots n'en étaient pas encore dits. Quelques jours après que j'eus soldé les créanciers, on m'amena à acheter pour deux mille francs de bijoux, et les parties de toute espèce n'en allaient pas moins leur train. Je voyais bien confusément mon argent s'en aller, mais redoutant le moment de la vérification de ma caisse, je le reculais de jour en jour. J'y procède enfin, et je trouve qu'en deux mois j'avais dissipé la modique somme de quatorze mille francs. Cette découverte me fit faire de sérieuses réflexions. Rosine s'aperçut aussitôt de ma préoccupation. Elle devina que mes finances étaient à la baisse ; les femmes ont à cet égard un tact qui les trompe rarement. Sans me témoigner précisément de la froideur, elle me montra plus de réserve ; et comme je lui en manifestais mon étonnement, elle me répondit avec une brusquerie marquée « que des affaires particulières lui donnaient de l'humeur ». Le piège était là, mais j'avais été trop bien puni de mon intervention dans ses *affaires,* pour m'en mêler encore ; et je me retranchai dans un air affecté, en l'engageant à prendre patience. Elle n'en devint que plus maussade. Quelques jours se passèrent en bouderie ; enfin la bombe éclata.

À la suite d'une discussion fort insignifiante, elle me dit du ton le plus impertinent « qu'elle n'aimait pas à être contrariée et que ceux qui ne s'arrangeaient pas de sa manière d'être pouvaient rester chez eux. » C'était parler, et j'eus la faiblesse de ne pas vouloir entendre. De nouveaux cadeaux me rendirent pour quelques jours une tendresse sur laquelle je ne devais cependant plus m'abuser. Alors, connaissant tout le parti qu'on pouvait tirer de mon aveugle engouement, Rosine revint bientôt à la charge pour le montant d'une lettre de change de deux mille francs, qu'elle devait acquitter sous peine d'être condamnée par corps. Rosine en prison ! cette idée m'était insupportable, et j'allais encore m'exécuter, lorsque le hasard me fit tomber entre les mains une lettre qui me dessilla les yeux.

Elle était de *l'ami de cœur* de Rosine : de Versailles, où il était confiné, cet intéressant personnage demandait « quand le *niais* serait à sec », afin de pouvoir reparaître sur la scène. C'était entre les mains du portier de Rosine que j'avais intercepté cette agréable missive. Je monte chez la perfide, elle était sortie ; furieux et humilié tout à la fois, je ne pus me contenir. Je me trouvais dans la chambre à coucher : d'un coup de pied je renverse un guéridon couvert de porcelaine, et la glace d'une psyché vole en éclats. Divine, la femme de chambre, qui ne m'avait pas perdu de vue, se jette alors à mes genoux, et me supplie d'interrompre une expédition qui pouvait me coûter cher ; je la regarde, j'hésite, et un reste de bon sens me fait concevoir qu'elle pouvait bien avoir raison. Je la presse de questions ; cette pauvre fille, que j'avais toujours trouvée douce et bonne, m'explique toute la conduite de sa maîtresse. Il est d'autant plus opportun de mentionner son récit, que les mêmes faits se reproduisent journellement à Paris.

Lorsque Rosine me rencontra, elle était depuis deux mois sans *personne ;* me croyant fort bien, d'après les dépenses qu'elle me voyait faire, elle conçut le projet de profiter de la circonstance ; et son *amant,* celui dont j'avais surpris la lettre, avait consenti à aller habiter Versailles jusqu'à ce qu'on en eût fini avec mon argent. C'était au nom de cet *amant* qu'on poursuivait pour la lettre de change que j'avais généreusement acquittée ; et les créances de la modiste et du marchand de meubles étaient également simulées.

Comme tout en pestant contre ma sottise, je m'étonnais de ne pas voir rentrer l'honnête personne qui m'avait si bien étrillé, Divine me dit qu'il était probable que la portière l'avait fait avertir que j'avais saisi sa lettre, et qu'elle ne reparaîtrait pas de sitôt. Cette conjecture se trouva vraie. En apprenant la catastrophe qui l'empêchait de me tirer jusqu'à la dernière plume de l'aile, Rosine était partie en fiacre pour Versailles : on sait qui elle allait y rejoindre. Les chiffons qu'elle laissait dans son appartement garni ne valaient pas les deux mois de loyer qu'elle devait au propriétaire, qui, lorsque je voulus sortir, me força de payer les porcelaines et la psyché sur laquelle j'avais passé ma première fureur.

De si rudes atteintes avaient furieusement écorné mes finances déjà trop délabrées. Quatorze cents francs ! ! ! voilà tout ce qui me restait des ducats de la baronne. Je pris en horreur la capitale, qui m'avait été si funeste, et je résolus de regagner Lille, où, connaissant les localités, je pourrais du moins trouver des ressources que j'eusse cherchées vainement à Paris.

CHAPITRE IV.

Les Bohémiens. – Une foire Flamande. – Retour à Lille. – Encore une connaissance. – L'Œil de bœuf. – Jugement correctionnel. – La tour Saint-Pierre. – Les détenus. – Un faux.

Comme place de guerre et comme ville frontière, Lille offrait de grands avantages à tous ceux qui, comme moi, étaient à peu près certains d'y retrouver des connaissances utiles, soit parmi les militaires de la garnison, soit parmi cette classe d'hommes qui, un pied en France, un pied en Belgique, n'ont réellement de domicile dans aucun des deux pays : je comptais un peu sur tout cela pour me tirer d'affaire, et mon espoir ne fut pas trompé. Dans le 13ᵉ chasseurs (bis), je reconnus plusieurs officiers du 10ᵉ, et entre autres un lieutenant nommé Villedieu, qu'on verra reparaître plus tard sur la scène. Tous ces gens-là ne m'avaient connu au régiment que sous un de ces noms de guerre, comme on avait l'habitude d'en prendre à cette époque, et ils ne furent nullement étonnés de me voir porter le nom de Rousseau. Je passais les journées avec eux au café ou à la salle d'armes ; mais tout cela n'était pas fort lucratif, et je me voyais encore sur le point de manquer absolument d'argent. Sur ces entrefaites, un habitué du café, qu'on nommait le *Rentier*, à cause de sa vie régulière, et qui m'avait fait plusieurs fois des politesses dont il était fort avare avec tout le monde, me parla avec intérêt de mes affaires, et me proposa de voyager avec lui.

Voyager, c'était fort bien ; mais en quelle qualité ? Je n'étais plus d'âge à m'engager comme paillasse ou comme valet-de-chambre des singes et des ours, et personne ne se fût, sans doute, avisé de me le proposer : toutefois il était bon de savoir à quoi s'en tenir. Je questionnai modestement mon nouveau protecteur sur les fonctions que j'aurais à remplir près de lui. « Je suis médecin ambulant », me dit cet homme, dont les favoris épais et le teint basané lui donnaient une physionomie singulière : « Je traite les maladies secrètes, au moyen d'une recette infaillible. Je me charge aussi de la cure des animaux ; et, tout récemment, j'ai guéri les chevaux d'un escadron du 13ᵉ chasseurs, que le vétérinaire du régiment avait abandonnés. » Allons ! me dis-je, encore un empirique... Mais il n'y a pas à reculer. Nous convenons de partir le lendemain, et de nous trouver à cinq heures du matin à l'ouverture de la porte de Paris.

Je fus exact au rendez-vous. Mon homme, qui s'y trouvait également, voyant ma malle, portée par un commissionnaire, me dit qu'il était inutile de la prendre, attendu que nous ne serions que trois jours partis, et que nous devions faire la route à pied. Sur cette observation, je renvoyai mes effets à l'auberge, et nous commençâmes à marcher assez vite, ayant, me dit mon guide, cinq lieues à faire avant midi. Nous arrivâmes en effet pour cette heure dans une ferme isolée, où il fut reçu à bras ouverts, et salué du nom de Caron, que je ne lui connaissais pas, l'ayant entendu toujours appelé Christian. Après quelques mots échangés, le maître de la maison passa dans sa chambre, et reparut avec deux ou trois sacs d'écus de six francs, qu'il étala sur la table : mon patron les prend, les examine les uns après les autres avec une attention qui me paraît affectée, en met à part cent cinquante, et compte pareille somme au fermier, en diverses monnaies, plus une prime de six couronnes. Je ne comprenais rien à cette opération ; elle se négociait d'ailleurs dans un patois flamand que je n'entendais qu'imparfaitement. Je fus donc fort étonné quand, sortis de la ferme, où Christian avait annoncé qu'il reviendrait bientôt, il me donna trois couronnes, en me disant que je devais avoir part aux bénéfices. Je ne voyais pas trop où pouvait être le bénéfice, et je lui en fis l'observation. « C'est mon secret, me répondit-il d'un air mystérieux : tu le sauras plus tard, si je suis content de toi. » Comme je lui fis remarquer qu'il était bien assuré de ma discrétion, puisque je ne savais rien, si ce n'est qu'il changeait des écus contre d'autre monnaie, il me dit que c'était précisément là ce qu'il fallait, taire, pour éviter la concurrence ; je me le tins pour dit, et pris l'argent sans trop savoir comment tout cela tournerai.

Pendant quatre jours, nous fîmes de semblables excursions dans diverses fermes, et chaque soir je touchais deux ou trois couronnes. Christian, qu'on n'appelait que Caron, était fort connu dans cette partie du Brabant ; mais seulement comme médecin : car, bien qu'il continuât partout ses opérations de change, on n'entamait jamais la conversation qu'en parlant de maladies d'hommes ou d'animaux. J'entrevoyais de plus qu'il avait la réputation de lever les *sorts* jetés sur les bestiaux. Une proposition qu'il me fit au moment d'entrer dans le village de Wervique eût dû m'initier aux secrets de sa magie. « Puis-je compter sur toi, me dit-il, en s'arrêtant tout à coup ? – Sans doute, lui dis-je ;... mais encore faudrait-il savoir de quoi il s'agit ?... – Écoute et regarde... »

Il prit alors, dans une espèce de gibecière, quatre paquets carrés, comme en disposent les pharmaciens, et paraissant contenir, quelque spécifique ; puis il me dit : « Tu vois ces quatre fermes, situées à quelque distance l'une de l'autre ; tu vas t'y introduire par les derrières, en ayant soin que personne ne t'aperçoive ;... tu gagneras l'étable ou l'écurie, et tu jetteras dans la mangeoire la poudre de chaque paquet... Surtout, prends bien garde qu'on ne te voie... Je me charge du reste. Je fis des objections : on pouvait me surprendre au moment où j'escaladerais la clôture, m'arrêter, me faire des questions fort embarrassantes. Je refusai net, malgré la perspective des couronnes ; toute l'éloquence de Christian échoua contre ma résolution. Je lui dis même que je le quittais à l'instant, à moins qu'il ne m'apprît son état réel ; et le mystère de ce change d'argent, qui me paraissait furieusement suspect. Cette déclaration parut l'embarrasser, et, comme on le verra bientôt, il songea à se tirer d'affaire, en me faisant une demi-confidence.

« Mon pays, dit-il, répondant à ma dernière question,... je n'en ai point... Ma mère, qui fut pendue l'année dernière à Témeswar, faisait partie d'une bande de Bohémiens qui couraient les frontières de la Hongrie et du Bannat, lorsque je vins au monde, dans un village des monts Carpaths... Je dis Bohémiens, pour te faire comprendre, car ce nom n'est pas le nôtre : entre nous, on s'appelle les *Romanichels*, dans un argot qu'il nous est défendu d'apprendre à qui que ce soit ; il nous est également interdit de voyager isolément, aussi ne nous voit-on que par troupes de quinze à vingt. Nous avons long-temps exploité la France, pour lever les *sorts* et les *maléfices* mais le métier s'y gâte aujourd'hui. Le paysan est devenu trop fin ; nous nous sommes rejetés sur la Flandre ; on y est moins esprit-fort, et la diversité des monnaies nous laisse plus beau jeu pour exercer notre industrie... Pour moi, j'étais détaché depuis trois mois à Bruxelles pour des affaires particulières ; mais j'ai terminé tout ; dans trois jours, je rejoins la troupe à la foire de Malines... C'est à toi de voir si tu veux m'y accompagner ?... Tu peux nous être utile... Mais plus d'enfantillage, au moins ! ! ! ! »

Moitié embarras de savoir où donner de la tête, moitié curiosité de pousser jusqu'au bout l'aventure, je consentis à suivre Christian, ne sachant toutefois pas trop à quoi je pouvais lui être utile. Le troisième jour, nous arrivâmes à Malines, d'où il m'avait annoncé que nous reviendrions à Bruxelles. Après avoir traversé la ville, nous nous arrêtons dans le faubourg de Louvain, devant une maison de l'aspect le plus misérable ; les murailles noircies étaient sillonnées de profondes lézardes, et de nombreux bouchons de paille remplaçaient aux fenêtres les carreaux cassés. Il était minuit ; j'eus le temps de faire mes observations à la clarté de la lune, car il se passa près d'une demi-heure avant qu'une des plus horribles vieilles que j'aie jamais rencontrées vînt ouvrir. On nous introduisit alors dans une vaste salle, où trente individus des deux sexes fumaient et buvaient pêle-mêle, confondus dans des attitudes sinistres ou licencieuses. Sous leurs sarreaux bleus, tatoués de broderies rouges, les hommes portaient ces vestes de velours azuré chargées de boutons d'argent qu'on voit aux muletiers andalous ; les vêtements des femmes étaient tous de couleur éclatante : il y avait là des figures atroces, et cependant on était en fête. Le son monotone d'un tambour de basque, mêlé aux hurlements de deux chiens attachés aux pieds d'une table accompagnaient des chants bizarres, qu'on eût pris pour une psalmodie funèbre. La fumée de tabac et de bois, qui remplissait cet antre, permettait à peine enfin, d'apercevoir, au milieu de la pièce une femme qui, coiffée d'un turban écarlate, exécutait une danse sauvage, en prenant les postures les plus lascives.

À notre aspect, la fête s'interrompit. Les hommes vinrent prendre la main de Christian, les femmes l'embrassèrent ; puis tous les yeux se tournèrent vers moi, qui me trouvais assez embarrassé de ma personne. On m'avait fait sur les Bohémiens une foule d'histoires qui ne me rassuraient nullement. Ils pouvaient prendre de l'ombrage de mes scrupules, et m'expédier, sans que l'on pût jamais deviner où j'étais passé, puisque personne ne devait me savoir dans ce repaire. Mes inquiétudes devinrent même assez vives pour frapper Christian, qui crut beaucoup me rassurer en me disant que nous nous trouvions chez la *Duchesse* (titre qui répond à celui de *Mère* pour les compagnons du devoir), et que nous étions parfaitement en sûreté. L'appétit me décida toutefois à prendre ma part du banquet. La cruche de genièvre se remplit même et se vida si fréquemment, que je sentis le besoin de gagner mon lit. Au premier mot que j'en dis à Christian, il me conduisit dans une pièce voisine, où dormaient déjà, dans la paille fraîche, quelques-uns des Bohémiens. Il ne m'appartenait pas de faire le difficile ; je ne pus cependant m'empêcher de demander à mon patron, pourquoi, lui, que j'avais toujours vu prendre de bons gîtes choisissait un aussi mauvais coucher ? Il me répondit que dans toutes les villes où se trouvait une maison de *Romanichels*, on était tenu d'y loger, sous peine d'être considéré comme faux-frère, et puni comme tel par le conseil de la tribu. Les femmes, les enfants, partagèrent du reste eux-mêmes cette couche militaire ; et le sommeil qui s'empara bientôt d'eux annonçait qu'elle leur était familière.

Au point du jour, tout le monde fut debout ; il se fit une toilette générale. Sans leurs traits prononcés sans ces cheveux noirs comme le jais, sans cette peau huileuse et cuivrée, j'aurais eu peine à reconnaître mes compagnons de la veille. Les hommes, vêtus en riches maquignons hollandais, avaient pour ceinture des sacoches de cuir, comme en portent les habitués du marché de Poissy. Les femmes, couvertes de bijoux d'or et d'argent, prenaient le costume des paysannes de la Zélande. Les enfants même, que j'avais trouvés couverts de haillons, étaient proprement habillés et se composaient une nouvelle physionomie. Tous sortirent bientôt de la maison, et prirent des directions différentes, pour ne pas arriver ensemble sur la place du marché, où commençaient à se rendre en foule les gens des campagnes voisines. Christian voyant que je m'apprêtais à le suivre, me dit qu'il n'avait pas besoin de moi de toute la journée ; que je pouvais aller où bon me semblerait, jusqu'au soir où nous devions nous revoir chez la *Duchesse*. Il me mit ensuite quelques couronnes dans la main, et disparut.

Comme dans la conversation de la veille il m'avait dit que je n'étais pas encore tenu de loger avec la troupe, je commençai par retenir un lit dans une auberge. Puis, ne sachant comment tuer le temps, je me rendis au champ de foire : j'y avais fait à peine quatre tours, que je m'y rencontrai nez à nez avec un ancien officier des bataillons réquisitionnaires, nommé Malgaret, que j'avais connu à Bruxelles, faisant, au *Café Turc*, des parties assez suspectes. Après les premiers compliments, il me questionna sur les motifs de mon séjour à Malines. Je lui fis une histoire ; il m'en fit une autre sur les causes de son voyage ; et nous voilà contents tous deux, chacun croyant avoir trompé l'autre. Après avoir pris quelques rafraîchissements, nous revînmes sur le champ de foire, et dans tous les endroits où il y avait foule, je rencontrai quelques-uns des pensionnaires de la *Duchesse*. Ayant dit à mon compagnon que je ne connaissais personne à Malines, je tournai la tête pour n'être pas reconnu par eux ; je ne me souciais pas trop d'ailleurs d'avouer que j'avais de pareilles connaissances, mais j'avais affaire à un compère trop rusé pour prendre le change. « Voilà, me dit-il, en m'examinant avec intention, voilà des gens qui vous regardent bien attentivement... Les connaîtriez-vous, par hasard ?... » Sans tourner la tête, je répondis que je ne les avais jamais vus, et que je ne savais pas même ce qu'ils pouvaient être. « Ce qu'ils sont, reprit mon compagnon, je vais vous le dire ; en supposant que vous l'ignoriez... Ce sont des voleurs ! – Des voleurs ! repris-je... Qu'en savez-vous ?... – Ce que vous en allez savoir vous-même tout à l'heure, si vous voulez me suivre, car il y a gros à parier que nous n'irons pas bien loin sans les voir *travailler*... Eh, voyez plutôt ! »

Levant les yeux vers le groupe formé devant une ménagerie, j'aperçus en effet bien distinctement un des faux maquignons enlever la bourse d'un gros nourrisseur de bestiaux, que nous vîmes un instant après la chercher dans toutes ses poches de la meilleure foi du monde ; le Bohémien entra ensuite dans une boutique de bijoutier, où se trouvaient déjà deux des Zélandaises de contrebande, et mon compagnon m'assura qu'il n'en sortirait qu'après avoir escamoté quelqu'un des bijoux qu'il faisait étaler devant lui. Nous quittâmes alors notre poste d'observation, pour aller dîner ensemble. Vers la fin du repas, voyant mon convive disposé à jaser, je le pressai de m'apprendre au juste quels étaient les gens qu'il m'avait signalés, l'assurant que, malgré les apparences, je ne les connaissais que très imparfaitement. Il se décida enfin à parler, et voici comment il s'expliqua :

« C'est dans la prison (Rasphuys) de Gand, où je passai six mois, il y a quelques années, à la suite d'une partie dans laquelle il se trouva des dés pipés, que j'ai connu deux hommes de la bande que je viens de retrouver à Malines ; nous étions de la même chambrée. Comme je me faisais passer pour un voleur consommé, ils me racontaient sans défiance leurs tours de passe-passe, et me donnaient même tous les détails possibles sur leur singulière existence. Ces gens-là viennent des campagnes de la Moldavie, où cent cinquante mille de leurs végètent, comme les Juifs en Pologne, sans pouvoir occuper d'autre office que celui de bourreau. Leur nom change avec les contrées qu'ils parcourent : ce sont les *Ziguiners* de l'Allemagne, les *Gypsies* de l'Angleterre, les *Zingari* de l'Italie, les *Gitanos* de l'Espagne, les *Bohémiens* de la France et de la Belgique ; ils courent ainsi toute l'Europe, exerçant les métiers les plus abjects ou les plus dangereux. On les voit tondre les chiens, dire la bonne aventure, raccommoder la faïence, étamer le cuivre, faire une musique détestable à la porte des tavernes, spéculer sur les peaux de lapin, et changer les pièces de monnaie étrangère qui se trouvent détournées de leur circulation habituelle.

» Ils vendent aussi des spécifiques contre les maladies des bestiaux, et pour activer le débit, ils envoient à l'avance dans les fermes des affidés qui, sous prétexte de faire des achats, s'introduisent dans les étables, et jettent dans la mangeoire des drogues qui rendent les animaux malades. Ils se présentent alors ; on les reçoit à bras ouverts : connaissant la nature du mal, ils le neutralisent aisément, et le cultivateur ne sait comment leur témoigner sa reconnaissance. Ce n'est pas tout encore : avant de quitter la ferme, ils s'informent si le patron n'aurait pas des couronnes de telle ou telle année, à telle ou telle empreinte, promettant de les acheter avec prime. Le campagnard intéressé, comme tous ceux qui ne trouvent que rarement et difficilement l'occasion de gagner de l'argent, le campagnard s'empresse d'étaler ses espèces, dont ils trouvent toujours moyen d'escamoter une partie. Ce qu'il y a d'incroyable, c'est qu'on les a vus répéter impunément plusieurs fois un pareil manège dans la même maison. Enfin, et c'est ce qu'il y a de plus scabreux dans leur affaire, ils profitent de ces circonstances et de la connaissance des localités, pour indiquer aux *chauffeurs* les fermes isolées où il y a de l'argent, et les moyens de s'y introduire ; il est inutile de vous dire qu'ils ont ensuite part au gâteau. »

Malgaret me donna encore sur les Bohémiens beaucoup de détails, qui me déterminèrent à quitter immédiatement une aussi dangereuse société.

Il parlait encore en regardant de temps en temps dans la rue, par la fenêtre près de laquelle nous dînions ; tout à coup je l'entendis s'écrier : « Parbleu voilà mon homme du *Rasphuys* de Gand ! ! !... » Je regarde à mon tour,... c'était Christian, marchant fort vite et d'un air très affairé. Je ne pus retenir une exclamation. Malgaret, profitant de l'espèce de trouble où m'avaient jeté ses révélations, n'eut pas de peine à me faire raconter comment je m'étais lié avec les Bohémiens. Me voyant bien déterminé à leur fausser compagnie, il me proposa de l'accompagner à Courtrai, où il avait, disait-il, à faire *quelques bonnes parties*. Après avoir retiré de mon auberge le peu d'effets que j'y avais apportés de chez *la Duchesse,* je me mis en route avec mon nouvel associé, mais nous ne trouvâmes pas à Courtrai les *paroissiens* que Malgaret y comptait rencontrer, et au lieu de leur argent, ce fut le nôtre qui sauta. Désespérant de les voir paraître, nous revînmes à Lille. Je possédais encore une centaine de francs ; Malgaret les joua pour notre compte, et les perdit avec ce qui lui restait ; j'ai su depuis qu'il s'était entendu pour me dépouiller, avec celui qui jouait contre lui.

Dans cette extrémité, j'eus recours à mes connaissances : quelques maîtres d'armes, auxquels je dis un mot de la position où je me trouvais, donnèrent à mon bénéfice un assaut qui me fournit une centaine d'écus. Muni de cette somme, qui me mettait pour quelque temps à l'abri du besoin, je recommençai à courir les lieux publics, les bals. Ce fut alors que je formai une liaison dont les circonstances et les suites ont décidé du sort de ma vie tout entière. Rien de plus simple que le commencement de cet important épisode de mon histoire. Je rencontre au *bal de la Montagne* une femme galante, avec laquelle je me trouve bientôt au mieux ; Francine, c'était son nom, paraissait m'être fort attachée, elle me faisait à chaque instant des protestations de fidélité, ce qui ne l'empêchait pas de recevoir quelquefois en cachette un capitaine du génie.

Je les surprends un jour, soupant tête à tête chez un traiteur de la place Riourt : transporté de rage, je tombe à grands coups de poing sur le couple stupéfait. Francine, tout échevelée, prend la fuite, mais son partner reste sur la place : plainte en voies de fait ; on m'arrête, on me conduit à la prison du *Petit Hôtel*. Pendant que mon affaire s'instruit, je reçois la visite de quantité de femmes de ma connaissance, qui se font un devoir de me porter des consolations. Francine l'apprend, sa jalousie s'éveille, elle congédie le désastreux capitaine, se désiste de la plainte qu'elle avait d'abord déposée en même temps que lui, et me fait supplier de la recevoir ; j'eus la faiblesse d'y consentir. Les juges ont connaissance de ce fait, qu'on envenime, en présentant la déconfiture du capitaine comme un guet-à-pens concerté entre moi et Francine ; le jour du jugement arrive, et je suis condamné à trois mois de prison.

Du *Petit Hôtel* on me transféra à la tour *Saint-Pierre,* où j'obtins une chambre particulière qu'on appelait l'*Œil de Bœuf.* Francine m'y tenait compagnie une partie de la journée, et le reste du temps se passait avec les autres détenus. Parmi eux se trouvaient deux anciens sergents-majors, Grouard et Herbaux, ce dernier fils d'un bottier de Lille, tous deux condamnés pour faux, et un cultivateur nommé Boitel, condamné à six années de réclusion pour vol de céréales : ce dernier, père d'une nombreuse famille, se lamentait continuellement d'être enlevé, disait-il, à l'exploitation d'un petit bien que lui seul pouvait faire valoir avantageusement. Malgré le délit dont il s'était rendu coupable, on s'intéressait à lui ou plutôt à ses enfants, et plusieurs habitants de sa commune avaient présenté en sa faveur des demandes de commutation qui étaient demeurées sans résultat ; le malheureux se désespérait, répétant souvent qu'il donnerait telle ou telle somme pour acheter sa liberté. Grouard et Herbaux, qui restaient à la *Tour Saint-Pierre,* en attendant le départ de la chaîne, imaginèrent alors d'obtenir sa grâce, au Moyen d'un mémoire qu'ils rédigèrent en commun, ou plutôt ils combinèrent de longue main le plan qui devait m'être si funeste.

Bientôt Grouard se plaignit de ne pas pouvoir travailler tranquillement, au milieu du brouhaha d'une salle qu'il partageait avec dix-huit ou vingt détenus qui chantaient, bavardaient ou se querellaient toute la journée. Boitel, qui m'avait rendu quelques petits services, me pria de prêter ma chambre aux rédacteurs, et je consentis, quoique avec répugnance, à les y laisser quatre heures par jour. Dès le lendemain on s'y installa, et le concierge s'y introduisit plusieurs fois lui-même en secret. Ces allées et venues, le mystère dont on s'entourait, eussent éveillé les soupçons d'un homme familiarisé avec les intrigues de prison ; mais, étranger à toutes ces menées, occupé à me divertir à la cantine avec les amis qui venaient me visiter, je m'occupais assez peu de ce qu'on faisait, ou de ce qu'on ne faisait pas à l'*Œil de Bœuf.*

Au bout de huit jours, on me remercia de mon obligeance, en m'annonçant que le Mémoire était achevé, et qu'on avait l'espoir bien fondé d'obtenir la grâce du pétitionnaire, sans envoyer les pièces à Paris, attendu qu'on se ménageait de puissantes protections auprès du représentant du peuple en mission à Lille. Tout cela ne me paraissait pas fort clair, mais je n'y fis pas grande attention, en songeant que n'étant pour rien dans l'affaire, je n'avais aucune raison de m'en inquiéter ; elle prenait cependant une tournure qui eût dû triompher de mon insouciance : quarante-huit heures s'étaient à peine écoulées depuis l'achèvement du Mémoire, que deux frères de Boitel, arrivés tout exprès du pays, vinrent dîner avec lui à la table du concierge. À la fin du repas, une ordonnance arrive et remet un paquet au concierge, qui l'ouvre et s'écrie : « Bonne nouvelle, ma foi !... c'est l'ordre de mise en liberté de Boitel. » À ces mots, on se lève en tumulte, on s'embrasse, on examine l'ordre, on se félicite, et Boitel, *qui avait fait partir ses effets la veille,* quitte immédiatement la prison sans faire ses adieux à aucun des détenus.

Le lendemain, vers dix heures du matin, l'inspecteur des prisons vient visiter sa maison ; le concierge lui montre l'ordre de mise en liberté de Boitel ; il ne fait qu'y jeter un coup d'œil, dit que l'ordre est faux, et s'oppose à l'élargissement du prisonnier, jusqu'à ce qu'il en ait été référé à l'autorité. Le concierge annonce alors que Boitel est sorti de la veille. L'inspecteur lui témoigne son étonnement de ce qu'il se soit laissé abuser par un ordre revêtu de signatures qui lui sont inconnues, et finit par le consigner : il part ensuite avec l'ordre, et acquiert bientôt la certitude, qu'indépendamment de la fausseté des signatures, il présente des omissions et des erreurs de formule de nature à frapper la personne la moins familière avec ces sortes de pièces.

On sut bientôt dans la prison que l'inspecteur avait consigné le concierge, pour avoir laissé sortir Boitel sur un faux ordre, et je commençais alors à soupçonner la vérité. Je voulus obliger Grouard et Herbaux à me la dire tout entière, entrevoyant confusément que cette affaire pouvait me compromettre ; ils me jurèrent leurs grands dieux, qu'ils n'avaient fait rien autre chose que de rédiger le Mémoire, et qu'ils étaient eux-mêmes étonnés d'un succès si prompt. Je n'en crus pas un mot, mais n'ayant pas de preuves à opposer à ce qu'ils avançaient, il ne me restait qu'à attendre l'événement. Le lendemain je fus mandé au greffe : aux questions du juge d'instruction, je répondis que je ne savais rien touchant la confection du faux ordre, et que j'avais seulement prêté ma chambre, comme le seul endroit tranquille de la prison, pour préparer le Mémoire justificatif. J'ajoutai que tous ces détails pouvaient être attestés par le concierge, qui venait fréquemment dans cette pièce pendant le travail, paraissant s'intéresser beaucoup à Boitel. Grouard et Herbaux furent également interrogés, puis mis au secret ; pour moi je conservai ma chambre. À peine y étais-je entré, que le camarade de lit de Boitel vint me trouver, et me déclara toute l'intrigue, que je ne faisais encore que soupçonner.

Grouard entendant Boitel répéter à chaque instant qu'il donnerait volontiers cent écus pour obtenir sa liberté, s'était concerté avec Herbaux sur les moyens de le faire sortir de prison, et ils n'avaient pas trouvé de moyen plus simple que de fabriquer un faux ordre. Boitel fut mis, comme on le pense bien, dans la confidence ; seulement on lui dit que comme il y avait plusieurs personnes à gagner, il donnerait quatre cents francs. Ce fut alors qu'on me pria de prêter ma chambre, qui était indispensable pour confectionner le faux ordre, sans être aperçu des autres détenus ; le concierge était du reste dans la confidence, à en juger par ses visites fréquentes, et par les circonstances qui avaient précédé et suivi la sortie de Boitel. L'ordre avait été apporté par un ami d'Herbaux, nommé Stofflet. Il paraissait, au surplus, que pour décider Boitel à donner les quatre cents francs, les faiseurs lui avaient persuadé qu'ils partageraient avec moi, quoique je n'eusse rendu d'autre service que de prêter ma chambre.

Instruit de toute la menée, je voulus d'abord décider celui qui me donnait ces détails, à faire sa déclaration, mais il s'y refusa obstinément, en disant qu'il ne voulait pas révéler à la justice un secret confié sous serment, et qu'il ne se souciait pas d'ailleurs de se faire assommer tôt ou tard par les détenus, pour avoir *mangé le morceau* (révélé). Il me dissuada même de rien découvrir au juge d'instruction, en m'assurant que je ne courais pas le moindre danger. Cependant on venait d'arrêter Boitel dans son pays ; ramené à Lille, et mis au secret, il nomma comme ayant concouru à son évasion, Grouard, Herbaux, Stofflet et Vidocq. Sur ses aveux, nous fûmes interrogés à notre tour, et, fort des consultations de prison, je persistai dans mes premières déclarations, tandis que j'eusse pu me tirer à l'instant d'affaire, en déposant de tout ce que m'avait appris le camarade de lit de Boitel ; j'étais même tellement convaincu qu'il ne pouvait s'élever contre moi aucune charge sérieuse, que je restai atterré, lorsque, voulant sortir à l'expiration de mes trois mois, je me vis écroué comme prévenu de *complicité de faux en écritures authentiques et publiques*.

CHAPITRE V

Trois évasions. – Les Chauffeurs. – Le suicide. – L'interrogatoire. – Vidocq est accusé d'assassinat. – On le renvoie de la plainte. – Nouvelle évasion. – Départ pour Ostende. – Les contrebandiers. – Vidocq est repris.

Je commençai alors à soupçonner que toute cette affaire pourrait mal tourner pour moi ; mais une rétractation qu'il m'était impossible d'appuyer d'aucunes preuves devait m'être plus dangereuse que le silence, il était d'ailleurs trop tard pour songer à le rompre. Toutes ces idées m'agitèrent si vivement, que j'en fis une maladie pendant laquelle Francine me prodigua toute sorte de soins. À peine fus-je convalescent, que ne pouvant supporter plus long-temps l'état d'incertitude où j'étais sur l'issue de mon affaire, je résolus de m'évader, et de m'évader par la porte, bien que cela dût paraître assez difficile. Quelques observations particulières me déterminèrent à choisir cette voie de préférence à toute autre. Le guichetier de la *Tour St.-Pierre* était un forçat du bagne de Brest, condamné à perpétuité. Lors de la révision des condamnations, d'après le Code de 1791, il avait obtenu une commutation en six années de réclusion dans les prisons de Lille, où il se rendit utile au concierge. Celui-ci, persuadé qu'un homme qui avait passé quatre ans au bagne, était un aigle en fait de surveillance, puisqu'il devait connaître à peu près tous les moyens d'évasion, le promut aux fonctions de guichetier, qu'il croyait ne pouvoir mieux confier. C'était cependant sur l'ineptie de ce prodige de finesse que je comptais pour réussir dans mon projet, et il me paraissait d'autant plus facile à tromper, qu'il était plus confiant dans sa perspicacité. Je comptais, en un mot, passer devant lui sous l'uniforme d'un officier supérieur chargé de visiter deux fois par semaine la *Tour Saint-Pierre,* qui servait aussi de prison militaire.

Francine, que je voyais presque tous les jours, me fit faire les habits nécessaires, qu'elle m'apporta dans son manchon. Je les essayai aussitôt, ils m'allaient à merveille ; quelques détenus qui me virent sous ce costume assurèrent qu'il était impossible de ne pas s'y méprendre. Je me trouvais, il est vrai, de la même taille que l'officier dont j'allais jouer le rôle, et le grime me vieillissait de vingt-cinq ans. Au bout de quelques jours, il vient faire sa ronde ordinaire. Pendant qu'un de mes amis l'occupe, sous prétexte d'examiner les aliments, je me travestis à la hâte, et me présente à la porte : le guichetier me tire son bonnet, m'ouvre, et me voilà dans la rue. Je cours chez une amie de Francine, où je devais me rendre dans le cas où je parviendrais à m'évader, et bientôt elle-même vient m'y joindre.

J'étais là fort en sûreté si j'eusse pu me résoudre à m'y tenir caché, mais comment subir un esclavage presque aussi dur que celui de la *Tour Saint-Pierre.* Depuis trois mois que j'étais enfermé entre quatre murailles, il me tardait de dépenser une activité si long-temps comprimée. J'annonçai l'intention de partir, et comme chez moi une volonté de fer était toujours l'auxiliaire des fantaisies les plus bizarres, je sortis. Une première excursion me réussit. Le lendemain, au moment où je traversais la rue Écrémoise, un sergent de ville nommé Louis, qui avait eu l'occasion de me voir pendant ma détention, vint à ma rencontre, et me demanda si j'étais libre. Il passait pour une mauvaise pratique ; d'un geste il pouvait d'ailleurs réunir vingt personnes... Je lui dis que j'étais disposé à le suivre, en le priant de me laisser dire adieu à ma maîtresse, qui se trouvait dans une maison rue de l'Hôpital ; il y consent, et nous trouvons en effet Francine, qui reste fort surprise de me voir en pareille compagnie : je lui dis qu'ayant réfléchi que mon évasion pourrait me nuire dans l'esprit des juges, je me décidais à retourner à la *Tour Saint-Pierre* pour y attendre l'issue du procès.

Francine ne comprenait pas d'abord que je lui eusse fait dépenser trois cents francs pour retourner au bout de quatre mois en prison. Un signe la mit au fait, et je trouvai même le moyen de lui dire de me mettre des cendres dans ma poche, pendant que nous prenions un verre de rhum, Louis et moi, puis nous nous mîmes en route pour la prison. Arrivé avec mon guide dans une rue déserte, je l'aveugle avec une poignée de cendres, et regagne mon asile à toutes jambes.

Louis ayant fait sa déclaration, on mit à mes trousses la gendarmerie et les agents de police, y compris un commissaire nommé Jacquard, qui répondit de me prendre dans le cas où je n'aurais pas quitté la ville. Je n'ignorais aucune de ces dispositions, et, au lieu de mettre un peu de circonspection dans mes démarches, j'affectais les plus ridicules bravades. On eût dit que je devais profiter de la prime promise pour mon arrestation. J'étais cependant vigoureusement pourchassé ; on va s'en faire une idée.

Jacquard apprend un jour que je devais dîner rue Notre-Dame, dans une maison à parties : il accourt aussitôt avec quatre agents, les laisse au rez-de-chaussée, et monte dans la pièce où je me disposais à me mettre à table avec deux femmes. Un fourrier de recrutement, qui devait former partie carrée, n'était point encore arrivé. Je reconnais le commissaire, qui, ne m'ayant jamais vu, ne peut avoir le même avantage ; mon travestissement eût d'ailleurs mis en défaut tous les signalements du monde. Sans me troubler nullement, je l'approche, et, du ton le plus naturel, je le prie de passer dans un cabinet dont la porte vitrée donnait sur la salle du banquet : « C'est Vidocq que vous cherchez, lui dis-je alors... Si vous voulez attendre dix minutes, je vous le ferai voir... Voilà son couvert, il ne peut guère tarder... Quand il entrera je vous ferai signe ; mais, si vous êtes seul, je doute que vous réussissiez à le prendre, car il est armé et décidé à se défendre. – J'ai mes gens sur l'escalier, répondit-il, et s'il s'échappe... – Gardez-vous bien de les y laisser, repris-je avec un empressement affecté..., si Vidocq les aperçoit, il se méfiera de quelque embuscade, et alors adieu l'oiseau. – Mais où les mettre ? – Eh ! mon Dieu, dans ce cabinet... Surtout, pas de bruit, car tout manquerait..., et j'ai plus d'intérêt que vous à ce qu'il soit à l'ombre... » Voilà mon commissaire claquemuré avec ses agents dans le cabinet. La porte fort solide est fermée à double tour. Alors, bien certain de fuir à temps, je crie à mes prisonniers : « Vous cherchiez Vidocq... eh bien ! c'est Vidocq qui vous met en cage... Au revoir. » Et me voilà parti comme un trait, laissant la troupe crier au secours, et faire des efforts inouïs pour sortir du malencontreux cabinet.

Deux escapades du même genre me réussirent encore, mais je finis par être arrêté et reconduit à la *Tour St.-Pierre, où,* pour plus de sûreté, l'on me mit au cachot avec un nommé Calendrin, qu'on punissait ainsi de deux tentatives d'évasion. Calendrin, qui m'avait connu pendant mon premier séjour en prison, me fit aussitôt part d'une nouvelle tentative qui devait s'effectuer au moyen d'un trou pratiqué dans le mur du cachot des galériens, avec lesquels nous pouvions communiquer. La troisième nuit de ma nouvelle détention, on se mit effectivement en devoir de partir : huit des condamnés, qui passèrent d'abord, furent assez heureux pour n'être pas aperçus du factionnaire, placé à très peu de distance.

Nous restions encore sept. On tira à la courte paille, comme c'est l'usage en pareille occasion, pour savoir qui passerait le premier des sept ; le sort m'ayant favorisé, je me déshabillai pour me glisser plus facilement dans l'ouverture, qui était fort étroite ; mais, au grand désappointement de tout le monde, j'y restai engagé, de manière à ne pouvoir ni avancer ni reculer. C'est vainement que mes compagnons voulurent m'en arracher à force de bras ; j'étais pris comme dans un étau, et la douleur de cette position devint tellement vive, que n'espérant plus de secours de l'intérieur, j'appelai le factionnaire pour lui demander du secours ; il approcha avec les précautions d'un homme qui craint une surprise, et me croisa la baïonnette sur la poitrine, en me défendant de faire le moindre mouvement. À ses cris, le poste prit les armes, les guichetiers accoururent avec des torches, et je fus extrait de mon trou, non sans y laisser maints lambeaux de chair. Tout meurtri que j'étais, on me transféra immédiatement à la prison du *Petit Hôtel,* où je fus mis au cachot, les fers aux pieds et aux mains.

Dix jours après, j'en sortis à force de prières et de promesses de renoncer à toute tentative d'évasion ; on me remit avec les autres détenus. Jusqu'alors j'avais vécu avec des hommes qui étaient loin d'être irréprochables, avec des escrocs, des voleurs, des faussaires, mais je me trouvai là confondu avec des scélérats consommés : de ce nombre était un de mes compatriotes, nommé Desfosseux, d'une intelligence singulière, d'une force prodigieuse, et qui, condamné aux travaux forcés dès l'âge de dix huit ans, s'était évadé trois fois du bagne, où il devait retourner avec la première chaîne. Il fallait l'entendre raconter ses hauts faits aux détenus, et dire froidement *que la guillotine pourrait bien faire un four de sa viande, de la chair à saucisses.* Malgré le secret effroi que m'inspira d'abord cet homme, j'aimais à le questionner sur l'étrange profession qu'il avait embrassée, et ce qui m'engageait à frayer plus particulièrement avec lui, c'est que j'espérais toujours qu'il me procurerait des moyens d'évasion. Par le même motif, je m'étais lié avec plusieurs individus arrêtés comme faisant partie d'une bande de quarante à cinquante *chauffeurs,* qui couraient les campagnes voisines, sous les ordres du fameux Sallambier : c'étaient les nommés Chopine dit *Nantais,* Louis (de Douai), Duhamel dit le *Lillois,* Auguste Poissard dit le *Provençal,* Caron le jeune, Caron le *Bossu,* et Bruxellois dit l'*Intrépide,* surnom qu'il mérita depuis par un trait de courage tel qu'on n'en voit pas souvent, dans les bulletins.

Au moment de s'introduire dans une ferme avec six de ses camarades, il passe la main gauche dans une ouverture faite au volet, pour détacher la clavette, mais lorsqu'il veut se retirer, il sent son poignet pris dans un nœud coulant... Éveillés par quelque bruit, les habitants de la ferme lui avaient tendu ce piège ; trop faibles, toutefois, pour faire une sortie contre une bande que la renommée grossissait de beaucoup, ils n'eussent pas osé sortir. Cependant l'expédition ayant été retardée, on allait se trouver surpris par le jour... Bruxellois voit ses camarades, interdits, se regarder entre eux avec hésitation ; il lui vient dans l'idée que, pour éviter les révélations, ils vont lui brûler la cervelle... De la main droite, il saisit un couteau à gaine, *à deux fins,* qu'il portait toujours, se coupe le poignet à l'articulation, et s'enfuit avec ses camarades, sans être arrêté par la douleur. Cette scène extraordinaire, dont on a placé le théâtre dans mille endroits différents, s'est réellement passée aux environs de Lille ; elle est bien connue dans le département du Nord, où beaucoup de gens se rappellent encore d'avoir vu exécuter, *manchot,* celui qui en fut le héros.

Présenté par un praticien aussi distingué que mon compatriote Desfosseux, je fus reçu à bras ouverts dans ce cercle de bandits, où du matin au soir on ne faisait que comploter de nouveaux moyens d'évasion. Dans cette circonstance, comme dans beaucoup d'autres, je pus remarquer que, chez le détenu, la soif de la liberté devenant une idée fixe, peut enfanter des combinaisons incroyables pour l'homme qui les discute dans une parfaite tranquillité d'esprit. La liberté !..., tout se rapporte à cette pensée ; elle poursuit le détenu pendant ces journées que l'oisiveté rend si longues, pendant ces soirées d'hiver qu'il doit passer dans une obscurité complète, livré aux tourments de son impatience. Entrez dans quelque prison que ce soit, vous entendrez des éclats d'une joie bruyante, vous vous croirez dans un lieu de plaisir... ; approchez... ; ces bouches grimacent, mais les yeux ne rient pas, ils restent fixes, hagards : cette gaîté de convention est toute factice dans ses élans désordonnés, comme ceux du chacal qui bondit dans sa cage pour en briser les barreaux.

Sachant cependant à quels hommes ils avaient affaire, nos gardiens nous surveillaient avec un soin qui déjouait tous nos plans : l'occasion qui seule assurait le succès vint enfin s'offrir, et je la saisis avant que mes compagnons, tous fins qu'ils étaient, y eussent même pensé. On nous avait conduits à l'interrogatoire au nombre d'environ dix-huit. Nous nous trouvions dans l'antichambre du juge d'instruction, gardés par des soldats de ligne et par deux gendarmes, dont l'un avait déposé près de moi son chapeau et son manteau, pour entrer au parquet où son camarade l'y suivit bientôt, appelé par un coup de sonnette. Aussitôt je mets le chapeau sur ma tête, je m'enveloppe du manteau, et prenant un détenu sous le bras, comme si je le conduisais satisfaire un besoin, je me présente à la porte ; le caporal de garde me l'ouvre, et nous voilà dehors. Mais que devenir sans argent, et sans papiers ? Mon camarade gagne la campagne ; pour moi, au risque d'être encore pris, je retourne chez Francine, qui, dans la joie de me revoir, se décide à vendre ses meubles, pour fuir avec moi en Belgique. Cette résolution s'exécuta. Nous allions partir, lorsqu'un incident des plus inattendus, et que mon inconcevable insouciance explique seule, vint tout bouleverser.

La veille du départ, je rencontre, à la brune, une femme de Bruxelles, nommée Elisa, avec laquelle j'avais eu des rapports intimes. Elle me saute en quelque sorte au cou, m'emmène souper avec elle, en triomphant d'une faible résistance, et me garde jusqu'au lendemain matin. Je fis accroire à Francine qui me cherchait de tous côtés, que, poursuivi par des agents de police, j'avais été forcé de me jeter dans une maison d'où je n'avais pu sortir qu'au point du jour. Elle en fut d'abord convaincue ; mais le hasard lui ayant fait découvrir que j'avais passé la nuit chez une femme, sa jalousie sans bornes éclata en reproches sanglants contre mon ingratitude ; dans l'excès de sa fureur, elle jura qu'elle allait me faire arrêter. Me faire mettre en prison, c'était assurément le mode le plus sûr de s'assurer contre mes infidélités ; mais Francine étant femme à le faire comme elle le disait, je crus prudent de laisser s'évaporer sa colère, sauf à reparaître au bout de quelques temps, pour partir avec elle, comme nous en étions convenus. Ayant cependant besoin de mes effets, et ne voulant pas les lui demander, dans la crainte d'une nouvelle explosion, je me rends seul à l'appartement que nous occupions, et dont elle avait la clef. Je force un volet ; je prends ce qui m'était nécessaire, et je disparais.

Cinq jours se passent : vêtu en paysan, je quitte l'asile que je m'étais choisi dans un faubourg ; j'entre en ville, et me présente chez une couturière, amie intime de Francine, dont je comptais employer la médiation pour nous réconcilier. Cette femme me reçoit d'un air tellement mêlé d'embarras, que, craignant de la gêner en l'exposant à se compromettre, je la prie seulement d'aller chercher ma maîtresse. « Oui !... me dit-elle, d'un air tout à fait extraordinaire, et sans lever les yeux sur moi. Elle sort. Resté seul, je réfléchissais à ce singulier accueil...

On frappe ; j'ouvre, croyant recevoir Francine dans mes bras,... c'est une nuée de gendarmes et d'agents de police qui fondent sur moi, me saisissent, me garrottent, et me conduisent devant le magistrat de sûreté, qui débute par me demander où j'avais logé depuis cinq jours. Ma réponse fut courte ; je n'eusse jamais compromis les personnes qui m'avaient reçu. Le magistrat me fit observer que mon obstination à ne vouloir donner aucune explication pourrait me devenir funeste, qu'il y allait de ma tête, etc., etc. Je n'en fis que rire, croyant voir dans cette phrase une manœuvre pour arracher des aveux à un prévenu en l'intimidant. Je persistai donc à me taire ; et l'on me ramena au *Petit Hôtel*.

À peine ai-je mis le pied dans le préau, que tous les regards se fixent sur moi. On s'appelle, on se parle à l'oreille ; je crois que mon travestissement cause tout ce mouvement, et je n'y fais pas plus d'attention. On me fait monter dans un cabanon, où je reste seul, sur la paille, les fers aux pieds. Au bout de deux heures, paraît le concierge, qui, feignant de me plaindre et de prendre intérêt à moi, m'insinue que mon refus de déclarer où j'avais passé les cinq derniers jours pourrait me nuire dans l'esprit des juges. Je reste inébranlable. Deux heures se passent encore : le concierge reparaît avec un guichetier, qui m'ôte les fers, et me fait descendre au greffe où je suis attendu par deux juges. Nouvel interrogatoire, même réponse. On me déshabille de la tête aux pieds ; on m'applique surabondamment sur l'épaule droite une claque à tuer un bœuf, pour faire paraître la marque, dans le cas où j'aurais été antérieurement flétri ; mes vêtements sont saisis, décrits dans le procès-verbal déposé au greffe ; et je remonte dans mon cabanon, couvert d'une chemise de toile à voiles et d'un surtout mi-partie gris et noir, en lambeaux, qui pouvait avoir usé deux générations de détenus.

Tout cela commençait à me donner à réfléchir. Il était évident que la couturière m'avait dénoncé ; mais dans quel intérêt ? Cette femme n'avait aucun grief contre moi ; malgré ses emportements, Francine y eût regardé à deux fois avant de me dénoncer ; et si je m'étais retiré pendant quelques jours, c'était réellement moins par crainte que pour éviter de l'irriter par ma présence. Pourquoi d'ailleurs ces interrogatoires réitérés, ces phrases mystérieuses du concierge, ce dépôt de vêtements ?... Je me perdais dans un dédale de conjectures. En attendant, j'étais au secret le plus rigoureux, et j'y restai vingt-cinq mortels jours. On me fit alors subir l'interrogatoire suivant, qui me mit sur la voie :

– Comment vous appelez-vous ?

– Eugène-François Vidocq.

– Quelle est votre profession ?

– Militaire.

– Connaissez-vous la fille *Francine* Longuet ?

– Oui ; c'est ma maîtresse.

– Savez-vous où elle est en ce moment ?

– Elle doit être chez une de ses amies, depuis qu'elle a vendu ses meubles.

– Comment se nomme cette amie ?

– Madame Bourgeois.

– Où demeure-t-elle ?

– Rue Saint-André, maison du boulanger.

– Depuis combien de temps aviez-vous quitté la fille Longuet quand vous avez été arrêté ?

– Depuis cinq jours.

– Pourquoi l'aviez-vous quittée ?

– Pour éviter sa colère ; elle savait que j'avais passé la nuit avec une autre femme, et, dans un accès de jalousie, elle me menaçait de me faire arrêter.

– Avec quelle femme avez-vous passé cette nuit ?

– Avec une ancienne maîtresse.

– Comment se nomme-t-elle ?

– Elisa... je ne lui ai jamais connu d'autre nom.

– Où demeure-t-elle ?

– À Bruxelles, où elle est, je crois, retournée.

– Où sont les effets que vous aviez chez la fille Longuet ?

– Dans un lieu que j'indiquerai si besoin est.

– Comment avez-vous pu les reprendre, étant brouillé avec elle, et ne voulant pas la voir.

– À la suite de notre querelle, dans le café où elle m'avait retrouvé, elle me menaçait à chaque instant de crier à la garde pour me faire arrêter. Connaissant sa mauvaise tête, je m'enfuis par des rues détournées, et gagnai la maison ; elle n'était pas encore rentrée ; c'est sur quoi je comptais ; mais ayant besoin de quelques-uns de mes effets, je forçai un volet pour entrer dans l'appartement, où je pris ce qui m'était nécessaire. Vous me demandiez tout à l'heure où étaient ces effets : je vais vous le dire maintenant : ils sont rue Saint-Sauveur, chez un nommé Duboc, qui en déposera.

– Vous ne dites pas la vérité... Avant de quitter Francine *chez elle,* vous avez eu ensemble une querelle très vive... On assure que vous avez exercé sur elle des voies de fait ?...

– C'est faux… Je n'ai point vu Francine *chez elle* après la querelle ; par conséquent, je ne l'ai pas maltraitée… Elle peut le dire ! ! !

– Reconnaissez-vous ce couteau ?

– Oui : c'est celui avec lequel je mangeais ordinairement.

– Vous voyez que la lame et le manche sont couverts de sang ?… Cet aspect ne vous cause aucune impression ?… Vous vous troublez !…

– Oui, repris-je, avec agitation, mais qu'est-il donc arrivé à Francine ?… Dites-le moi, et je vous donnerai tous les éclaircissements possibles.

– Ne vous est-il rien arrivé de particulier, lorsque vous êtes venu enlever vos effets ?

– Absolument rien, que je me rappelle au moins.

– Vous persistez dans vos déclarations ?

– Oui.

– Vous en imposez à la justice… Pour vous laisser le temps de réfléchir sur votre position et aux suites de votre obstination, je suspends votre interrogatoire ; je le reprendrai demain… Gendarmes, veillez avec soin sur cet homme… Allez !

Il se faisait tard quand je rentrai dans mon cabanon ; on m'apporta ma ration ; mais l'agitation où m'avait jeté cet interrogatoire ne me permit pas de manger ; il me fut aussi impossible de dormir, et je passai la nuit sans fermer l'œil. Un crime avait été commis ; mais sur qui ?… Par qui ?… Pourquoi me l'imputait-on ?… Je me faisais ces questions pour la millième fois, sans pouvoir y trouver de solution raisonnable, quand on vint me chercher le lendemain afin de continuer mon interrogatoire. Après les questions d'usage, une porte s'ouvrit, et deux gendarmes entrèrent, soutenant une femme,… C'était Francine… Francine, pâle, défigurée, à peine reconnaissable. En me voyant, elle s'évanouit. Je voulus m'approcher d'elle, les gendarmes me retinrent. On l'emporta. Je restai seul avec le juge d'instruction, qui me demanda si la présence de cette malheureuse ne me décidait pas à tout avouer. Je protestai de mon innocence, en assurant que j'ignorais jusqu'à la maladie de Francine. On me reconduisit en prison ; mais le secret fut levé, et je pus enfin espérer que j'allais connaître, dans tous ses détails, l'événement dont je me trouvais si singulièrement victime. Je questionnai le concierge ; il resta muet. J'écrivis à Francine ; on me prévint que les lettres que je lui adresserais seraient arrêtées au greffe. On m'annonça en même temps qu'elle était consignée à la porte. J'étais sur des charbons ardents : je m'avisai enfin de mander un avocat, qui, après avoir pris connaissance des pièces de la procédure, m'apprit que j'étais prévenu d'assassinat sur la personne de Francine… Le jour même où je l'avais quittée, on l'avait trouvée expirante, frappée de cinq coups de couteau, et baignée dans le sang. Mon départ précipité ; l'enlèvement furtif de mes effets, qu'on savait que j'avais transportés d'un endroit dans un autre, comme pour les dérober aux recherches de la justice ; l'effraction du volet de l'appartement ; les traces d'escalade, portant l'empreinte de mes pas *;* tout tendait à me faire considérer comme le coupable ; mon travestissement déposait encore contre moi. On pensait que je n'étais venu déguisé que pour m'assurer qu'elle était morte sans m'accuser. Une particularité qui eût tourné à mon avantage, dans toute autre circonstance, aggravait encore les charges qui s'élevaient contre moi : dès que les médecins lui avaient permis de parler, Francine avait déclaré qu'elle s'était frappée elle-même, dans le désespoir de se voir abandonnée par un homme auquel elle avait tout sacrifié. Mais son attachement pour moi rendait son témoignage suspect ; et l'on était convaincu qu'elle ne tenait ce langage que pour me sauver.

Mon avocat avait cessé de parler depuis un quart d'heure ;… je l'écoutais encore comme un homme agité par le cauchemar. À vingt ans, je me trouvais sous le poids de la double accusation de faux et d'assassinat, sans avoir trempé dans aucun de ces deux crimes ! ! !… J'agitai même dans mon esprit, si je ne me pendrais pas aux barreaux du cabanon, avec un lien de paille :… J'en faillis devenir fou. Je finis cependant par me remettre assez bien, pour réunir tous les faits nécessaires à ma justification. Dans les interrogatoires postérieurs à celui que j'ai rapporté, on avait beaucoup insisté sur le sang dont le commissionnaire que j'avais pris pour transporter mes effets assurait avoir vu mes mains couvertes ; ce sang venait d'une blessure que je m'étais faite en cassant le carreau pour ouvrir le volet, et je pouvais produire deux témoins à l'appui de cette assertion. Mon avocat, auquel je fis part de tous mes moyens de défense, m'assura que, réunis à la déclaration de Francine, qui seule n'eut été d'aucun poids, ils assuraient mon renvoi de la plainte, ce qui arriva effectivement peu de jours après. Francine, bien que très faible encore, vint aussitôt me voir, et me confirma tous les détails que m'avait révélé l'interrogatoire.

Je me trouvais ainsi débarrassé d'un poids énorme, sans être toutefois entièrement tiré d'inquiétude ; mes évasions réitérées avaient retardé l'instruction de l'affaire de faux dans laquelle je me trouvais impliqué, et rien n'en indiquait le terme, Grouard ayant à son tour brûlé la politesse au concierge. L'issue de l'accusation dont je venais de triompher m'avait cependant fait concevoir quelque espoir, et je ne songeais nullement à m'évader, lorsque vint s'en offrir une occasion que je saisis pour ainsi dire instinctivement. Dans la chambre où l'on m'avait placé, se trouvaient des détenus de passage ; en venant en chercher deux un matin, pour les livrer à la correspondance, le concierge oublie de fermer la porte ; je m'en aperçois : descendre au rez-de-chaussée, tout examiner, est l'affaire d'un instant. Le jour ne faisait que paraître, et les détenus étant tous endormis, je n'avais rencontré personne sur l'escalier, personne à la porte non plus ; je la franchis, mais le concierge, qui boit l'absinthe dans un cabaret situé en face de la prison, m'aperçoit, et s'élance à ma poursuite, en criant à tue-tête : *Arrête ! arrête !* Il avait beau crier, les rues étaient encore désertes, et l'espoir de la liberté me donnait des ailes. En quelques minutes, je fus hors de la vue du concierge, et bientôt j'arrivai dans une maison du quartier Saint-Sauveur, où j'étais bien sûr qu'on ne songerait pas à venir me relancer. Il fallait d'un autre côté quitter au plus vite Lille, où j'étais trop connu pour pouvoir rester plus long-temps en sûreté.

À la tombée de la nuit, on fut à la découverte, et j'appris que les portes étaient fermées. On ne sortait que par le guichet, où se trouvaient à poste fixe des agents de police et des gendarmes déguisés, pour observer tout ce qui se présentait. Ne pouvant sortir par la porte, je me décidai à me sauver en descendant des remparts, et, connaissant parfaitement la place, je me rendis à dix heures du soir sur le bastion Notre-Dame, que je croyais l'endroit le plus favorable à l'exécution de mon projet. Après avoir attaché à un arbre, la corde que j'avais fait acheter tout exprès, je me laissai glisser ; bientôt le poids de mon corps m'entraînant plus vite que je ne l'avais calculé, le froissement de la corde devint si brûlant pour mes mains, que je fus obligé de la lâcher à quinze pieds du sol. En tombant, je me foulai si fortement le pied droit, que lorsqu'il fut question de sortir des fossés, je crus que je n'y parviendrais jamais. Des efforts inouïs m'en tirèrent enfin, mais arrivé sur le revêtement, il me fut impossible d'aller plus loin.

J'étais là, jurant fort éloquemment contre les fossés, contre la corde, contre la foulure, ce qui ne me tirait pas du tout d'embarras, lorsque vint à passer près de moi un homme avec une de ces brouettes si communes dans la Flandre. Un écu de six francs, le seul que je possédasse, et que je lui offris, le détermina à me charger sur sa brouette et à me conduire au village voisin. Arrivé chez lui, il me déposa sur son lit, et s'empressa de me frictionner le pied avec de l'eau-de-vie et du savon ; sa femme le secondait de son mieux, en regardant toutefois avec quelque étonnement mes vêtements souillés de la fange des fossés. On ne me demandait aucune explication, mais je voyais bien qu'il en faudrait donner, et ce fut pour m'y préparer, que, feignant d'avoir grand besoin de repos, je priai mes hôtes de me laisser un instant. Deux heures après, je les appelai comme un homme qui s'éveille, et je leur dis en peu de mots, qu'en montant des tabacs de contrebande par le rempart, j'avais fait une chute ; mes camarades, poursuivis par les douaniers, avaient été forcés de m'abandonner dans le fossé ; j'ajoutai que je remettais mon sort entre leurs mains. Ces braves gens, qui détestaient les douaniers aussi cordialement qu'aucun habitant de quelque frontière que ce soit, m'assurèrent qu'ils ne me trahiraient pas pour tout au monde. Pour les sonder, je demandai s'il n'y aurait pas moyen de me faire transporter chez mon père, qui demeurait de l'autre côté ; ils répondirent que ce serait m'exposer, qu'il valait beaucoup mieux attendre que quelques jours m'eussent un peu remis. J'y consentis ; pour écarter tous les soupçons, il fut même convenu que je passerais pour un parent en visite. Personne ne fit au surplus la moindre observation.

Tranquille de ce côté, je commençai à réfléchir à mes affaires, et au parti que j'avais à prendre. Il fallait évidemment quitter le pays et passer en Hollande. Cependant, pour exécuter ce projet, l'argent était indispensable, et outre ma montre, que j'avais offerte à mon hôte, je me voyais à la tête de quatre livres dix sous. Je pouvais bien recourir à Francine, mais on ne devait pas manquer de la faire épier de près : lui adresser le moindre message, c'était vouloir se perdre. Il fallait au moins attendre que l'ardeur des premières recherches fût apaisée. J'attendis. Quinze jours se passèrent, au bout desquels je me décidai enfin à écrire un mot à Francine ; j'en chargeai mon hôte, en lui disant que cette femme, servant d'intermédiaire aux contrebandiers, il était bon de ne la voir qu'avec mystère. Il remplit parfaitement sa mission, et revint le soir avec cent vingt francs en or. Le lendemain, je pris congé de mes hôtes, dont les prétentions furent excessivement modestes ; six jours après j'arrivai à Ostende.

Mon intention, comme à mon premier voyage dans cette ville, était de passer en Amérique ou dans l'Inde, mais je n'y trouvai que des caboteurs danois ou hambourgeois, qui refusèrent de me prendre sans papiers. Cependant le peu d'argent que j'avais emporté de Lille s'épuisait à vue d'œil, et j'allais me retrouver encore dans une de ces positions avec lesquelles on se familiarise plus ou moins, mais qui n'en restent pas moins fort désagréables. L'argent ne donne certainement ni le génie, ni les talents, ni l'intelligence, mais la tranquillité d'esprit, l'aplomb qu'il procure permettent de suppléer à toutes ces qualités, tandis que, faute de ce même aplomb, elles se neutralisent chez beaucoup d'individus. Il en résulte que dans le moment où l'on aurait le plus besoin de toutes les ressources de son esprit pour se procurer de l'argent, on se trouve privé de ces ressources par le fait même du manque d'argent. J'étais évidemment placé dans la dernière de ces catégories ; cependant il fallait dîner : opération souvent beaucoup plus difficile que ne l'imaginent ces heureux du siècle qui croient qu'il ne faut pour cela que de l'appétit.

On m'avait fréquemment parlé de la vie aventureuse et lucrative des contrebandiers de la côte ; des détenus me l'avaient même vantée avec enthousiasme, car cet état s'exerce quelquefois par passion, même de la part d'individus que leur fortune et leur position devraient détourner d'une carrière aussi périlleuse. Pour moi, j'avoue que je n'étais nullement séduit par la perspective de passer des nuits entières au bord des falaises, au milieu des rochers, exposé à tous les vents connus, et de plus aux coups de fusil des douaniers.

Ce fut donc avec une véritable répugnance que je me dirigeai vers la maison d'un nommé Peters, qu'on m'avait désigné comme faisant la fraude, et pouvant m'embaucher. Une mouette clouée sur la porte, les ailes étendues, comme ces chats-huants et ces tiercelets qu'on voit à l'entrée de beaucoup de chaumières, me fit aisément reconnaître son domicile. Je trouvai le patron dans une espèce de cave, qu'aux câbles, aux voiles, aux avirons, aux hamacs et aux tonneaux qui l'encombraient, on eût pris pour l'entrepont d'un navire. Du milieu de l'épaisse atmosphère de fumée qui l'environnait, il me regarda d'abord, avec une méfiance qui me parut de mauvais augure ; mes pressentiments se réalisèrent bientôt, car à peine lui eus-je fait mes offres de service, qu'il tomba sur moi à grands coups de bâton. J'aurais pu certainement résister avec avantage, mais l'étonnement m'avait en quelque sorte ôté l'idée de me défendre. Je voyais d'ailleurs dans la cour une demi-douzaine de matelots et un énorme chien de Terre-Neuve, qui eussent pu me faire un mauvais parti. Jeté dans la rue, je cherchais à m'expliquer cette singulière réception, quand il me vint dans l'idée, que Peters pouvait m'avoir pris pour un espion, et traité comme tel.

Cette réflexion me décida à retourner chez un marchand de genièvre, auquel j'avais inspiré assez de confiance pour qu'il m'indiquât cette ressource ; il commença par rire un peu de ma mésaventure, et finit par me communiquer un mot de passe, qui devait me donner un libre accès auprès de Peters. Muni de ces instructions, je m'acheminai de nouveau vers le redoutable domicile, après avoir toutefois rempli mes poches de grosses pierres, qui, en cas de nouvelle algarade, pouvaient servir à protéger ma retraite. Ces munitions restèrent heureusement inutiles. À ces mots : *Gare aux requins* (douaniers), je fus reçu d'une manière presque amicale ; car mon agilité, ma force, me rendaient un sujet précieux dans cette profession, où l'on est souvent obligés de transporter précipitamment d'un point à un autre les plus lourds fardeaux. Un Bordelais, qui faisait partie de la troupe, se chargea de me former, et de m'enseigner les ruses du métier ; mais je devais être appelé à exercer avant que mon éducation fût bien avancée.

Je couchais chez Peters avec douze ou quinze contrebandiers hollandais, danois, suédois, portugais ou russes ; il n'y avait point là d'Anglais, et nous n'étions que deux Français. Le surlendemain de mon installation, au moment où chacun gagnait, son grabat ou son hamac, Peters entra tout à coup dans notre chambre à coucher, qui n'était autre chose qu'une cave contiguë à la sienne, et tellement remplie de barriques et de ballots, que nous avions peine à trouver place, pour suspendre les hamacs. Peters avait quitté son costume ordinaire, qui était celui d'un ouvrier calfat ou voilier. Avec un bonnet de crin et une chemise de laine, rattachée sur la poitrine par une épingle en argent, qui servait en même temps à déboucher la lumière des armes à feu, il portait une paire de ces grosses bottes de pêcheurs, qui montent jusqu'au haut de la cuisse, ou se baissent à volonté au-dessous du genou.

« Hop ! hop ! cria-t-il de la porte, en frappant la terre de la crosse de sa carabine, branle-bas ! ! ! branle-bas !... nous dormirons un autre jour... On a signalé *l'Écureuil* pour la marée du soir... Faut voir ce qu'il a dans le ventre..., de la mousseline ou du tabac... Hop ! hop !... Arrivez mes marsouins !... »

En un clin d'œil tout le monde fut debout. On ouvrit une caisse d'armes ; chacun se munit d'une carabine ou d'un tromblon, de deux pistolets et d'un coutelas ou d'une hache d'abordage, et nous partîmes, après avoir bu quelques verres d'eau-de-vie et de rack : les gourdes avaient été remplies. En ce moment, la troupe n'était guère composée que de vingt personnes ; mais nous étions rejoints ou attendus d'un endroit à l'autre par des individus isolés, de manière que, arrivés au bord de la mer, nous nous trouvions au nombre de quarante-sept, non compris deux femmes et quelques paysans des villages voisins, venus avec des chevaux de somme qu'on avait cachés dans le creux d'un rocher.

Il était nuit close : le vent tournait à chaque instant, et la mer brisait avec tant de force, que je ne comprenais pas qu'aucun bâtiment pût s'approcher sans être jeté à la côte. Ce qui me confirmait dans cette idée, c'est qu'à la lueur des étoiles, je voyais un petit bâtiment courir des bordées, comme s'il eût craint de laisser arriver. On m'expliqua depuis que cette manœuvre n'avait pour but que de s'assurer que toutes les dispositions pour le débarquement étaient terminées, et qu'il ne présentait aucun danger. En effet, Peters ayant allumé une lanterne à réflecteur dont il avait chargé l'un de nous, et qu'il éteignit aussitôt, *l'Écureuil* éleva à sa hune un fanal qui ne fit que briller et disparaître, comme un ver luisant dans les nuits d'été. Nous le vîmes ensuite arriver vent arrière, et s'arrêter à une portée de fusil de l'endroit où nous nous trouvions. Notre troupe se partagea alors en trois pelotons, dont deux furent placés cinq cents pas en avant, pour maintenir les douaniers, s'il leur prenait fantaisie de se présenter. Les hommes de ces pelotons furent ensuite espacés sur le terrain, ayant attachée au bras gauche, une ficelle qui correspondait de l'un à l'autre. En cas d'alerte, on se prévenait par une légère secousse ; et chacun ayant l'ordre de répondre à ce signal par un coup de fusil, il s'établissait sur toute la ligne une fusillade qui ne laissait pas d'inquiéter les douaniers. Le troisième peloton, dont je faisais partie, resta au bord de la mer, pour protéger le débarcadère, et donner un coup de main au chargement.

Tout étant ainsi disposé, le chien de Terre-Neuve, dont j'ai déjà parlé, et qui se trouvait de la compagnie, s'élança au commandement au milieu des vagues écumeuses, et nagea vigoureusement dans la direction de l'*Écureuil* ; un instant après, nous le vîmes reparaître, tenant à la gueule un bout de câble. Peters s'en saisit vivement, et commença à le tirer à lui, en nous faisant signe de l'aider. J'obéis machinalement à cet ordre. Au bout de quelques brasses, je m'aperçus qu'à l'extrémité du câble, étaient attachés, en forme de chapelet, douze petits tonneaux, qui nous arrivèrent en flottant. Je compris alors que le bâtiment se dispensait ainsi d'approcher plus près de terre, au risque de se perdre sur les brisants.

En un instant, les tonneaux, enduits d'une matière qui les rendait imperméables, furent détachés et chargés sur des chevaux qu'on évacua aussitôt sur l'intérieur des terres. Un second envoi se fit avec le même succès ; mais au moment où nous recevions le troisième, quelques coups de feu nous annoncèrent que nos postes étaient attaqués : « Voilà le commencement du bal, dit tranquillement Peters. Il faut voir qui dansera... » et, reprenant sa carabine, il joignit les postes qui s'étaient déjà réunis. La fusillade devint très vive ; elle nous coûta deux hommes tués, quelques autres furent légèrement blessés. Au feu des douaniers, on voyait aisément qu'ils nous étaient supérieurs en nombre ; mais, effrayés, craignant une embuscade, ils n'osèrent pas nous aborder, et nous effectuâmes notre retraite, sans qu'ils fissent la moindre tentative pour la troubler. Dès le commencement du combat, l'*Écureuil* avait levé l'ancre et gagné le large, dans la crainte que le feu n'attirât dans ces parages la croisière du gouvernement. On me dit qu'il achèverait probablement de débarquer sa cargaison sur un autre point de la côte ; où les expéditeurs avaient de nombreux correspondants.

De retour chez Peters, où l'on n'arriva qu'à l'aube du jour, je me jetai dans mon hamac, et n'en sortis qu'au bout de quarante-huit heures ; les fatigues de la nuit, l'humidité qui avait constamment pénétré mes habits, en même temps que l'exercice me mettait tout en sueur, l'inquiétude de ma nouvelle position, tout se réunissait pour m'abattre. La fièvre me saisit. Lorsqu'elle fut passée, je déclarai à Peters que je trouvais décidément le métier trop pénible, et qu'il me ferait plaisir de me donner mon congé. Il prit la chose beaucoup plus tranquillement que je ne m'y attendais, et me fit même compter une centaine de francs. J'ai su depuis qu'il m'avait fait suivre pendant quelques jours, pour s'assurer si je prenais la route de Lille, où je lui avais annoncé que je retournais.

Je pris effectivement le chemin de cette ville, tourmenté par un désir puéril de revoir Francine, et de la ramener avec moi en Hollande, où je formais le projet d'un petit établissement. Mais mon imprudence fut bientôt punie : deux gendarmes, qui étaient à boire dans un cabaret, m'aperçurent traversant la rue ; il leur vient à l'idée de courir après moi pour me demander mes papiers. Ils me joignent au détour d'une rue ; le trouble que me cause leur apparition les décide à m'arrêter sur ma physionomie. On me met dans la prison de la brigade. Je cherchais déjà des moyens d'évasion, lorsque j'entends dire aux gendarmes : « Voilà la correspondance de Lille... À qui à marcher ?... Deux hommes de la brigade de Lille arrivent en effet devant la prison, et demandent s'il y a du *gibier*. « Oui, répondent ceux qui m'avaient arrêté... Nous avons là un nommé *Léger* (j'avais pris ce nom), que nous avons trouvé sans papiers. » On ouvre la porte, et le brigadier de Lille, qui m'avait vu souvent au *Petit Hôtel,* s'écrie : « Eh ! parbleu ! c'est Vidocq ! » Il en fallut bien convenir. Je partis : et quelques heures après, j'entrai dans Lille entre mes deux gardes du corps.

CHAPITRE VI.

Les clefs d'étain. – Les Saltimbanques – Vidocq hussard. – Il est repris. – Le siège du cachot. – Jugement. – Condamnation.

Je retrouvai au *Petit Hôtel* la plupart des détenus qu'avant mon évasion j'avais vu mettre en liberté. Quelques-uns n'avaient fait, pour ainsi dire, qu'une courte absence. Ils se trouvaient arrêtés sous la prévention de nouveaux crimes ou de nouveaux délits. De ce nombre était Calandrin, dont j'ai parlé plus haut : élargi le 11, il avait été repris le 14, comme prévenu de vol avec effraction et de complicité avec les *chauffeurs*, dont le nom seul inspirait alors un effroi général. Sur la réputation que m'avaient value mes diverses évasions, ces gens-là me re cherchèrent comme un homme sur lequel on pouvait compter. De mon côté, je ne pouvais guères m'éloigne d'eux. Accusés de crimes capitaux, ils avaient un intérêt puissant à garder le secret sur nos tentatives, tandis que le malheureux, prévenu d'un simple délit, pouvait nous dénoncer, dans la crainte de se trouver compromis dan notre évasion : telle est la logique des prisons. Cette évasion n'était toutefois rien moins que facile ; on en jugera par la description de nos cachots : sept pieds carrés, des murs épais d'une toise, revêtus de madriers croisés e boulonnés en fer ; une croisée de deux pieds sur trois, fermée de trois grilles placées l'une à la suite de l'autre ; la porte doublée en fer battu. Avec de telles précautions, un geôlier pouvait se croire sûr de ses pensionnaires : on mit pourtant sa surveillance en défaut.

J'étais dans un des cachots du second avec un nommé Duhamel. Moyennant six francs, un détenu, qui faisait le service de guichetier, nous fournit deux scies à refendre, un ciseau à froid et deux tire-fonds. Nous avion des cuillers d'étain : le concierge ignorait probablement l'usage qu'en pouvaient faire des prisonniers : je connais sais la clef des cachots, elle était la même pour tous ceux du même étage ; j'en exécutai le modèle avec une grosse carotte, puis je fabriquai un moule avec de la mie de pain et des pommes de terre. Il fallait du feu, nous en ob tînmes en fabriquant un lampion avec un morceau de lard et des lambeaux de bonnet de coton. Enfin la clef fu coulée en étain ; mais elle n'allait pas encore, et ce ne fut qu'après plusieurs essais et de nombreuses retouches qu'elle fut en état de servir. Maîtres ainsi des portes, il nous fallait encore pratiquer un trou dans le mur contigu aux greniers de l'Hôtel de ville. Un nommé Sallambier, qui occupait le dernier des cachots de l'étage, trouva moyen de pratiquer ce trou, en coupant un des madriers. Tout était disposé pour l'évasion ; elle devait avoir lieu le soir, lorsque le concierge vint m'annoncer que mon temps de cachot étant expiré, j'allais être remis avec les autre prisonniers.

Jamais faveur ne fut peut-être reçue avec moins d'enthousiasme que celle-là. Je voyais tous mes prépara tifs perdus, et je pouvais attendre encore long-temps une circonstance aussi favorable. Il me fallut cependant en prendre mon parti, et suivre le concierge, qui me faisait donner au Diable avec félicitations. Ce contretemp m'affectait même à un tel point, que tous les détenus s'en aperçurent. Un d'eux étant parvenu à m'arracher le se cret de ma consternation, me fit des observations fort justes sur le danger que je courais en fuyant avec de hommes tels que Sallambier et Duhamel, qui ne resteraient peut-être pas vingt-quatre heures sans commettre u assassinat. Il m'engagea en même temps à les laisser partir et à attendre qu'une autre occasion se présentât. Je suivis ce conseil, et m'en trouvai bien ; je poussai même la précaution jusqu'à faire dire à Duhamel et à Sallambier qu'on les soupçonnait, qu'ils n'avaient pas un moment à perdre pour se sauver. Ils prirent l'avis au pied de la lettre, et deux heures après ils étaient allés rejoindre une bande de quarante-sept chauffeurs, dont vingt-huit fu rent exécutés le mois suivant à Bruges.

L'évasion de Duhamel et de Sallambier fit grand bruit dans la prison et même dans la ville. On en trouva les circonstances tout à fait extraordinaires ; mais ce que le concierge y voyait de plus surprenant, c'est que je n'eusse pas été de la partie. Il fallut cependant réparer le dégât ; des ouvriers arrivèrent, et l'on posa au bas de l'escalier de la tour un factionnaire, avec ordre de ne laisser passer qui que ce fût. L'idée me vint de violer adroi tement la consigne, et de sortir par cette même brèche qui avait dû servir à ma fuite.

Francine, qui venait me voir tous les jours, m'apporte trois aunes de ruban tricolore, que je l'envoie cher cher tout exprès. D'un morceau, je me fais une ceinture, je garnis mon chapeau du reste, et je passe, ainsi affublé devant le factionnaire, qui, me prenant pour un officier municipal, me présente les armes. Je monte rapidemen les escaliers ; arrivé à l'ouverture, je la trouve gardée par deux factionnaires placés, l'un dans le grenier de l'Hôte de ville, l'autre dans le corridor de la prison. Je dis à ce dernier qu'il est impossible qu'un homme ait pu passer pa cette ouverture ; il me soutient le contraire ; et, comme si je lui eusse donné le mot, son camarade ajoute que j'y passerais tout habillé. Je témoigne le désir d'essayer ; je me glisse dans l'ouverture, et me voilà dans le grenier. Feignant de m'être blessé au passage, je dis à mes deux hommes que, puisque je suis de ce côté, je vais descendre tout de suite à mon cabinet. « En ce cas, répond celui qui se trouvait dans le grenier, attendez que je vous ouvre la porte. » Il tourne en effet la clef dans la serrure ; en deux sauts je franchis les escaliers de l'Hôtel de ville, et je suis dans la rue, encore décoré de mes rubans tricolores, qui m'eussent fait arrêter de nouveau, si le jour n'eut pas été sur son déclin.

J'étais à peine dehors, que le geôlier, qui ne me perdait jamais de vue, demanda : « Où est Vidocq ? » On lui répondit que j'étais à faire un tour de cour ; il voulut s'en assurer par lui-même, mais ce fut en vain qu'il me chercha, en m'appelant à grands cris dans tous les coins de la maison ; je n'avais garde de répondre : une perquisition officielle n'eut pas plus de succès, aucun détenu ne m'avait vu sortir. On put s'assurer bientôt que je ne me trouvais plus en prison, mais comment étais-je parti ? Voilà ce que tout le monde ignorait, jusqu'à Francine, qui assurait le plus ingénument du monde ne savoir où j'étais passé, car elle m'avait apporté le ruban sans connaître l'usage que j'en voulais faire. Elle fut cependant consignée ; mais cette mesure ne fit rien découvrir, les soldats qui m'avaient laissé passer s'étant bien gardés de se vanter de leur prouesse.

Pendant qu'on poursuivait ainsi les prétendus auteurs de mon évasion, je sortais de la ville, et je gagnais Courtrai, où l'escamoteur Olivier et le saltimbanque Devoye m'enrôlèrent dans leur troupe pour jouer la pantomime ; je vis là plusieurs détenus évadés, dont le costume de caractère, qu'ils ne quittaient jamais, par la raison toute simple qu'ils n'en avaient pas d'autres, servait merveilleusement à dérouter la police. De Courtrai nous revînmes à Gand, d'où l'on partit bientôt pour la foire d'Enghien. Nous étions dans cette dernière ville depuis cinq jours, et la recette, dont j'avais ma part, donnait fort bien, lorsqu'un soir, au moment d'entrer en scène, je fus arrêté par des agents de police : j'avais été dénoncé par le Paillasse, furieux de me voir passer *chef d'emploi*. On me ramena encore une fois à Lille, où j'appris avec un vif chagrin que la pauvre Francine avait été condamnée à six mois de détention, comme coupable d'avoir favorisé mon évasion. Le guichetier Baptiste, dont tout le crime était de m'avoir pris pour un officier supérieur, et de m'avoir respectueusement laissé sortir en cette qualité de la *Tour Saint-Pierre,* le malencontreux Baptiste était également incarcéré pour le même délit. Une charge terrible élevée contre lui, c'est que les prisonniers, enchantés de trouver l'occasion de se venger, assuraient qu'une somme de cent écus lui avait fait prendre un jeune homme de dix-neuf ans pour un vieux militaire menacé de la cinquantaine.

Pour moi, l'on me transféra dans la prison du département à Douai, où je fus écroué comme un homme dangereux : c'est dire qu'on me mit immédiatement au cachot, les fers aux pieds et aux mains. Je retrouvai là mon compatriote Desfosseux, et un jeune homme nommé Doyennette, condamné à seize ans de fers, pour complicité dans un vol avec effraction commis avec son père, sa mère et deux de ses frères, âgés de moins de quinze ans. Ils étaient depuis quatre mois dans le cachot où l'on venait de m'installer moi-même, couchés sur la paille, rongés de vermine, et ne vivant que de pain de fèves et d'eau. Je commençai donc par faire venir des provisions, qui furent dévorées en un instant. Nous causâmes ensuite de nos affaires, et mes commensaux m'annoncèrent que depuis une quinzaine de jours ils pratiquaient sous le pavé du cachot un trou qui devait aboutir au niveau de la Scarpe, qui baigne les murs de la prison. Je regardai d'abord l'entreprise comme fort difficile : il fallait d'abord percer un mur de cinq pieds d'épaisseur, sans éveiller les soupçons du concierge, dont les visites fréquentes ne nous eussent pas permis de laisser voir le moindre gravois provenant de nos travaux.

Nous éludâmes ce premier obstacle en jetant par la fenêtre grillée qui donnait sur la Scarpe, chaque poignée de terre ou de ciment que nous retirions de notre mine. Desfosseux avait d'ailleurs trouvé le moyen de dériver nos fers, et nous en travaillions avec bien moins de fatigue et de difficulté. L'un de nous était toujours dans le trou, qui se trouvait déjà assez grand pour recevoir un homme. Nous croyions enfin être au terme de nos travaux et de notre captivité, lorsqu'en sondant, nous reconnûmes que les fondations, que nous croyions faites en pierres ordinaires, étaient composées d'assises de grès de la plus grande dimension. Cette circonstance nous força à agrandir notre galerie souterraine, et pendant une semaine nous y travaillâmes sans relâche. Afin de dissimuler l'absence de celui d'entre nous qui se trouvait à la besogne quand on faisait la ronde, nous avions soin de remplir de paille sa veste et sa chemise, et de placer ce mannequin dans l'attitude d'un homme endormi.

Après cinquante-cinq jours et autant de nuits d'un travail opiniâtre, nous touchions enfin au but ; il ne s'agissait plus que de déplacer une pierre, et nous étions au bord de la rivière. Une nuit, nous nous décidâmes à tenter l'évènement : tout paraissait nous favoriser ; le concierge avait fait sa tournée de meilleure heure qu'à l'ordinaire, et un brouillard épais nous donnait la certitude que le factionnaire du pont ne nous apercevrait pas. La pierre ébranlée cède à nos efforts réunis, elle tombe dans le souterrain ; mais l'eau s'y précipite en même temps, comme chassée par l'écluse d'un moulin. Nous avions mal calculé nos distances, et notre trou se trouvant à quelques pieds au-dessous du niveau de la rivière, il fut en quelques minutes inondé. Nous voulûmes d'abord plonger dans l'ouverture, mais la rapidité du courant ne nous le permit pas ; nous fûmes même contraints d'appeler du secours, sous peine de rester dans l'eau toute la nuit. À nos cris, le concierge, les guichetiers, accourent et restent frappés d'étonnement, en se voyant dans l'eau jusqu'à mi-jambe. Bientôt tout se découvre, le mal se répare, et nous sommes enfermés chacun dans un cachot donnant sur le même corridor.

Cette catastrophe me jeta dans des réflexions assez tristes, dont je fus bientôt tiré par la voix de Desfosseux. Il me dit en argot que rien n'était désespéré, et que son exemple devait me donner du courage. Ce Desfosseux était, il est vrai, doué d'une force de caractère que rien ne pouvait dompter : jeté demi-nu sur la paille, dans un cachot où il pouvait à peine se coucher, chargé de trente livres de fers, il chantait encore à gorge déployée, et ne songeait qu'au moyen de s'évader pour faire de nouveau quelque mauvais coup : l'occasion ne tarda pas à se présenter.

Dans la même prison que nous, se trouvaient détenus le concierge du *Petit Hôtel* de Lille et le guichetier Baptiste, accusés tous deux d'avoir favorisé mon évasion à prix d'argent. Le jour de leur jugement étant arrivé, le concierge fut acquitté ; mais on ajourna l'arrêt de Baptiste, le tribunal ayant réclamé un complément d'instruction, dans lequel je devais être entendu. Le pauvre Baptiste vint alors me voir, et me supplia de dire la vérité. Je ne donnai d'abord que des réponses évasives, mais Desfosseux m'ayant dit que cet homme pouvait nous servir, et qu'il fallait le ménager, je lui promis de faire ce qu'il désirait. Grandes protestations de reconnaissance et offres de services. Je le pris au mot : j'exigeai qu'il m'apportât un couteau et deux grands clous, dont Desfosseux m'avait dit avoir besoin ; et une heure après je les avais. En apprenant que je m'étais procuré ces objets, celui-ci fit autant de cabrioles que le lui permit l'exiguïté de son local et le poids de ses fers ; Doyennette se livrait également à la joie la plus vive, et comme la gaîté est en général communicative, je me sentais tout aise sans trop savoir pourquoi.

Lorsque ses transports se furent un peu calmés, Desfosseux me dit enfin de regarder si dans la voûte de mon cachot il ne se trouvait pas cinq pierres plus blanches que les autres ; sur ma réponse affirmative, il me dit de sonder les joints avec la pointe du couteau. Je reconnus alors que le ciment des joints avait été remplacé par de la mie de pain, blanchie avec des raclures, et Desfosseux m'apprit que le détenu qui occupait avant moi le cachot où je me trouvais avait ainsi tout disposé pour déranger les pierres et se sauver, lorsqu'on l'avait transféré dans une autre partie de la prison. Je passai alors le couteau à Desfosseux, et il s'occupait avec activité à s'ouvrir un passage jusqu'à mon cachot, quand nous éprouvâmes la même avanie que mon prédécesseur. Le concierge, ayant eu vent de quelque chose, nous changea de domicile, et nous plaça tous trois dans un cachot donnant sur la Scarpe ; nous y étions enchaînés ensemble, de telle manière que le moindre mouvement de l'un se communiquait aussitôt aux deux autres : supplice affreux quand il se prolonge, puisqu'il en résulte une privation absolue de sommeil. Au bout de deux jours, Desfosseux nous voyant accablés, se décida à user d'un moyen qu'il n'employait que dans les grandes occasions, et qu'il avait même l'habitude de réserver pour les travaux préparatoires de l'évasion.

Comme un grand nombre de forçats, il portait toujours dans l'anus un étui rempli de scies : muni de ses outils, il se mit à la besogne, et en moins de trois heures nous vîmes tomber nos fers, que nous jetâmes par la croisée dans la rivière. Le concierge étant venu voir un instant après si nous étions tranquilles, faillit tomber à la renverse en nous trouvant sans fers. Il nous demanda ce que nous en avions fait ; nous répondîmes par des plaisanteries. Bientôt arriva le commissaire des prisons, escorté d'un huissier-audiencier, nommé Hurtrel. Il nous fallut subir un nouvel interrogatoire, et Desfosseux impatienté s'écria : « Vous demandez où sont nos fers ?... Eh ! les vers les ont mangés, et ils mangeront ceux que vous nous remettrez !... » le commissaire des prisons, voyant alors que nous possédions cette fameuse *herbe à couper le fer,* qu'aucun botaniste n'a encore découverte, nous fit déshabiller et visiter de la tête aux pieds ; puis on nous chargea de nouveaux fers, qui furent également coupés la nuit suivante, car on n'avait pas trouvé le précieux étui. Cette fois-ci nous nous réservâmes le plaisir de les jeter à terre en présence du commissaire et de l'huissier Hurtrel, qui ne savaient plus qu'en penser. Le bruit se répandit même dans la ville, qu'il y avait dans la maison d'arrêt un sorcier qui brisait ses fers en les touchant. Pour couper court à tous ces contes, et surtout pour éviter d'appeler l'attention des autres prisonniers sur les moyens de se débarrasser de leurs fers, l'accusateur public donna l'ordre de nous enfermer, seulement en nous gardant avec un soin particulier, recommandation qui ne nous empêcha pas de quitter Douai plus tôt qu'il ne s'y attendait, et que nous ne nous y attendions nous-mêmes.

Deux fois par semaine, on nous laissait nous entretenir avec nos avocats dans un corridor, dont une porte donnait dans le tribunal ; je trouvai le moyen de prendre l'empreinte de la serrure, Desfosseux fabriqua une clef, et un beau jour que mon avocat était occupé avec un autre client, accusé d'assassinats, nous sortîmes tous trois sans être aperçus. Deux autres portes que nous rencontrâmes furent enfoncées en un clin d'œil, et la prison fut bientôt loin derrière nous. Cependant une inquiétude m'agitait : six francs composaient tout notre avoir, et je ne voyais pas trop le moyen d'aller loin avec ce trésor ; j'en dis un mot à mes compagnons, qui se regardèrent avec un rire sinistre ; j'insistai ; ils m'annoncèrent que la nuit suivante ils comptaient s'introduire, à l'aide d'effraction, dans une maison de campagne des environs, dont ils connaissaient parfaitement toutes les issues.

Ce n'était pas là mon compte, plus qu'avec les Bohémiens. J'avais bien entendu profité de l'expérience de Desfosseux pour m'évader, mais il ne m'était jamais venu dans l'idée de m'associer avec un pareil scélérat ; j'évitai toutefois d'entrer dans aucune explication. Le soir nous nous trouvions près d'un village de la route de Cambrai ; nous n'avions rien pris depuis le déjeûner des prisonniers, et la faim devenait importune ; il s'agissait d'aller chercher des aliments au village. L'aspect de mes compagnons demi-nus pouvant éveiller les soupçons, il fut convenu que j'irais à la provision. Je me présente donc dans une auberge, d'où, après avoir pris du pain et de l'eau-de-vie, je sors par une autre porte que celle où j'étais entré, me dirigeant ainsi vers le point opposé à celui où j'avais laissé les deux hommes dont il m'importait tant de me débarrasser. Je marche toute la nuit et ne m'arrête qu'au point du jour, pour dormir quelques heures dans une meule de foin.

Quatre jours après, j'étais à Compiègne, me dirigeant toujours vers Paris, où j'espérais trouver des moyens d'existence, en attendant que ma mère me fît parvenir quelques secours. À Louvres, rencontrant un détachement de hussards noirs, je demandai au maréchal-des-logis s'il ne serait pas possible de prendre du service ; il me répondit qu'on n'engageait pas ; le lieutenant, auquel je m'adressai ensuite, me fit la même objection, mais, touché de mon embarras, il consentit à me prendre pour panser les chevaux de remonte qu'il venait chercher à Paris. J'acceptai avec empressement. Un bonnet de police et un vieux doliman qu'on me donna m'évitèrent toute question à la barrière, et j'allai loger à l'École militaire avec le détachement, que je suivis ensuite à Guise, où se trouvait le dépôt. En arrivant dans cette ville, on me présenta au colonel, qui, bien que me soupçonnant déserteur, me fit engager sous le nom de Lannoy, que je pris sans pouvoir en justifier par aucun papier. Caché sous ce nouvel uniforme, perdu dans les rangs d'un régiment nombreux, je me croyais tiré d'affaire, et je songeais déjà à faire mon chemin comme militaire, lorsqu'un malheureux incident vint me replonger dans l'abîme.

En rentrant un matin au quartier, je suis rencontré par un gendarme qui, de la résidence de Douai, était passé à celle de Guise. Il m'avait vu si souvent et si long-temps, qu'il me reconnaît au premier coup d'œil ; il m'appelle. Nous étions au milieu de la ville : impossible de songer à fuir. Je vais droit à lui, et, payant d'effronterie, je feins d'être enchanté de le revoir. Il répond à mes avances, mais d'un air gêné qui me semble de mauvaise augure. Sur ces entrefaites vient à passer un hussard de mon escadron, qui me voyant avec ce gendarme, s'approche et me dit : « Eh bien ! Lannoy, est-ce que tu te fais des affaires avec les chapeaux bordés ? – Lannoy ? dit le gendarme avec étonnement. – Oui, c'est un nom de guerre. – C'est ce que nous allons voir. » reprend-il en me saisissant au collet. Il faut alors le suivre en prison. On constate mon identité avec les signalements déposés à la brigade, et l'on me dirige aussitôt sur Douai ; par correspondance extraordinaire.

Ce dernier coup m'abattit complètement : les nouvelles qui m'attendaient à Douai n'étaient guères propre à me relever : j'appris que Grouard, Herbaux, Stofflet et Boitel, avaient décidé par la voie du sort, qu'un seul d'entre eux prendrait sur lui l'exécution du faux, mais comme ce faux ne pouvait avoir été l'ouvrage d'une seule personne, ils avaient imaginé de m'accuser, me punissant ainsi de ce que je les avais un peu chargés dans mes derniers interrogatoires ; j'appris de plus que le détenu qui pouvait déposer à ma décharge était mort. Si quelque chose eût pu me consoler, c'était de m'être séparé à temps de Desfosseux et de Doyennette, qui avaient été arrêtés quatre jours après notre évasion, encore munis d'objets volés avec effraction, dans la boutique d'un mercier de Pont-à-Marcq. Je les revis bientôt, et comme ils paraissaient étonnés de ma brusque disparition, je leur expliquai que l'arrivée d'un gendarme dans l'auberge où j'étais à acheter les provisions m'avait forcé de fuir au hasard. Encore une fois réunis, nous revînmes à des projets d'évasion, que rendait plus intéressants l'approche de nos jugements respectifs.

Un soir, nous vîmes arriver un convoi de prisonniers, dont quatre, qui avaient les fers, furent placés dans la même chambre que nous. C'étaient les frères Duhesme, riches fermiers de Bailleul, où ils avaient joui de la meilleure réputation, jusqu'à ce qu'un incident imprévu vînt dévoiler leur conduite. Ces quatre individus, doués d'une force prodigieuse, étaient à la tête d'une bande de *chauffeurs,* qui avait jeté l'effroi dans les environs, sans qu'on pût découvrir aucun de ceux qui la composaient. Les propos de la petite fille d'un des Duhesme éventa enfin la mine[3]. Cette enfant, étant à causer chez une voisine, s'avisa de dire qu'elle avait eu bien peur la nuit dernière. « – Et de quoi ? demanda la voisine un peu curieuse. – Oh ! papa est encore venu avec des hommes noirs. – Quels hommes noirs ? – Des hommes avec qui papa sort bien souvent la nuit,... et puis ils reviennent au jour, et on compte de l'argent sur une couverture... Ma mère éclaire avec une lanterne, et ma tante Geneviève aussi, parce que mes oncles sont avec les hommes noirs... J'ai demandé un jour à ma mère ce que tout cela voulait dire..., elle m'a répondu : Soyez discrète, ma fille, votre père a *la poule noire,* qui lui apporte de l'argent, mais ce n'est que la nuit, et pour ne pas l'effaroucher, il faut avoir le visage aussi noir que ses plumes. Soyez discrète ; si vous disiez un mot de ce que vous avez vu, *la poule noire* ne reviendrait plus. » On a déjà compris que ce n'était pas pour recevoir cette poule mystérieuse, mais pour se rendre méconnaissables, que les Duhesme se barbouillaient le visage avec du noir de fumée. La voisine, qui le pensait également, fit part de ses soupçons à son mari ; celui-ci questionna à son tour la petite fille, et, bien convaincu que les favoris de *la poule noire* n'étaient autres que des chauffeurs, il fit sa déclaration aux autorités ; on prit alors si bien ses mesures, que la bande fut arrêtée, toute travestie, au moment où elle partait pour une nouvelle expédition.

Le plus jeune des Duhesme portait dans la semelle de ses souliers une lame de couteau, qu'il avait trouvé moyen d'y cacher, dans le trajet de Bailleul à Douai. Informé que je connaissais parfaitement les êtres de la prison, il me fit part de cette circonstance, en me demandant s'il ne serait pas possible d'en tirer parti pour une évasion. J'y songeais, lorsqu'un juge de paix, accompagné de gendarmes, vint faire la plus stricte perquisition dans notre

---

3 On emploie plus couramment l'expression *éventer la mèche.* *(Note du correcteur – ELG.)*

chambre, et sur nos personnes. Personne d'entre nous n'en connaissant le motif, je crus toutefois prudent de cacher dans ma bouche une petite lime qui ne me quittait jamais, mais un des gendarmes ayant vu le mouvement, s'écria : *Il vient de l'avaler !* Quoi ? Tout le monde se regarde, et nous apprenons qu'il s'agit de retrouver un cachet qui avait servi à timbrer le faux ordre de mise en liberté de Boitel. Soupçonné, comme on vient de le voir, de m'en être emparé, je suis transféré à la prison de l'Hôtel-de-Ville, et mis au cachot, enchaîné de manière que ma main droite tenait à la jambe gauche, et la main gauche à la jambe droite. Le cachot était de plus tellement humide, qu'en vingt minutes la paille qu'on m'avait jetée était humide comme si on l'eût trempée dans l'eau.

Je restai huit jours dans cette effroyable position, et l'on ne se décida à me réintégrer dans la prison ordinaire que lorsque l'on eut la certitude qu'il était impossible que j'eusse rendu le cachet par les voies ordinaires. En apprenant cette nouvelle, je feignis, comme cela se pratique toujours en pareil cas, d'être excessivement faible, et de pouvoir supporter à peine l'éclat du grand jour. L'insalubrité du cachot rendait cette disposition toute naturelle ; les gendarmes donnèrent donc complètement dans le panneau, et poussèrent la complaisance jusqu'à me couvrir les yeux d'un mouchoir ; nous partons en fiacre. Chemin faisant, j'abats le mouchoir, j'ouvre la portière avec cette dextérité qui n'a point encore rencontré d'égale, et je saute dans la rue ; les gendarmes veulent me suivre, mais embarrassés dans leurs sabres et dans leurs bottes fortes, ils sortent à peine de la voiture, que j'en suis déjà loin. Je quitte aussitôt la ville, et toujours décidé à m'embarquer, je gagne Dunkerque avec l'argent que venait de me faire passer ma mère. Là, je fais connaissance avec le subrécargue d'un brick suédois, qui me promit de me prendre à son bord.

En attendant le moment du départ, mon nouvel ami me proposa de l'accompagner à Saint-Omer, où il allait traiter d'une forte partie de biscuit. Sous mes habits de marin, je ne devais pas craindre d'être reconnu : j'acceptai ; il ne m'était d'ailleurs guères possible de refuser un homme auquel j'allais avoir tant d'obligations. Je fis donc le voyage, mais mon caractère turbulent ne m'ayant pas permis de rester étranger à une querelle qui s'éleva dans l'auberge, je fus arrêté comme tapageur, et conduit au violon. Là on me demanda mes papiers ; je n'en avais pas, et mes réponses ayant fait présumer que je pouvais être un évadé de quelque prison des environs, on me dirigea le lendemain sur la maison centrale de Douai, sans que je pusse même faire mes adieux au subrécargue, qui dut être bien étonné de l'aventure. À Douai, l'on me déposa de nouveau dans la prison de l'Hôtel-de-Ville ; le concierge eut d'abord pour moi quelques égards ; ses attentions ne furent pas toutefois de longue durée. À la suite d'une querelle avec les guichetiers, dans laquelle je pris une part trop active, on me jeta dans un cachot noir, pratiqué sous la tour de la ville. Nous étions là cinq détenus, dont un, déserteur, condamné à mort, ne parlait que de se suicider ; je lui dis qu'il ne s'agissait pas de cela, et qu'il fallait plutôt chercher les moyens de sortir de cet épouvantable cachot, où les rats, courant comme les lapins dans une garenne, venaient manger notre pain, et nous mordaient la figure pendant notre sommeil. Avec une baïonnette escamotée à l'un des gardes nationaux soldés qui faisaient le service de la prison, nous commençâmes un trou à la muraille, dans une direction où nous entendions un cordonnier battre la semelle. En dix jours et autant de nuits, nous avions déjà six pieds de profondeur ; le bruit du cordonnier semblait s'approcher. Le onzième jour, au matin, en retirant une brique, j'aperçus le jour ; c'était celui d'une croisée donnant sur la rue, et éclairant une pièce contiguë à notre cachot, où le concierge mettait ses lapins.

Cette découverte nous donna de nouvelles forces, et la visite du soir terminée, nous retirâmes du trou toutes les briques déjà détachées ; il y en avait peut-être deux voitures, attendu l'épaisseur du mur. On les plaça derrière la porte du cachot, qui s'ouvrait en dedans, de manière à la barricader ; puis on se mit à l'ouvrage avec tant d'ardeur, que le jour nous surprit, lorsque le trou, large de six pieds à l'orifice, n'en avait que deux à son extrémité. Bientôt arriva le geôlier avec les rations ; trouvant de la résistance, il ouvrit le guichet et entrevit l'amas de briques ; son étonnement fut extrême. Il nous somma cependant d'ouvrir : sur notre refus, la garde arriva, puis le commissaire des prisons, puis l'accusateur public, puis des officiers municipaux revêtus d'écharpes tricolores. On parlementa : pendant ce temps-là, un de nous continuait à travailler dans le trou, que l'obscurité ne permettait pas d'apercevoir. Peut-être allions-nous échapper avant qu'on n'eût forcé la porte, quand un événement imprévu vint nous enlever ce dernier espoir.

En venant donner à manger aux lapins, la femme du concierge remarqua des gravats nouvellement tombés sur le carreau. Dans une prison, rien n'est indifférent : elle examina soigneusement la muraille, et bien que les dernières briques eussent été replacées de manière à masquer le trou, elle reconnut qu'elles avaient été disjointes : elle crie, la garde arrive ; d'un coup de crosse on dérange l'édifice de nos briques, et nous sommes cernés. Des deux côtés on nous crie de déblayer la porte et de nous rendre, sans quoi l'on va tirer sur nous. Retranchés derrière les matériaux, nous répondons que le premier qui entrera sera assommé à coups de briques et de fers. Tant d'exaspération étonne les autorités ; on nous laisse quelques heures pour la calmer. À midi, un officier municipal reparaît au guichet, qui n'avait pas cessé d'être gardé comme le trou, et nous offre une amnistie. Elle est acceptée ; mais à peine avons-nous enlevé nos chevaux de frise, qu'on tombe sur nous à coups de crosse, à coups de plats de sabre et de trousseaux de clefs ; il n'est pas jusqu'au dogue du concierge qui ne se mette de la partie. Il me saute aux reins, et dans un instant je suis couvert de morsures. On nous traîne ainsi dans la cour, où un peloton de quinze hommes nous tient couchés en joue, pendant qu'on rive nos fers. L'opération terminée, on me jette dans un cachot encore plus affreux que celui que je quittais ; et ce n'est que le lendemain, que l'infirmier Dutilleul (aujourd'hui gardien à l'hospice de Saint-Mandé) vint panser les morsures et les contusions dont j'étais couvert.

J'étais à peine remis de cette secousse, lorsqu'arriva le jour de notre jugement, que mes évasions réitérées et celles de Grouard, qui s'enfuyait au moment où l'on me reprenait, faisaient différer depuis huit mois. Les débats s'ouvrent, et je me vois perdu : mes coaccusés me chargeaient avec une animosité qui s'expliquait par mes révélations tardives, bien qu'elles m'eussent été inutiles, et qu'elles n'eussent nullement aggravé leur position. Boitel déclare se rappeler que je lui ai demandé combien il donnerait pour être hors de prison ; Herbaux convient d'avoir fabriqué le faux ordre, sans y avoir toutefois apposé les signatures ; mais il ajoute que c'est sur mon défi qu'il l'a confectionné, et que je m'en suis aussitôt emparé, sans que lui, Herbaux, y attachât la moindre importance. Les écrivains-jurés déclaraient du reste que rien n'indiquait que j'eusse coopéré matériellement au crime ; toutes les charges élevées contre moi se bornaient donc à l'allégation sans preuves que j'avais fourni ce malheureux cachet. Cependant Boitel, qui reconnaissait avoir sollicité le faux ordre, Stofflet, qui l'avait apporté au concierge, Grouard, qui avait au moins assisté à toute l'opération, sont acquittés, et l'on nous condamne, Herbaux et moi, à huit ans de fers.

Voici l'expédition de ce jugement : je la reproduis textuellement ici, en réponse aux contes que la malveillance ou la niaiserie ont fait et font circuler encore : les uns répandent que j'ai été condamné à mort à la suite de nombreux assassinats ; les autres affirment que j'ai long-temps été le chef d'une bande qui arrêtait les diligences ; les plus modérés donnent comme certaine ma condamnation aux travaux forcés à perpétuité, pour vol à l'aide d'escalade et d'effraction ; on est allé jusqu'à dire que plus tard j'avais provoqué des malheureux au crime, pour faire briller ma vigilance en les jetant, quand bon me semblait, aux tribunaux : comme s'il manquait de vrais coupables à poursuivre ! Sans doute, des *faux frères*, comme il s'en trouve partout, même parmi les voleurs, n'instruisaient quelquefois des projets de leurs complices ; sans doute, pour constater le crime en même temps qu'on le prévenait, il fallait souvent tolérer un commencement d'exécution ; car les malfaiteurs consommés ne laissent jamais prise sur eux que par le flagrant délit : mais je le demande, y a-t-il là rien qui ressemble à la provocation ! Cette imputation partit de la police, où je comptais plus d'un envieux : cette imputation tombe devant la publicité des débats judiciaires, qui n'eussent pas manqué de révéler les infamies qu'on me reproche ; elle tombe devant l'état des opérations de la brigade de sûreté que je dirigeais. Ce n'est pas quand on a fait ses preuves, qu'on recourt au charlatanisme, et la confiance des administrateurs habiles qui ont précédé M. Delavau à la préfecture, ne dispensait d'aussi misérables expédients. *Il est heureux,* disaient un jour, en parlant de moi, à M. Anglès, des agents qui avaient échoué dans une affaire où j'avais réussi : *Eh ! bien,* dit-il en leur tournant le dos, *soyez heureux.*

On ne m'a fait grâce que du parricide ; je n'ai cependant jamais encouru ni subi, je le déclare, que le jugement ci-dessous rapporté ; mes lettres de grâce en font foi : et lorsque j'affirme que je n'avais point coopéré à ce misérable faux, on doit m'en croire, puisqu'il ne s'agissait, en définitive, que d'une mauvaise plaisanterie de prison, qui, prouvée, donnerait lieu tout au plus aujourd'hui à l'application d'une peine correctionnelle. Mais ce n'était pas le complice douteux d'un faux ridicule qu'on frappait, c'était sur le détenu remuant, indocile, audacieux, sur le chef de tant de complots d'évasion, qu'il fallait faire un exemple : je fus sacrifié.

JUGEMENT.

« Au nom de la République française, une et indivisible ;

» Vu, par le tribunal criminel du département du Nord, l'acte d'accusation dressé le vingt-huit vendémiaire an cinquième, contre les nommés Sébastien Boitel, âgé de quarante ans environ, laboureur, demeurant à Annoulin ; César Herbaux, âgé de vingt ans ; ci-devant sergent-major dans les chasseurs de Vandamme, demeurant à Lille ; Eugène Stofflet, âgé de vingt-trois ans, marchand fripier, demeurant à Lille ; Jean-François Grouard, âgé de dix-neuf ans et demi, conducteur en second des transports militaires, demeurant à Lille ; et François Vidocq, natif d'Arras, âgé de vingt-deux ans, demeurant à Lille ; prévenus de faux en écriture publique et authentique, par le directeur du jury de l'arrondissement de Cambrai, dont la teneur suit :

» Le soussigné, juge au tribunal civil du département du Nord, faisant les fonctions de directeur du jury de l'arrondissement de Cambrai, pour les empêchements du titulaire, expose qu'en vertu du jugement rendu le sept fructidor dernier par le tribunal criminel du département du Nord, cassant et annulant les actes d'accusation dressés les vingt et vingt-six germinal dernier, par le directeur du jury de l'arrondissement de Lille, à la charge des nommés César Herbaux, François Vidocq, Sébastien Boitel, Eugène Stofflet et Brice Coquelle, accusés présents, et André Bordereau, accusé contumace, tous prévenus d'être auteurs ou complices d'un crime de faux en écriture publique et authentique, à effet de procurer l'évasion dudit Sébastien Boitel de la maison d'arrêt dite la *Tour Pierre*, à Lille, où il était détenu, et en particulier ledit Brice Coquelle d'avoir, au moyen de ce faux, fait évader le prisonnier confié à sa garde comme concierge de ladite maison d'arrêt ; tous les prévenus, avec les pièces qui les concernent, auraient été renvoyés devant le soussigné pour être soumis à un nouveau jury d'accusation ; que, dans l'examen desdites pièces, il aurait aperçu que le nommé Jean-François Grouard, détenu en la maison d'arrêt dite la *Tour Pierre*, impliqué dans la procédure, aurait été oublié par le directeur du jury susdit, pourquoi, sur les conclusions du commissaire du pouvoir exécutif, et en vertu de l'ordonnance du vingt-quatre fructidor susdit, il aurait décerné mandat d'amener contre ledit Grouard, et, par suite, après l'avoir entendu, mandat d'arrêt, comme prévenu de complicité dudit faux ; qu'aucune partie plaignante ne s'étant présentée dans les deux jours de la remise des prévenus en la maison d'arrêt de cet arrondissement, le soussigné a procédé à l'examen des pièces relatives aux causes de la détention et arrestation de tous les prévenus ; qu'ayant vérifié la nature du délit dont ils sont prévenus respectivement, il avait trouvé que ces délits étaient de nature à mériter peine afflictive ou infamante, et qu'en conséquence, après avoir entendu le commissaire du pouvoir exécutif, il a rendu cejourd'hui une ordonnance par laquelle il a traduit tous lesdits prévenus devant le jury spécial d'accusation ; en vertu de cette ordonnance, le soussigné a dressé le présent acte d'accusation pour, après les formalités requises par la loi, être présenté audit jury ;

» Le soussigné déclare, en conséquence, qu'il résulte de l'examen des pièces, et notamment des procès-verbaux dressés par le greffier du tribunal de paix de la quatrième section de la commune de Lille, le dix-neuf nivôse dernier, et les neuf et vingt-quatre prairial suivant, par le juge de paix du midi, de la commune de Douai, lesquels procès-verbaux sont annexés au présent acte,

» Que le nommé Sébastien Boitel, détenu en la maison d'arrêt dite la *Tour Pierre,* à Lille, aurait été mis en liberté en vertu d'un prétendu arrêté du comité de législation et tribunal de cassation, daté de Paris, le vingt brumaire, quatrième année de la république, signé Carnot, Lesage-Cenault et Le Coindre, au dos duquel se trouve l'attache du représentant du peuple Talot, adressé audit Brice Coquelle ; que cet arrêté et l'attache susdite, dont ce dernier a fait usage pour sa défense, n'ont point été donnés par le comité de législation et par ledit représentant Talot ; que de là il est constant que cet arrêté et l'attache présentent un faux en écriture publique et authentique ; que le faux décèle même de la seule inspection de la pièce arguée, en ce que l'intitulé porte : *Arrêté du Comité de législation, Tribunal de cassation,* intitulé ridicule, qui confond dans une même autorité deux autorités différentes ;

» Que le neuf prairial dernier, il a été trouvé dans un des cachots de la maison d'arrêt de Douai, un cachet de cuivre sans manche, caché sous le pied d'un lit ; que ledit Vidocq avait couché dans le cachot précédemment que ce cachet est le même que celui qui se trouve apposé sur l'acte faux, et présente identiquement la même empreinte ; que, lors de la visite que ledit juge de paix du midi de Douai fit le jour précédent, du cachot où ledit Vidocq était alors, on entendit, en retournant la literie, tomber quelque chose, ayant son de cuivre, or ou argent ; que Vidocq se précipita dessus, il parvint à soustraire l'effet tombé, en y substituant un morceau de lime qu'il montra qu'il avait été vu précédemment avec le cachet par lesdits Herbaux et Stofflet, à qui il a avoué d'avoir été lieutenant du bataillon dont le cachet porte le nom ;

» Que lesdits Herbaux, François Vidocq, Sébastien Boitel, Eugène Stofflet, Brice Coquelle, André Bordereau et Jean-François Grouard, sont prévenus d'être les auteurs et complices dudit faux, et d'avoir par la facilité l'évasion dudit Sébastien Boitel de la maison d'arrêt où il était détenu en vertu d'un jugement de condamnation à la détention ;

» Que ledit Brice Coquelle est en outre prévenu d'avoir, au moyen de ce faux arrêté, fait évader de ladite maison d'arrêt, ledit Sébastien Boitel, confié à sa garde comme concierge de ladite maison d'arrêt ; que ledit Brice Coquelle était convenu, devant le directeur du jury de Lille, d'avoir mis ledit Sébastien Boitel en liberté le trois frimaire dernier, en vertu de la pièce arguée de faux ;

» Que cette pièce lui avait été remise par Stofflet, qui la lui avait apportée ; qu'il l'avait reconnue devant le juge de paix pour en avoir été le porteur, que ledit Stofflet était venu à la prison cinq ou six fois dans l'espace de dix jours, que c'était toujours après Herbaux qu'il demandait, et qu'il restait deux à trois heures avec lui ; que Herbaux et Boitel étaient ensemble dans la même prison, et que ledit Stofflet parlait également à l'un comme à l'autre ; que le prétendu arrêté lui était adressé, et qu'il n'a pu le suspecter de faux, ne connaissant pas les signatures ; que ledit Stofflet était convenu qu'il était soupçonné d'avoir porté une lettre à la *Tour Pierre,* mais que cela était faux, qu'il a bien été différentes fois en ladite maison d'arrêt, pour parler à Herbaux, mais qu'il ne lui avait jamais porté de lettres, et que Brice Coquelle en imposait, en disant qu'il l'avait reconnu, devant le juge de paix, pour lui avoir remis un faux ordre, en vertu duquel Sébastien Boitel avait été mis en liberté ;

» Que François Vidocq avait déclaré n'avoir connu Boitel qu'en prison, qu'il savait que ce dernier en était sorti en vertu d'un ordre apporté à Coquelle, qui buvait bouteille avec les frères de Coquelle, et Prévôt, autre détenu, avait été souper avec eux au cabaret de la Dordreck, et que Coquelle et Prévôt n'étaient rentrés que vers minuit ; qu'il déclara au juge de paix de Douai, que le cachet trouvé sous le pied du lit ne venait pas de lui, qu'il n'avait pas servi dans le bataillon dont le cachet porte le nom, et qu'il ne savait pas si ce bataillon avait été incorporé dans un de ceux où il avait servi ; que s'il a fait de la résistance, lors de la visite du cachot, ce fut à cause du morceau de lime qu'il avait, craignant qu'on ne soupçonnât qu'il voulût s'en servir pour briser ses fers ;

» Que ledit Boitel était convenu d'être détenu à la *Tour Pierre*, en vertu d'une condamnation à une détention de six ans ; qu'il se rappelait bien qu'un jour Herbaux et Vidocq lui avaient demandé combien il donnerait pour être mis en liberté ; qu'il leur promit douze louis en numéraire, qu'il leur en avait donné sept, et devait leur donner le reste s'il était resté tranquille chez lui ; qu'il était sorti de prison avec ses deux frères et Brice Coquelle qu'il avait été avec eux à la Dordreck, boire du vin, jusqu'à dix heures du soir ; qu'il savait bien être sorti de prison en vertu d'un ordre faux, que Vidocq et Herbaux avaient fait, mais qu'il ne savait pas qui l'avait apporté ;

» Que ledit Grouard était convenu devant le soussigné, qu'il avait eu connaissance de l'élargissement dudit Boitel en vertu d'un ordre supérieur, qu'après la sortie de celui-ci il avait vu ledit ordre, qu'il l'avait soupçonné faux, et qu'il croyait avoir reconnu l'écriture d'Herbaux ; que quant à lui il n'a coopéré en rien, ni à la sortie dudit Boitel, ni à la fabrication du faux ;

» Que ledit Herbaux a déclaré au directeur soussigné que, se trouvant avec Vidocq et d'autres détenus, on parla de l'affaire de Boitel ; que ledit Vidocq le défia de modeler l'ordre en vertu duquel Boitel pourrait être mis en liberté ; qu'il accepta le défi, et prit le premier papier qui lui tomba sous la main, et fit l'ordre en question, sans y mettre de signature ; qu'il le laissa sur la table ; que Vidocq s'en empara ; que l'ordre en vertu duquel Boitel est sorti de prison, est celui qu'il fit sans signature ;

» Que quant à André Bordereau, contumace, il paraît qu'il a pu avoir connaissance du faux, en ce que, le jour de la sortie de Boitel hors de la prison, il a été remettre à Stofflet une lettre venant dudit Herbaux, et que le lendemain de l'évasion de Boitel, il a été lui faire une visite à Annoulin, où ce Boitel s'était réfugié ;

» Il résulte de tous ces détails, attestés par lesdites pièces et lesdits procès-verbaux, qu'il a été commis un faux en écriture publique et authentique, et qu'en vertu de cette pièce fausse, le nommé Sébastien Boitel est parvenu à s'échapper de la maison d'arrêt dite la *Tour Pierre* à Lille, où il était détenu sous la garde du concierge ; et que cette évasion a eu lieu le trois frimaire dernier ; double délit sur lequel, selon le Code pénal, les jurés auront à prononcer s'il y a accusation contre lesdits Boitel, Stofflet, Vidocq, Coquelle, Grouard, Herbaux et Bordereau, à raison des délits mentionnés au présent acte.

» Fait à Cambrai, le vingt-huit vendémiaire an cinquième de la république, une et indivisible. »

» *Signé* NOLEKFRICK.

» La déclaration du jury d'accusation de l'arrondissement de Cambrai, du six brumaire an cinquième, écrite au bas dudit acte, et portant qu'il y a lieu à l'accusation mentionnée audit acte ;

» L'ordonnance de prise de corps, rendue par le directeur du jury dudit arrondissement, le même jour, contre lesdits Sébastien Boitel, César Herbaux, Eugène Stofflet, François Grouard et François Vidocq ;

» Le procès-verbal de la remise de leurs personnes en la maison de justice du département, du vingt et un brumaire dernier ;

» Et la déclaration du jury spécial de jugement, en date de ce jour, portant ;

» 1° Que le faux mentionné en l'acte d'accusation est constant ;

» 2° Que César Herbaux, accusé, est convaincu d'avoir commis ce faux ;

» 3° Qu'il est convaincu de l'avoir commis méchamment et à dessein de nuire ;

» 4° Que François Vidocq est convaincu d'avoir commis ce faux ;

» 5° Qu'il est convaincu de l'avoir commis méchamment et à dessein de nuire ;

» 6° Qu'il est constant que ledit faux a été commis en écriture publique et authentique ;

» 7° Que Sébastien Boitel, accusé, n'est pas convaincu d'avoir par dons, promesses, provoqué le coupable ou les coupables à commettre ledit faux ;

» 8° Que Eugène Stofflet n'est pas convaincu d'avoir aidé et assisté le coupable ou les coupables, soit dans les faits qui ont préparé ou facilité l'exécution dudit faux, soit dans l'acte même qui l'a consommé ;

» 9° Que Jean-François Grouard n'est pas convaincu d'avoir aidé et assisté le coupable ou les coupables, soit dans les faits qui ont préparé ou facilité l'exécution dudit faux, soit dans l'acte même qui l'a consommé ;

» En conséquence de ladite déclaration, le président a dit, conformément à l'article quatre cent vingt-quatre de la loi du trois brumaire an quatre, Code des délits et des peines, que lesdits Sébastien Boitel, Eugène Stofflet et Jean-François Grouard, sont et demeurent acquittés de l'accusation intentée contre eux, et a ordonné au gardien de la maison de justice du département, de les mettre sur-le-champ en liberté, s'ils ne sont retenus pour autre cause.

» Le Tribunal, après avoir entendu le commissaire du Pouvoir exécutif et le citoyen Després, conseil des accusés, condamne François Vidocq et César Herbaux à la peine de huit années de fers, conformément à l'article quarante-quatre de la seconde section du titre deux, de la seconde partie du Code pénal, dont il a été fait lecture, lequel est ainsi conçu :

» Si ledit crime de faux est commis en écriture authentique et publique, la peine sera de huit années de fers,

» Ordonne, conformément à l'article vingt-huit du titre premier de la première partie du Code pénal, dont il a été pareillement fait lecture, lequel est ainsi conçu : Quiconque aura été condamné à l'une des peines des fers, de la réclusion dans la maison de force, de la gêne, de la détention, avant de subir sa peine sera préalablement conduit sur la place publique de la ville où le jury d'accusation aura été convoqué ; il y sera attaché à un poteau placé sur un échafaud, et il y demeurera exposé aux regards du peuple pendant six heures, s'il est condamné aux peines des fers ou de la réclusion dans la maison de force ; pendant quatre heures, s'il est condamné à la peine de la gêne ; pendant deux heures, s'il est condamné à la peine de la détention ; au-dessus de sa tête, sur un écriteau, seront inscrits, en gros caractères, ses noms, sa profession, son domicile, la cause de sa condamnation, et le jugement rendu contre lui ;

» Et à l'article quatre cent quarante-cinq de la loi du trois brumaire an quatre, Code des délits et des peines, dont il a aussi été fait lecture, lequel est ainsi conçu : Elle se fait (l'exposition) sur une des places publiques de la commune où le tribunal criminel tient ses séances,

» Que lesdits François Vidocq et César Herbaux seront exposés pendant six heures sur un échafaud, qui sera, pour cet effet, dressé sur la place publique de cette commune ;

» Ordonne qu'à la diligence du commissaire du pouvoir exécutif, le présent jugement sera mis à exécution.

» Fait et prononcé à Douai, à l'audience du tribunal criminel du département du Nord, le sept nivôse, cinquième année de la république française, une et indivisible, où étaient présents les citoyens Delaetre, *président ;* Havyn, Ricquet, Réat et Legrand, *juges,* qui ont signé la minute du présent jugement.

» Mandons et ordonnons à tous huissiers, sur ce requis, de mettre ledit jugement à exécution, à nos procureurs-généraux, et à nos procureurs près les tribunaux de première instance, d'y tenir la main ; à tous commandants et officiers de la force publique d'y prêter main-forte, lorsqu'ils en seront légalement requis.

» En foi de quoi, le présent jugement a été signé par le président de la cour et par le greffier.

» Pour expédition conforme,

» *signé* LEBOINE, *greffier.*

» En marge est écrit : Enregistré à Douai, le seize prairial an treize, folio soixante-sept, verso, case deux, reçu cinq francs ; savoir : deux francs pour autant de condamnations, trois francs pour autant de décharges, et cinquante centimes pour subvention sur le tout.

» *Signé* DEMAG.

» En marge du premier rôle est écrit : Paraphé par nous, juge au tribunal de première instance de l'arrondissement de Béthune, conformément à l'article deux cent trente-sept du Code civil, et au procès-verbal de ce jour, trente prairial an treize, remplaçant le président absent, renvoi approuvé.

» *Signé* DELDICQUE. »

CHAPITRE VII

Départ de Douai. – Les condamnés se révoltent dans la forêt de Compiègne. – Séjour à Bicêtre. – Mœurs de prison. – La cour des Fous.

Excédé des mauvais traitements de toute espèce dont j'étais l'objet dans la prison de Douai, harassé par une surveillance redoublée depuis ma condamnation, je me gardai bien de former un appel qui eût pu m'y retenir encore plusieurs mois. Ce qui me confirma dans cette résolution, ce fut la nouvelle que les condamnés allaient être immédiatement dirigés sur Bicêtre, et réunis à la chaîne générale, partant pour le bagne de Brest. Il est inutile de dire que je comptais me sauver en route. Quant à l'appel on m'assurait que du bagne je pourrais présenter une demande en grâce, qui produirait le même effet. Nous restâmes cependant encore plusieurs mois à Douai, ce qui me fit regretter amèrement de ne m'être pas pourvu en cassation.

L'ordre de translation arriva enfin, et ce qu'on croira peut-être difficilement de la part d'hommes qui vont aux galères, il fut reçu avec enthousiasme, tant on était fatigué des vexations du concierge Marin. Notre nouvelle position n'était cependant rien moins que satisfaisante : l'huissier Hurtrel, qui nous accompagnait, je ne sais pourquoi, avait fait fabriquer des fers d'un nouveau modèle, au moyen desquels nous avions chacun à la jambe un boulet de quinze livres, en même temps que nous étions attachés deux à deux par un large bracelet en fer. Du reste, la surveillance la plus active. Il devenait donc impossible de songer à rien tenter par adresse. Une attaque de vive force pouvait seule nous sauver ; j'en fis la proposition : mes compagnons, au nombre de quatorze, l'acceptèrent, et il fut convenu que le projet s'exécuterait à notre passage dans la forêt de Compiègne. Desfosseux était du voyage ; au moyen des scies qu'il portait toujours dans ses intestins, nos fers furent coupés en trois jours ; l'enduit d'un mastic particulier ne permettait pas aux gardiens d'apercevoir la trace des instruments.

On entre dans la forêt. À l'endroit indiqué, le signal se donne, les fers tombent, nous sautons des voitures où nous étions entassés, pour gagner le fourré ; mais les cinq gendarmes et les huit dragons qui formaient l'escorte nous chargent sabre en main. Nous nous retranchons alors derrière des arbres, armés de ces pierres qu'on amasse pour ferrer les routes, et de quelques armes dont nous nous étions emparés, à la faveur du premier moment de confusion. Les militaires hésitent un instant, mais, bien armés, bien montés, ils ont bientôt pris leur parti : à leur première décharge, deux des nôtres tombent morts sur la place, cinq sont grièvement blessés, et les autres se jettent à genoux en demandant grâce. Il fallut alors nous rendre. Desfosseux, moi, et quelques autres qui tenaient encore, nous remontions sur les charrettes, lorsque Hurtrel, qui s'était tenu à une distance respectueuse de la bagarre, s'approcha d'un malheureux qui ne se pressait sans doute pas assez, et lui passa son sabre au travers du corps. Tant de lâcheté nous indigna : les condamnés qui n'avaient pas encore repris leurs places sur les voitures ressaisirent des pierres, et sans les dragons, Hurtrel était assommé ; ceux-ci nous crièrent que nous allions nous faire écraser, et la chose était tellement évidente, qu'il fallut mettre bas les armes, c'est-à-dire les pierres. Cet événement mit toutefois un terme aux vexations de Hurtrel, qui n'approchait plus de nous qu'en tremblant.

À Senlis, on nous déposa dans la prison de passage, une des plus affreuses que je connusse. Le concierge cumulant les fonctions de garde-champêtre, la maison était dirigée par sa femme ; et quelle femme ! Comme nous étions signalés, elle nous fouilla dans les endroits les plus secrets, voulant s'assurer par elle-même que nous ne portions rien qui pût servir à une évasion. Nous étions cependant en train de sonder les murs, lorsque nous l'entendîmes crier d'une voix enrouée : *Coquins, si je vais à vous avec mon nerf de bœuf, je vous apprendrai à faire de la musique.* Nous nous le tînmes pour bien dit, et tout le monde resta coi. Le surlendemain, nous arrivâmes à Paris ; on nous fit longer les boulevards extérieurs, et à quatre heures après midi, nous étions en vue de Bicêtre.

Arrivés au bout de l'avenue qui donne sur la route de Fontainebleau, les voitures prirent à droite, et franchirent une grille au-dessus de laquelle je lus machinalement cette inscription : *Hospice de la vieillesse.* Dans la première cour se promenaient un grand nombre de vieillards vêtus de bure grise : c'étaient les *bons pauvres.* Ils se pressaient sur notre passage avec cette curiosité stupide que donne une vie monotone et purement animale, car il arrive souvent que l'homme du peuple admis dans un hospice, n'ayant plus à pourvoir à sa subsistance, renonce à l'exercice de ses facultés étroites, et finit par tomber dans un idiotisme complet. En entrant dans une seconde cour, où se trouve la chapelle, je remarquai que la plupart de mes compagnons se cachaient la figure avec leurs mains ou avec leurs mouchoirs. On croira peut-être qu'ils éprouvaient quelque sentiment de honte ; point : ils ne songeaient qu'à se laisser reconnaître le moins possible, afin de s'évader plus facilement si l'occasion s'en présentait.

« Nous voilà arrivés, me dit Desfosseux, qui était assis à côté de moi. Tu vois ce bâtiment carré... c'est la prison. » On nous fit en effet descendre devant une porte gardée à l'intérieur par un factionnaire : Entrés dans le greffe, nous fûmes seulement enregistrés ; on remit à prendre notre signalement au lendemain. Je m'aperçus cependant que le concierge nous regardait, Desfosseux et moi, avec une espèce de curiosité, et j'en conclus que nous avions été recommandés par l'huissier Hurtrel, qui nous devançait toujours d'un quart d'heure, depuis l'affaire de la forêt de Compiègne. Après avoir franchi plusieurs portes fort basses doublées en tôle, et le *guichet des cabanons,* nous fûmes introduits dans une grande cour carrée, où une soixantaine de détenus jouaient aux barres, en poussant des cris qui faisaient retentir toute la maison. À notre aspect, tout s'interrompit, et l'on nous entoura, en paraissant examiner avec surprise les fers dont nous étions chargés. C'était, au surplus, entrer à Bicêtre par la belle porte, que de s'y présenter avec un pareil harnais, car on jugeait du *mérite* d'un prisonnier, c'est-à-dire de son audace et de son intelligence pour les évasions, d'après les précautions prises pour s'assurer de lui. Desfosseux, qui se trouvait là en pays de connaissance n'eut donc pas de peine à nous présenter comme les sujets les plus distingués du département du Nord ; il fit de plus, en particulier, mon éloge, et je me trouvai entouré et fêté par tout ce qu'il y avait de célèbre dans la prison : les Beaumont, les Guillaume père, les Mauger, les Jossat, les Maltaise, les Cornu, les Blondy, les Trouflat, les Richard, l'un des complices de l'assassinat du courrier de Lyon, ne me quittaient plus. Dès qu'on nous eut débarrassés de nos fers de voyage, on m'entraîna à la cantine, et j'y faisais raison depuis deux heures à mille invitations, lorsqu'un grand homme en bonnet de police, qu'on me dit être l'inspecteur des salles, vint me prendre et me conduisit dans une grande pièce nommée *le Fort-Mahon,* où l'on nous revêtit des habits de la maison, consistant en une casaque mi-partie grise et noire. L'inspecteur m'annonça en même temps que je serais *brigadier,* c'est-à-dire que je présiderais à la répartition des vivres entre mes commensaux ; j'eus en conséquence un assez bon lit, tandis que les autres couchèrent sur des lits de camp.

En quatre jours, je fus connu de tous les prisonniers ; mais quoi qu'on eût la plus haute opinion de mon courage, Beaumont, voulant me tâter, me chercha une querelle d'Allemand. Nous nous battîmes, et comme j'avais affaire à un adepte dans cet exercice gymnastique qu'on nomme *la savatte,* je fus complètement vaincu. Je pris néanmoins ma revanche dans un cabanon, où Beaumont, manquant d'espace pour déployer les ressources de son art, eut à son tour le dessous. Ma première mésaventure me donna cependant l'idée de me faire initier aux secrets de cet art, et le célèbre Jean Goupil, le Saint-Georges de la savatte, qui se trouvait avec nous à Bicêtre, me compta bientôt au nombre des élèves qui devaient lui faire le plus d'honneur.

La prison de Bicêtre est un vaste bâtiment quadrangulaire, renfermant diverses constructions, et plusieurs cours, qui toutes ont un nom différent : il y a la *grande cour, où se* promènent les détenus, la *cour des cuisines,* la *cour des chiens,* la *cour de correction,* la *cour des fers.* Dans cette dernière, se trouve le bâtiment neuf composé de cinq étages ; chaque étage forme quarante cabanons, pouvant contenir quatre détenus. Sur la plateforme qui tient lieu de toit, rôdait jour et nuit un chien nommé Dragon, qui passait dans la prison pour être aussi vigilant qu'incorruptible ; des détenus parvinrent cependant fort tard à le suborner, au moyen d'un gigot rôti, qu'il eut la coupable faiblesse d'accepter : tant il est vrai qu'il n'est point de séductions plus puissantes que celle de la gloutonnerie, puisqu'elles agissent indifféremment sur tous les êtres organisés. Pour l'ambition, pour le jeu, pour la galanterie, il est des termes fixés par la nature, mais la gourmandise ne connaît pas d'âge, et si l'appétit oppose parfois sa force d'inertie, on en est quitte pour s'émanciper par une indigestion. Cependant, les amphitryons s'étant évadés, pendant que Dragon dégustait le gigot, il fut cassé et relégué dans la *cour des chiens :* là, mis à la chaîne, privé de l'air libre qu'il respirait sur la plate-forme, inconsolable de sa faute, il dépérit de jour en jour, et finit par succomber aux remords, victime d'un moment de gourmandise et d'erreur.

Près du bâtiment dont je viens de parler, s'élève le *bâtiment vieux,* à peu près disposé de la même manière, et sous lequel on a pratiqué les *cachots de sûreté,* où l'on renferme les turbulents et les condamnés à mort. C'est dans un de ces cachots qu'a vécu *quarante-trois ans* celui des complices de Cartouche qui avait trahi pour obtenir cette commutation ! Pour jouir un instant du soleil, il contrefit plusieurs fois le mort avec tant de perfection, que lorsqu'il eut rendu le dernier soupir, deux jours se passèrent sans qu'on lui retirât son collier de fer. Un troisième corps de bâtiment, dit de *la Force,* comprenait enfin diverses salles, où l'on déposait les condamnés arrivant de la province, et destinés comme nous pour la chaîne.

À cette époque, la prison de Bicêtre, qui n'est forte que par l'extrême surveillance qu'on y exerce, pouvait contenir douze cents détenus, mais ils étaient entassés les uns sur les autres, et la conduite des guichetiers ne tendait nullement à adoucir ce que cette position avait de fâcheux : l'air renfrogné, la voix rauque, le propos brutal ; ils affectaient de bourrer les détenus, et ne se déridaient qu'à l'aspect d'une bouteille ou d'un écu. Ils ne réprimaient, du reste, aucun excès, aucun vice, et pourvu qu'on ne cherchât pas à s'évader, on pouvait faire dans la prison tout ce que bon semblait, sans être dérangé ni inquiété. Tandis que des hommes condamnés pour ces attentats à la pudeur qu'on ne nomme pas, tenaient ouvertement école pratique de libertinage, les voleurs exerçaient leur industrie dans l'intérieur de la prison, sans qu'aucun employé s'avisât d'y trouver à redire.

Arrivait-il de la province quelque homme bien vêtu, qui, condamné pour une première faute ne fût pas encore initié aux mœurs et aux usages des prisons ; en un clin d'œil il était dépouillé de ses habits, que l'on vendait en sa présence au plus offrant et dernier enchérisseur. Avait-il des bijoux, de l'argent, on les confisquait également au profit de la société, et comme il eût été trop long de détacher les boucles d'oreilles, on les arrachait, sans que le patient osât se plaindre. Il était averti d'avance que s'il parlait, on le pendrait pendant la nuit aux barreaux des canons, sauf à dire ensuite qu'il s'était suicidé. Par précaution, un détenu, en se couchant, plaçait-il ses hardes sous sa tête, on attendait qu'il fût dans son premier sommeil ; alors on lui attachait au pied un pavé que l'on posait sur le bord du lit de camp : au moindre mouvement le pavé tombait : éveillé par cette brusque secousse, le dormeur se mettait sur son séant, et avant qu'il se fût rendu compte de ce qu'il venait d'éprouver, son paquet, hissé au moyen d'une corde, parvenait à travers les grilles à l'étage supérieur. J'ai vu au cœur de l'hiver des pauvres diables, après avoir été dévalisés de la sorte rester en chemise sur le préau jusqu'à ce qu'on leur eût jeté quelques haillons pour couvrir leur nudité. Tant qu'ils séjournaient à Bicêtre, en s'enterrant, pour ainsi dire, dans la paille, ils pouvaient encore défier la rigueur de la saison ; mais venait le départ de la chaîne et alors, n'ayant d'autre vêtement que le sarrau et le pantalon de toile d'emballage, souvent ils succombaient au froid avant d'arriver à la première halte.

Il faut expliquer par des faits de ce genre la dépravation rapide d'hommes qu'il était facile de ramener à des sentiments honnêtes, mais qui, ne pouvant échapper au comble de la misère que par le comble de la perversité, ont dû chercher un adoucissement à leur sort dans l'exagération réelle ou apparente de toutes les habitudes du crime. Dans la société, on redoute l'infamie ; dans une réunion de condamnés, il n'y a de honte qu'à ne pas être infâme. Les condamnés forment une nation à part : quiconque est amené parmi eux doit s'attendre à être traité en ennemi aussi long-temps qu'il ne parlera pas leur langage, qu'il ne se sera pas approprié leur façon de penser.

Les abus que je viens de signaler ne sont pas les seuls : il en existait de plus terribles encore. Un détenu était-il désigné comme un faux frère, ou comme un *mouton*, il était impitoyablement assommé sur place, sans qu'aucun guichetier intervînt pour le sauver. Les choses en vinrent à ce point, qu'on fut obligé d'assigner un local particulier aux individus qui, dans l'instruction de leur affaire, avaient fait quelques révélations qui pussent les compromettre, relativement à leurs complices. D'un autre côté, l'impudence des voleurs et l'immoralité des employés étaient portées si loin, qu'on préparait ouvertement dans la prison des tours de passe-passe et des escroqueries dont le dénouement avait lieu à l'extérieur. Je ne citerai qu'une de ces opérations, elle suffira pour donner la mesure de la crédulité des dupes et de l'audace des fripons. Ceux-ci se procuraient l'adresse de personnes riches habitant la province, ce qui était facile au moyen des condamnés qui en arrivaient à chaque instant : on leur écrivait alors des lettres, nommées en argot *lettres de Jérusalem,* et qui contenaient en substance ce qu'on va lire. Il est inutile de faire observer que les noms de lieux et de personnes changeaient en raison des circonstances.

« MONSIEUR,

» Vous serez sans doute étonné de recevoir cette lettre d'un inconnu qui vient réclamer de vous un service : mais dans la triste position où je me trouve, je suis perdu si les honnêtes gens ne viennent pas à mon secours ; c'est vous dire que je m'adresse à vous, dont on m'a dit trop de bien pour que j'hésite un instant à vous confier toute mon affaire. Valet de chambre du marquis de…, j'émigrai avec lui. Pour ne pas éveiller les soupçons, nous voyagions à pied et je portais le bagage, y compris une cassette contenant seize mille francs en or et les diamants de feue madame la marquise. Nous étions sur le point de joindre l'armée de…, lorsque nous fûmes signalés et poursuivis par un détachement de volontaires. Monsieur le marquis, voyant qu'on nous serrait de près, me dit de jeter la cassette dans une mare assez profonde, près de laquelle nous nous trouvions, afin que sa présence ne nous trahît pas dans le cas où nous serions arrêtés. Je comptais revenir la chercher la nuit suivante ; mais les paysans, ameutés par le tocsin que le commandant du détachement faisait sonner contre nous, se mirent avec tant d'ardeur à battre le bois où nous étions cachés, qu'il ne fallut plus songer qu'à fuir. Arrivés à l'étranger, monsieur le marquis reçut quelques avances du prince de… ; mais ces ressources s'épuisèrent bientôt, et il songea à m'envoyer chercher la cassette restée dans la mare. J'étais d'autant plus sûr de la retrouver, que le lendemain du jour où je m'en étais dessaisi, nous avions dressé de mémoire le plan des localités, dans le cas où nous resterions long-temps sans pouvoir y revenir. Je partis, je rentrai en France, et j'arrivai sans accident jusqu'au village de…, voisin du bois où nous avions été poursuivis. Vous devez connaître parfaitement ce village, puisqu'il n'est guères qu'à trois quarts de lieue de votre résidence. Je me disposais à remplir ma mission, quand l'aubergiste chez lequel je logeais, jacobin enragé et acquéreur de biens nationaux, remarquant mon embarras quand il m'avait proposé de boire à la santé de la république, me fit arrêter comme suspect. Comme je n'avais point de papiers, et que j'avais le malheur de ressembler à un individu poursuivi pour arrestation de diligences, on me colporta de prison en prison pour me confronter avec mes prétendus complices. J'arrivai ainsi à Bicêtre, où je suis à l'infirmerie depuis deux mois.

» Dans cette cruelle position, me rappelant avoir entendu parler de vous par une parente de mon maître, qui avait du bien dans votre canton, je viens vous prier de me faire savoir si vous ne pourriez pas me rendre le service de lever la cassette en question, et de me faire passer une partie de l'argent qu'elle contient. Je pourrais ainsi subvenir à mes pressants besoins, et payer mon défenseur, qui me dicte la présente et m'assure qu'avec quelques cadeaux, je me tirerai d'affaire.

» Recevez, Monsieur, etc.

Sur cent lettres de ce genre, vingt étaient toujours répondues. On cessera de s'en étonner si l'on considère qu'elles ne s'adressaient qu'à des hommes connus par leur attachement à l'ancien ordre de choses, et que rien ne raisonne moins que l'esprit de parti. On témoignait d'ailleurs au mandataire présumé cette confiance illimitée qui ne manque jamais son effet sur l'amour-propre ou sur l'intérêt ; le provincial répondait donc en annonçant qu'il consentait à se charger de retirer le dépôt. Nouvelle missive du prétendu valet de chambre, portant que, dénué de tout, il avait engagé à l'infirmier pour une somme assez modique la malle où se trouvait, dans un double fond, le plan dont il a déjà été question. L'argent arrivait alors, et l'on recevait jusqu'à des sommes de douze et quinze cents francs. Quelques individus, croyant faire preuve d'une grande sagacité, vinrent même du fond de leur province à Bicêtre, où on leur remit le plan destiné à les conduire dans ce bois mystérieux, qui, comme les forêts fantastiques des romans de chevalerie, devait fuir éternellement devant eux. Les Parisiens eux-mêmes donnèrent quelquefois dans le panneau ; et l'on peut se rappeler encore l'aventure de ce marchand de drap de la rue des Prouvaires, surpris minant une arche du Pont-Neuf, sous laquelle il croyait trouver les diamants de la duchesse de Bouillon.

On comprend, du reste, que de pareilles manœuvres ne pouvaient s'effectuer que du consentement, et avec la participation des employés, puisqu'eux-mêmes recevaient la correspondance des chercheurs de trésors. Mais le concierge pensait qu'indépendamment du bénéfice indirect qu'il en retirait, par l'accroissement de la dépense des prisonniers, en comestibles et en spiritueux, ceux-ci, occupés de cette manière, en songeaient moins à s'évader. D'après le même principe, il tolérait la fabrication d'une foule d'ouvrages en paille, en bois, en os, et jusqu'à celle de fausses pièces de deux sous, dont Paris se trouva un instant inondé. Il y avait encore d'autres industries, mais celles-là s'exerçaient clandestinement : on fabriquait à huis clos de faux passeports à la plume, imités à faire illusion, des scies à couper les fers, et de faux tours en cheveux, qui servaient merveilleusement à s'évader du bagne, les forçats étant surtout reconnaissables à leur tête rasée. Ces divers objets se cachaient dans des étuis de fer-blanc, qu'on pouvait s'introduire dans les intestins.

Pour moi, toujours préoccupé de l'idée d'éviter le bagne, et de gagner un port de mer, où je pourrais m'embarquer, je combinais nuit et jour les moyens de sortir de Bicêtre : j'imaginai enfin qu'en perçant le carreau du *Fort-Mahon* pour gagner les aqueducs pratiqués sous la maison, nous pourrions, au moyen d'une courte mine, arriver dans la cour des fous, d'où il ne devait pas être difficile de gagner l'extérieur. Ce projet fut exécuté en dix jours et autant de nuits. Pendant tout ce temps, les détenus dont on croyait devoir se méfier ne sortaient qu'accompagnés d'un homme sûr ; il fallut cependant attendre que la lune fût sur son déclin. Enfin, le 13 octobre 1797, à deux heures du matin, nous descendîmes dans l'aqueduc, au nombre de trente-quatre. Munis de plusieurs lanternes sourdes, nous eûmes bientôt ouvert le passage souterrain et pénétré dans la cour des fous. Il s'agissait de trouver une échelle, ou tout au moins quelque chose qui pût en tenir lieu, pour escalader les murs ; une perche assez longue nous tomba enfin sous la main, et nous allions tirer au doigt mouillé qui monterait le premier, quand un bruit de chaînes troubla tout à coup le silence de la nuit.

Un chien sortit d'une niche placée dans un angle de la cour : nous restâmes immobiles, retenant jusqu'à notre haleine, car le moment était décisif... Après s'être étendu en bâillant, comme s'il n'eût voulu que changer de place, l'animal remit une patte dans sa niche paraissant vouloir y rentrer ; nous nous croyions sauvés. Tout à coup il tourna la tête vers l'endroit où nous étions entassés, et fixa sur nous deux yeux qui semblaient des charbons ardents. Un grognement sourd fut alors suivi d'aboiements qui firent retentir toute la maison : Desfosseux voulait d'abord essayer de lui tordre le cou, mais l'indiscret était de taille à rendre l'issue de la lutte assez douteuse. Il nous parut plus prudent de nous blottir dans une grande pièce ouverte, qui servait au traitement des aliénés, mais le chien n'en continua pas moins son concerto et ses collègues s'étant mis de la partie, le vacarme devint tel, que l'inspecteur des salles, Giroux, vit qu'il se passait quelque chose d'extraordinaire parmi ses pensionnaires. Connaissant son monde, il commença sa ronde par le *Fort-Mahon*, et faillit tomber à la renverse en ne trouvant plus personne. À ses cris, le concierge, les guichetiers, la garde, tout accourut. On eut bientôt découvert le chemin que nous avions pris, et l'on n'en prit pas d'autre pour arriver dans la cour des fous, où le chien ayant été déchaîné courut droit à nous. La garde entra alors dans la pièce où nous nous trouvions, la baïonnette croisée, comme s'il se fût agi d'enlever une redoute ; on nous mit les menottes, prélude ordinaire de tout ce qui se fait d'un peu important en prison, puis nous rentrâmes, non pas au *Fort-Mahon,* mais au cachot, sans qu'on nous fît toutefois éprouver aucun mauvais traitement.

Cette tentative, la plus hardie dont la maison eût été depuis long-temps le théâtre, avait jeté une telle confusion parmi les surveillants, qu'on fut deux jours à s'apercevoir qu'il manquait un détenu du *Fort-Mahon :* c'était Desfosseux. Connaissant toute son adresse, je le croyais bien loin, quand, le troisième jour au matin, je le vis entrer dans mon cachot, pâle, défait, et tout sanglant. Lorsque la porte eut été refermée sur lui, il me raconta toute son aventure.

Au moment où la garde nous avait saisis, il s'était blotti dans une espèce de cuve servant probablement aux douches ou aux bains ; n'entendant plus de bruit, il était sorti de sa retraite, et la perche l'avait aidé à franchir plusieurs murs, mais il se trouvait toujours dans les cours de fous ; cependant le jour allait poindre, il entendait déjà aller et venir dans les bâtiments, car on n'est nulle part aussi matineux que dans les hospices. Il fallait se soustraire aux regards des employés, qui ne pouvaient tarder à circuler dans les cours ; le guichet d'une loge était entr'ouvert : il s'y glisse, et veut même, par excès de précaution, se fourrer dans un grand tas de paille ; mais quel est son étonnement d'y voir accroupi un homme nu, les cheveux en désordre, la barbe hérissée, l'œil hagard et sanglant. Le fou, car c'en est un, regarde Desfosseux d'un air farouche, puis il lui fait un signe rapide, et comme celui-ci reste immobile, il s'élance comme pour le déchirer. Quelques caresses semblent l'apaiser, il prend Desfosseux par la main, et le fait asseoir à ses côtés, en attirant toute la paille sous lui, par des mouvements brusques et saccadés comme ceux du singe. À huit heures du matin, un morceau de pain noir tombe par le guichet ; il le prend, l'examine quelque temps, et finit par le jeter dans le baquet aux excréments, d'où il le retire un instant après pour le dévorer. Dans la journée, on rapporte du pain, mais comme le fou dormait, Desfosseux s'en empare et le dévore, au risque d'être dévoré par son terrible compagnon, qui peut trouver mauvais qu'on lui enlève sa pitance. À la brune, le fou s'éveille, et parle quelque temps avec une volubilité extraordinaire ; la nuit arrive, son exaltation augmente sensiblement, et il se met à faire des gambades et des contorsions hideuses, en secouant ses chaînes avec une espèce de plaisir.

Dans cette épouvantable position, Desfosseux attendait avec impatience que le fou fût endormi, pour sortir par le guichet ; vers minuit, ne l'entendant plus remuer, il s'avance, passe un bras, la tête..., on le saisit par une jambe ; c'est le fou, qui, d'un bras vigoureux, le rejette sur la paille, et se place devant le guichet, où il reste jusqu'au jour, immobile comme une statue. La nuit suivante, nouvelle tentative, nouvel obstacle. Desfosseux, dont la tête commence à se détraquer, veut employer la force ; une lutte terrible s'engage, et Desfosseux, frappé de coups de chaînes, couvert de morsures et de contusions, est forcé d'appeler les gardiens. Ceux-ci, le prenant d'abord pour un de leurs administrés qui se sera fourvoyé, veulent aussi le mettre en loge, mais il parvient à se faire reconnaître, et obtient enfin la faveur d'être ramené avec nous.

Nous restâmes huit jours au cachot, après quoi je fus mis à la *Chaussée,* où je retrouvai une partie des détenus qui m'avaient si bien accueilli à mon arrivée. Ils faisaient grande chère, et ne se refusaient rien ; car, indépendamment de l'argent provenant des *lettres de Jérusalem,* ils en recevaient encore des femmes qu'ils avaient connues, et qui venaient les visiter fort assidûment. Devenu, comme à Douai, l'objet de la surveillance la plus active, je n'en cherchais pas moins à m'évader encore, lorsqu'enfin arriva le jour du départ de la chaîne.

CHAPITRE VIII.

Un départ de la chaîne. – Le capitaine Viez et son lieutenant Thierry. – La complainte des galériens. – La visite hors de Paris. – Humanité des argousins. – Ils encouragent le vol. – Le pain transformé en valise. – Malheureuse tentative d'évasion. – Le bagne de Brest. – Les bénédictions.

C'était le 20 novembre 1797 : toute la matinée on avait remarqué dans la prison un mouvement qui n'était pas ordinaire. Les détenus n'étaient pas sortis des cabanons : les portes s'ouvraient et se refermaient à chaque instant avec fracas ; les guichetiers allaient, venaient d'un air affairé ; dans la grande cour, on déchargeait des fers dont le bruit arrivait jusqu'à nous. Vers onze heures, deux hommes vêtus d'un uniforme bleu entrèrent au *Fort-Mahon,* où depuis huit jours, j'avais été replacé avec mes camarades d'évasion ; c'était le capitaine de la chaîne et son lieutenant. « Eh bien ! » dit le capitaine, en nous montrant ce sourire qui annonce une familiarité bienveillante, « y a-t-il ici des *chevaux de retour* (forçats évadés) ? » Et tandis qu'il parlait, c'était à qui s'empresserait pour lui faire sa cour. *Bonjour M. Viez, bonjour M. Thierry,* s'écriait-on de toutes parts. Ces saluts étaient même répétés par des prisonniers qui n'avaient jamais vu ni Viez, ni Thierry, mais qui, en se donnant un air de connaissance, espéraient se les rendre favorables. Il était difficile que le capitaine, c'était Viez, ne s'enivrât pas un peu de ces hommages : cependant comme il était habitué à de pareils honneurs, il ne perdait pas la tête, et il reconnaissait parfaitement les siens. Il aperçut Desfosseux : « Ah ! ah ! dit-il, voilà un *ferlampier* (condamné habile à couper ses fers) qui a déjà voyagé avec nous. Il m'est revenu que tu as manqué d'être *fauché* (guillotiné) à Douai, mon garçon. Tu as bien fait de manquer, mardieu ! car ; vois-tu, il vaut encore mieux retourner au *pré* (bagne), que le *taule* (bourreau) ne joue au panier avec notre *sorbonne* (tête). Au surplus, mes enfants, que tout le monde soit *calme,* et l'on aura le bœuf avec du persil. » Le capitaine ne faisait que commencer son inspection, il la continua en adressant d'aussi aimables plaisanteries à toute *sa marchandise,* c'était de ce nom qu'il appelait les condamnés.

Le moment critique approche : nous descendons dans la *cour des fers,* où le médecin de la maison nous visite pour s'assurer si tout le monde est à peu près en état de supporter les fatigues de la route. Nous sommes tous déclarés *bons,* quoique plusieurs d'entre nous se trouvent dans un état déplorable. Chaque condamné quitte ensuite la livrée de la maison pour revêtir ses propres habits : ceux qui n'en ont point reçoivent un sarrau et un pantalon de toile, bien insuffisants pour se défendre des froids et de l'humidité. Les chapeaux, les vêtements un peu propres qu'on laisse aux condamnés, sont lacérés d'une manière particulière, afin de prévenir les évasions : on ôte, par exemple, aux chapeaux le bord, et le collet aux habits. Aucun condamné ne peut enfin conserver plus de six francs ; l'excédant de cette somme est remis au capitaine, qui vous le délivre en route, au fur et à mesure qu'on en a besoin. On élude toutefois assez facilement cette mesure, en plaçant des louis dans des gros sous creusés au tour.

Ces préliminaires achevés, nous entrâmes dans la grande cour, où se trouvaient les gardes de la chaîne, plus connus sous le nom d'*argousins ;* c'étaient, pour la plupart, des Auvergnats, porteurs d'eau, commissionnaires ou charbonniers, qui exerçaient leur profession dans l'intervalle de ces voyages. Au milieu d'eux était une grande caisse de bois, contenant les fers qui servent successivement à toutes les expéditions du même genre. On nous fit approcher deux à deux, en ayant soin de nous appareiller par rang de taille, au moyen d'une chaîne de six pieds réunie aussitôt au *cordon* de vingt-six condamnés, qui, dès lors, ne pouvaient plus se mouvoir qu'en masse ; chacun tenait à cette chaîne par la *cravate,* espèce de triangle en fer, qui s'ouvrant d'un côté par un boulon-charnière, se ferme de l'autre avec un clou rivé à froid. C'est là la partie périlleuse de l'opération : les hommes les plus mutins ou les plus violents restent alors immobiles ; car, au moindre mouvement, au lieu de porter sur l'enclume, les coups leur briseraient le crâne, que frise à chaque instant le marteau. Arrive ensuite un détenu qui, armé de longs ciseaux, coupe à tous les forçats les cheveux et les favoris, en affectant de les laisser inégaux.

À cinq heures du soir, le *ferrement* fut terminé : les *argousins* se retirèrent ; il ne resta dans la cour que les condamnés. Livrés à eux-mêmes, ces hommes, loin de se désespérer, s'abandonnaient à tous les écarts d'une gaîté tumultueuse. Les uns vociféraient d'horribles plaisanteries, répétées de toutes parts avec les intonations les plus dégoûtantes : les autres s'exerçaient à provoquer par des gestes abominables le rire stupide de leurs compagnons. Ni les oreilles ni la pudeur n'étaient épargnées : tout ce que l'on pouvait voir ou entendre était ou immoral ou ineuphonique. Il est trop vrai, qu'une fois chargé de fers, le condamné se croit obligé de fouler aux pieds tout ce que respecte la société qui le repousse : il n'y a plus de frein pour lui que les obstacles matériels : sa charte est la longueur de sa chaîne, et il ne connaît de loi que le bâton auquel ses bourreaux l'ont accoutumé. Jeté parmi des êtres à qui rien n'est sacré, il se garde bien de montrer cette grave résignation qui annonce le repentir ; car alors il serait en butte à mille railleries, et ses gardiens, inquiets de le trouver si sérieux, l'accuseraient de méditer quelque complot. Mieux vaut, s'il aspire à les tranquilliser sur ses intentions, paraître sans souci à toute heure. On ne se défie pas du prisonnier qui se joue avec son sort : l'expérience de la plupart des scélérats qui se sont échappés des bagnes en fournit la preuve. Ce qu'il y a de certain, c'est que parmi nous ceux qui avaient le plus grand intérêt à s'évader, étaient les moins tristes de tous ; ils étaient les boute-en-train. Dès que la nuit fut venue, ils se mirent à chanter. Que l'on se figure cinquante coquins, la plupart ivres, hurlant des airs différents. Au milieu de ce vacarme, un *Cheval de retour* entonna d'une voix de Stentor quelques couplets de la complainte des galériens.

La chaîne,
C'est la grêle ;
Mais c'est égal,
Ça n'fait pas de mal.

Nos habits sont écarlate,
Nous portons au lieu d'chapeaux
Des bonnets et point d'cravatte,
Ç'à fait brosse pour les jabots.
Nous aurions tort de nous plaindre,
Nous sommes des enfants gâtés,
Et c'est crainte de nous perdre
Que l'on nous tient enchaînés.

Nous frons des belles ouvrages
En paille ainsi qu'en cocos,
Dont nous ferons étalage
Sans qu'nos boutiques pay' d'impôts.
Ceux qui visit'nt le bagne
N' s'en vont jamais sans acheter,
Avec ce produit d' l'aubaine
Nous nous arrosons l'gosier.

Quand vient l'heur' de s'bourrer l'ventre,
En avant les haricots !
Ça n'est pas bon, mais ça entre
Tout comm' le meilleur fricot.
Notr' guignon eût été pire,
Si, comm' des jolis cadets,
On nous eût fait raccourcir
À l'abbaye d' Mont-à-r'gret.

Tous nos compagnons n'étaient pas également *heureux* : dans le troisième cordon, composé des condamnés les moins turbulents, on entendait éclater des sanglots, on voyait couler des larmes amères ; mais ces signes de douleur ou de repentir étaient accueillis par les huées et les injures des deux autres cordons, où je figurais en première ligne, comme un sujet dangereux par son adresse et son influence. J'y avais près de moi deux hommes, l'un, ex-maître d'école, condamné pour viol ; l'autre, ex-officier de santé, condamné pour faux, qui, sans montrer ni allégresse ni abattement, causaient ensemble du ton le plus calme, le plus naturel.

« Nous allons à Brest, disait le maître d'école ?

» – Oui, répondait l'officier de santé, nous allons à Brest… Je connais le pays, moi…

» – J'y suis passé étant sous-aide dans la 16e demi-brigade… Bon pays, ma foi,… je ne suis pas fâché de le revoir.

» – Y a-t-on de l'agrément, reprenait le pédagogue, qui ne me faisait pas l'effet d'être très fort ?

» – De l'agrément… ? disait son interlocuteur, d'un air un peu étonné…

» – Oui…, de l'agrément… Je veux demander si l'on peut se procurer quelques douceurs, si on est bien traité…, si les vivres sont à bon marché.

» – D'abord ; vous serez nourri, répondait tranquillement l'interlocuteur..., et bien nourri ; car au bagne de Brest, il ne faut que deux heures pour trouver une gourgane dans la soupe, tandis qu'il faut huit jours à Toulon. »

Ici la conversation fut interrompue par de grands cris, partis du second cordon ; on y assommait à coup de chaînes trois condamnés, l'ex-commissaire des guerres Lemière, l'officier d'état-major Simon, et un voleur nommé le *Petit Matelot,* qu'on accusait, ou d'avoir trahi leurs camarades par des révélations, ou d'avoir fait manquer quelque complot de prison. Celui qui les signalait à la vengeance des forçats était un jeune homme dont la rencontre eût été une bonne fortune pour un peintre ou pour un acteur. Avec de mauvaises pantoufles vertes, une veste de chasse veuve de ses boutons, et un pantalon de nankin, qui semblait défier les intempéries de la saison, il portait pour coiffure une casquette sans visière, dont les trous laissaient passer le coin d'un vieux madras. On ne l'appelait à Bicêtre que *Mademoiselle :* j'appris que c'était un de ces misérables qui, livrés à Paris à une prostitution infâme, trouvent au bagne un théâtre digne de leurs dégoûtantes voluptés. Les *argousins,* accourus d'abord au bruit, ne se donnèrent pas le moindre mouvement pour arracher le *Petit Matelot* des mains des forçats ; aussi mourut-il quatre jours après le départ, des coups qu'il avait reçus. Lemière et Simon eussent également péri sans mon intervention : j'avais connu le premier dans l'*Armée Roulante,* où il m'avait rendu quelques services. Je déclarai que c'était lui qui m'avait fourni les instruments nécessaires pour percer le carreau du *Fort-Mahon,* et dès lors on le laissa lui et son camarade en repos.

Nous passâmes la nuit sur la paille, dans l'église alors transformée en magasin. Les *argousins* faisaient des rondes fréquentes, pour s'assurer que personne ne s'occupait à *jouer du violon* (scier ses fers). Au jour, tout le monde fut sur pied : on fit l'appel, on visita les fers ; à six heures, nous étions placés sur de longues charrettes, dos à dos, les jambes pendantes à l'extérieur, couverts de givre et transis de froid. Il n'en fallut pas moins, arrivés à Saint-Cyr, nous dépouiller entièrement, pour subir une visite qui s'étendit aux bas, aux souliers, aux chemises, à la bouche, aux oreilles, aux narines, et à d'autres endroits plus secrets encore. Ce n'étaient pas seulement des limes en étui que l'on cherchait, mais des ressorts de pendule, qui suffisaient à un prisonnier pour couper ses fers en moins de trois heures de temps. La visite dura près d'une heure ; c'est vraiment un miracle que la moitié d'entre nous n'aient pas eu le nez où les pieds gelés. À la couchée, on nous entassa dans des étables à bœufs, où nous étions tellement serrés, que le corps de l'un servait d'oreiller à celui qui venait après ; s'embarrassait-on dans sa chaîne ou dans celle de son voisin, les coups de bâtons pleuvaient aussitôt sur le maladroit. Dès que nous fûmes couchés sur quelques poignées de paille qui avaient déjà servi de litière aux bestiaux, un coup de sifflet donna l'ordre du silence le plus absolu ; il ne fallait même pas le rompre par la moindre plainte quand, pour relever un factionnaire placé à l'extrémité de l'étable, les *argousins* nous marchaient sur le corps.

Le souper se composa d'une prétendue soupe aux haricots, et de quelques morceaux de viande demi gâtée. La distribution se faisait dans des baquets de bois qui contenaient trente rations, et le cuisinier, armé d'une grande cuiller à pot, ne manquait pas de répéter à chaque condamné qui se présentait : *Une, deux, trois, quatre, tends ta gamelle, voleur !* Le vin fut distribué dans le baquet dont on s'était servi pour la soupe et la viande ; ensuite un *argousin* prit un sifflet pendu à sa boutonnière, et le fit résonner à trois reprises, en disant : *Attention, voleurs, et qu'on réponde par oui ou par non ! Avez vous eu le pain ? Oui. La soupe ? Oui. La viande ? Oui. Le vin ? Oui... Alors, dormez ou faites semblant.*

Cependant une table se dressait à l'entrée de l'étable : le capitaine, le lieutenant, les brigadiers *argousins* s'y placèrent pour prendre un repas un peu meilleur que le nôtre ; car ces hommes, qui profitaient de toutes les occasions pour extorquer d'argent des condamnés, faisaient bombance, et ne se refusaient rien. L'étable offrait au surplus, dans ce moment, un des spectacles les plus hideux qu'on puisse imaginer : d'une part, cent vingt hommes parqués comme de vils animaux, roulant des yeux égarés, d'où la douleur bannissait le sommeil ; de l'autre, huit individus à figure sinistre, mangeant avidement, sans perdre un instant de vue leurs carabines ou leurs bâtons. Quelques minces chandelles, attachées aux murs noircis de l'étable, faisaient une lueur rougeâtre sur cette scène de désolation, dont le silence n'était troublé que par de sourds gémissements, ou par le retentissement des fers. Non contents de frapper à tort et à travers, les *argousins* passaient encore sur les condamnés leurs horribles gaîtés : un homme dévoré par la soif demandait-il de l'eau ? ils disaient tout haut : *Que celui qui veut de l'eau lève la main.* Le malheureux obéissait sans défiance, et il était aussitôt roué de coups. Ceux qui avaient quelque argent étaient nécessairement ménagés ; mais c'était le petit nombre, le long séjour de la plupart des condamnés dans les prisons ayant épuisé leurs faibles ressources.

Ces abus n'étaient pas les seuls qu'on eût à signaler dans la conduite de la chaîne. Pour économiser à son profit les frais de transport, le capitaine faisait presque toujours voyager à pied un des *cordons.* Or, ce *cordon* était toujours celui des plus robustes, c'est-à-dire des plus turbulents des condamnés : malheur aux femmes qu'ils rencontraient, aux boutiques qui se trouvaient sur leur passage ! les femmes étaient houspillées de la manière la plus brutale ; quant aux boutiques, elles se trouvaient dévalisées en un clin d'œil, comme je le vis faire, à Morlaix, chez un épicier, qui ne conserva ni un pain de sucre ni une livre de savon. On demandera peut-être ce que faisaient les gardiens, pendant que se commettait le délit ? Les gardiens faisaient les empressés, sans apporter aucun obstacle réel, bien persuadés qu'en définitive ils profiteraient du vol, puisque c'était à eux que les forçats devaient s'adresser pour vendre leur capture, ou l'échanger contre des liqueurs fortes. Il en était de même pour les spolia-

ions exercées sur les condamnés qu'on prenait au passage. À peine *étaient-ils ferrés,* que leurs voisins les entou-
aient, et leur volaient le peu d'argent qu'ils pouvaient avoir.

Loin de prévenir où d'arrêter ces vols, les *argousins* les provoquaient souvent, comme je leur ai vu faire
our un ex-gendarme qui avait cousu quelques louis dans sa culotte de peau. *Y a gras !* avaient-ils dit, et en trois
inutes le pauvre diable se trouva en bannière. En pareil cas, les victimes jetaient ordinairement les hauts cris en
ppelant à leur secours les *argousins ;* ceux-ci ne manquaient jamais d'arriver quand tout était fini, pour tomber à
rands coups de bâton... sur celui qu'on avait volé. À Rennes, les bandits dont je parle poussèrent l'infamie jusqu'à
épouiller une sœur de charité qui était venue nous apporter du tabac et de l'argent, dans un manège où nous de-
ions passer la nuit. Les plus criants de ces abus ont disparu, mais il en subsiste encore, qu'on trouvera bien diffi-
iles à déraciner, si l'on considère à quels hommes est nécessairement confiée la conduite des chaînes, et sur
uelle matière ils opèrent.

Notre pénible voyage dura vingt-quatre jours : arrivés à Pont-à-Lezen, nous fûmes placés au dépôt du
agne, où les condamnés font une sorte de quarantaine jusqu'à ce qu'ils se soient remis de leur fatigue, et qu'on ait
econnu qu'ils ne sont pas atteints de maladies contagieuses. Dès notre arrivée on nous fit laver deux à deux dans
e grandes cuves pleines d'eau tiède : au sortir du bain on nous délivra des habits. Je reçus comme les autres une
asaque rouge, deux pantalons deux chemises de toile à voile, deux paires de souliers, et un bonnet vert : chaque
ièce de ce trousseau était marquée de l'initiale *GAL,* et le bonnet portait de plus une plaque de fer-blanc, sur la-
uelle on lisait le numéro d'inscription au registre matricule. Quand on nous eut donné des vêtements, on nous
iva la *manicle* au pied ; mais sans former les couples.

Le dépôt de Pont-à-Lezen étant une sorte de lazareth, la surveillance n'y était pas très rigoureuse ; on
'avait même assuré qu'il était assez facile de sortir des salles, et d'escalader ensuite les murs extérieurs. Je tenais
es indications d'un nommé Blondy, qui s'était déjà évadé du bagne de Brest : espérant les mettre à profit, j'avais
out disposé pour être prêt à saisir l'occasion. On nous donnait parfois des pains qui pesaient jusqu'à dix-huit
ivres ; en partant de Morlaix, j'avais creusé l'un de ces pains, et j'y avais introduit une chemise, un pantalon et des
nouchoirs : c'était là une valise d'un nouveau genre, on ne la visita pas. Le lieutenant Thierry ne m'avait pas dési-
né à une surveillance spéciale ; loin de là, instruit des motifs de ma condamnation, il avait dit en parlant de moi
u commissaire, qu'avec des hommes aussi tranquilles, *on conduirait la chaîne comme un pensionnat de demoi-
elles.* Je n'inspirais donc aucune défiance : j'entrepris d'exécuter mon projet. Il s'agissait d'abord de percer le mur
e la salle où nous étions enfermés : un ciseau d'acier oublié sur le pied de mon lit par un *sbire* forçat, chargé de
iver les manicles, me servit à pratiquer une ouverture, tandis que Blondy s'occupait de scier mes fers. L'opération
erminée, mes camarades fabriquèrent un mannequin qu'ils mirent à ma place, afin de tromper la vigilance des
rgousins de garde, et bientôt, affublé des effets que j'avais cachés, je me trouvai dans la cour du dépôt. Les murs
ui en formaient l'enceinte n'avaient pas moins de quinze pieds d'élévation ; je vis que pour les franchir, il fallait
onc quelque chose qui ressemblât à une échelle : une perche m'en tint lieu, mais elle était si lourde et si longue,
u'il me fut impossible de la passer par-dessus le mur, pour descendre de l'autre côté. Après des efforts aussi vains
ue pénibles, je dus prendre le parti de risquer le saut ; il me réussit fort mal : je me foulai si violemment les deux
ieds, qu'à peine eus-je la force de me traîner dans un buisson voisin. J'espérais que, la douleur se calmant, je
ourrais fuir avant le jour, mais elle devenait de plus en plus vive, et mes pieds se gonflèrent si prodigieusement,
u'il fallut renoncer à tout espoir d'évasion. Je me traînai alors de mon mieux jusqu'à la porte du dépôt, pour y
entrer de moi-même, espérant obtenir ainsi une remise sur le nombre de coups de bâton qui me revenaient de
roit. Une sœur que je fis demander, et à laquelle j'avouai le cas, commença par me faire passer dans une salle où
nes pieds furent pansés. Cette excellente femme, que j'avais apitoyée sur mon sort, alla solliciter pour moi le
ommissaire du dépôt, qui lui accorda ma grâce. Quand, au bout de trois semaines, je fus guéri complètement, on
ne conduisit à Brest.

Le bagne est situé dans l'enceinte du port ; les faisceaux de fusils, deux pièces de canon braquées devant
es portes m'indiquèrent l'entrée des salles, où je fus introduit après avoir été examiné par tous les gardes de
établissement. Les condamnés les plus intrépides l'ont avoué : quelqu'endurci que l'on soit, il est impossible de se
éfendre d'une vive émotion au premier aspect de ce lieu de misères. Chaque salle contient vingt-huit lits de
amp, nommés *bancs,* sur lesquels couchent enchaînés six cents forçats ; ces longues files d'habits rouges, ces
êtes rasées, ces yeux caves, ces visages déprimés, le cliquetis continuel des fers, tout concourt à pénétrer l'âme
'un secret effroi. Mais pour le condamné, l'impression n'est que passagère ; sentant qu'ici du moins il n'a plus à
ougir devant personne, il s'identifie avec sa position. Pour n'être pas l'objet des railleries grossières, des joies
dieuses de ses compagnons, il affecte de les partager, il les outre même, et bientôt, du ton, des gestes, cette dé-
ravation de convention passe au cœur. C'est ainsi qu'à Anvers un ex-évêque essuya d'abord toutes les bordées de
ignoble hilarité des forçats. Ils ne l'appelaient que *Monseigneur,* ils lui demandaient sa bénédiction pour des
bscénités ; à chaque instant ils le contraignaient à profaner son ancien caractère par des paroles impies ; et à
orce de réitérer ses sacrilèges, il parvint à s'émanciper ; plus tard, il était devenu cantinier du bagne ; on l'appelait
oujours *Monseigneur,* mais on ne lui demandait plus l'absolution, il eut répondu par des blasphèmes !

C'est dans les jours de repos surtout que le récit de crimes souvent imaginaires, des rapports intimes, des
omplaisances infâmes, achevèrent de pervertir l'homme que le châtiment d'une première faute expose à ce con-

tact impur. Pour en neutraliser les effets, on a proposé de renoncer au système des bagnes. D'abord, tout le monde était d'accord sur ce point, mais lorsqu'il s'est agi de déterminer un autre mode de punition, les avis se sont trouvés singulièrement partagés : les uns ont proposé des prisons pénitentiaires, à l'instar de celles de la Suisse et des États-Unis ; les autres, et c'est le plus grand nombre, ont réclamé la colonisation, en s'étayant des heureux résultats et de la prospérité des établissements anglais de la Nouvelle Galles, plus connus sous le nom de Botany-Bay. Examinons si la France est appelée à jouir de ces *heureux résultats* et de cette *prospérité*.

CHAPITRE IX.

De la colonisation des Forçats.

« Voyez, disent les partisans de la colonisation, voyez l'aspect florissant de la Nouvelle-Galles ; il y a seulement quarante ans que les Anglais ont commencé à y envoyer leurs condamnés, et déjà le pays compte cinq villes ; les arts de luxe y sont cultivés, l'imprimerie établie. À Sydney-Cove, chef-lieu de colonie, on imprime trois journaux ; il s'y est formé des sociétés philosophiques et d'agriculture ; on a fondé une chapelle catholique et deux chapelles de méthodistes. Quoique la plupart des planteurs et des magistrats subalternes soient des condamnés émancipés ou ayant subi leur peine, tous se conduisent bien et deviennent d'excellents citoyens. Des femmes, la honte et le rebut de leur sexe dans la métropole, des femmes déjà mères, mais couvrant d'opprobre tout ce qui tenait à elles, sont aujourd'hui, sous de nouveaux liens, des modèles d'ordre et de chasteté. Il se présente à l'appui de ce système une autre considération qui n'est pas sans importance. Le travail des condamnés qu'on emploie en Angleterre, venant en concurrence avec celui d'un nombre égal d'artisans libres, a pour fâcheux résultat de laisser ceux-ci inoccupés, et par conséquent de surcharger la taxe des pauvres ; au lieu d'être productif, leur travail est donc nuisible. À la Nouvelle-Galles, au contraire, loin de rivaliser avec l'artisan anglais, le déporté est le consommateur du travail de celui-ci, puisque l'on n'y consomme que des produits anglais. L'importation s'en élève à trois cent cinquante mille livres sterlings, et l'exportation des productions indigènes est évaluée au tiers de cette somme ; voilà les avantages de la colonisation. Qui s'oppose à ce que la France les partage en suivant le même système ? »

Tout cela sans doute est magnifique, mais les faits sont-ils bien constants ? Peut-on en induire que ce système soit applicable à la France ? Sur la première question, je répondrai qu'en Angleterre on n'est guères plus d'accord que chez nous sur les avantages de la colonisation des condamnés en général et sur les résultats des établissements de la Nouvelle-Galles en particulier. Indépendamment de toute autre considération, ils offrent cependant au commerce britannique des stations précieuses entre l'Inde, la Chine, les îles de la Sonde et tout l'archipel oriental. Tant d'avantages, qui peut-être auraient pu s'obtenir sans l'emploi de la colonisation, ne paraissent pas néanmoins compenser les dépenses énormes qu'elle a entraînées dans le principe, et qui se continuent encore au détriment de la métropole, le gouvernement ayant, depuis quelques années, à sa charge un nombre variable de huit à dix mille déportés qu'on ne saurait occuper utilement. Cette circonstance explique parfaitement du reste la proposition soumise à la Chambre des communes, de diriger sur la Nouvelle-Galles ou sur les établissements qui en dépendent, des émigrants irlandais ; la taxe des pauvres en diminuerait d'autant, et les émigrants planteurs emploieraient les déportés qui, par des défrichements et des constructions, auraient préparé leurs habitations.

En attendant que le gouvernement prenne un parti, ces déportés inoccupés doivent mener une vie très comfortable selon eux, puisque dans une enquête récente on a constaté que plusieurs individus s'étaient fait condamner à dessein pour un délit important la peine de la déportation. L'humanité n'aurait sans doute qu'à s'applaudir de ce résultat, si cette mansuétude adoucissait les mœurs des déportés, mais on comprend que l'oisiveté ne fait qu'aggraver leurs mauvaises dispositions ; on en a la preuve dans les récidives de ceux qui reviennent en Angleterre à l'expiration de leur peine. Leur amendement n'est guères plus sensible à la colonie, car on n'ignore pas que des trois chapelles élevées à Sydney-Cove, ils en ont brûlé deux dans l'intention prouvée de se soustraire à l'obligation d'assister au service divin.

Les femmes enfin, que l'on nous représente comme purifiées par le changement d'hémisphère, les femmes donnent pour la plupart l'exemple d'un libertinage jusqu'à certain point provoqué par l'énorme disproportion numérique des deux sexes ; elle est telle que, pour quatorze hommes on compte à peine une femme. Le mariage avec un condamné gracié ou libéré, procurant l'émancipation immédiate, la première chose que cherchent les femmes déportées à leur arrivée au dépôt de Paramatta, c'est à se faire épouser par un homme qui remplisse cette condition. Elles prennent souvent ainsi un vieillard, un misérable, qu'elles quittent au bout de quelques jours, pour se rendre à Sydney, où elles peuvent se livrer impunément à tous les excès. Il en résulte qu'entourées d'exemples corrupteurs, les filles qui naissent de ce commerce se livrent dès l'âge le plus tendre à la prostitution.

De ces faits accidentellement révélés par les enquêtes sur l'état du pays, par les discussions parlementaires, il résulte que la colonisation est loin de réagir, comme on l'a cru trop légèrement, sur le moral des condamnés ; elle est d'ailleurs aujourd'hui reconnue à peu près impraticable pour la France. La première, la principale objection, c'est le manque absolu d'un endroit propre à la déportation ; car former un établissement à Sainte-Marie de Madagascar, la seule des possessions françaises qui put convenir pour cet objet, ce serait envoyer à une mort à peu près certaine, non-seulement les condamnés, mais encore les administrateurs et les surveillants. Le petit nombre de ceux que le climat n'aurait pas moissonnés ne manquerait pas de se servir des embarcations stationnaires pour écumer la mer, comme cela s'est fait plusieurs fois à la Nouvelle-Galles, et au lieu d'un établissement pénitentiaire, on se trouverait avoir fondé le berceau de nouveaux flibustiers. D'un autre côté, il est impossible de songer à diriger les condamnés sur aucune de nos colonies, pas même sur la Guyanne, dont les vastes savannes ne suffiraient pas pour assurer un isolement indispensable ; les évasions se seraient bientôt multipliées, et les colons pourraient rappeler la leçon donnée, dit-on, par Franklin, au gouvernement anglais, qui, à cette époque, déportait encore ses condamnés aux États-Unis. On assure qu'immédiatement après l'arrivée d'un transport de ce genre à Boston, il envoya au ministre Walpole quatre caisses de serpents à sonnettes, en le priant de les faire mettre en liberté dans le parc de Windsor, « afin, disait-il, que l'espèce s'en propageât et devînt aussi avantageuse à l'Angleterre que les condamnés l'avaient été à l'Amérique septentrionale. »

Aujourd'hui même, les évasions sont beaucoup plus communes à la Nouvelle-Galles, qu'on ne devrait le croire. On en trouve la preuve dans ce passage d'une *Relation* publiée à Londres par un déporté libéré, qui, sans s'embarrasser de compromettre la réputation de l'établissement, s'était fait bientôt arrêter pour de nouveaux méfaits.

« Lorsque le terme de mon exil fut venu, et que je me déterminai à quitter la colonie, je m'embarquai comme domestique, au service d'un *gentleman* et d'une *lady*, anciens déportés, qui avaient amassé de quoi défrayer leur retour en Angleterre, et s'y établir. On croirait que je devais avoir l'âme satisfaite et tranquille. Point du tout ; jamais je ne me suis vu plus chagrin, plus tourmenté que du moment où je m'embarquai sur ce bâtiment. Voici pourquoi : j'avais clandestinement amené avec moi *six condamnés* de mes camarades, et je les avais cachés à fond de cale. C'étaient des hommes pour lesquels *j'avais une estime particulière ;* et il est du devoir d'un déporté qui quitte cette terre d'exil, *de n'y jamais laisser un ami,* s'il a le moyen de l'en faire sortir. Ce qui troublait sans cesse mon repos, c'est qu'il fallait pourvoir aux besoins de ces hommes : pour cela, je devais recommencer le métier de voleur, de manière que, d'un moment à l'autre, je pouvais me faire découvrir et eux aussi. Tous les soirs il me fallait visiter les provisions de chacun, pour leur apporter le fruit de mes larcins.

» Il y avait un grand nombre de passagers à bord, et je les faisais tous contribuer successivement, afin que cela se fît moins sentir, et que le manège pût durer plus long-temps. Malgré cette précaution, j'entendais dire souvent aux uns et aux autres, que leurs vivres allaient vite, sans qu'ils en pussent découvrir la cause. Ce qui m'embarrassait le plus, c'était la viande crue, que mes camarades étaient obligés de dévorer telle quelle ; encore ne pouvais-je pas toujours m'en procurer, surtout lorsqu'il faisait clair de lune ; alors il me fallait dérober double ration de pain. Enfin, mon maître m'ayant chargé de faire la cuisine pour lui et pour sa femme, cette occasion fut, comme de juste, mise à profit : si j'accommodais un potage ou un ragoût, il s'en renversait toujours une moitié, qui prenait le chemin de la cale. Tout ce que je pouvais du reste attraper y passait également ; car je fréquentais, à titre de confrère, le cuisinier du bâtiment, sur lequel je levais d'utiles contributions.

» Il y avait à bord de notre navire un tonnelier de mes amis, qui, après avoir fini son temps, retournait comme moi en Angleterre. Je l'avais mis dans ma confidence, et il me servait merveilleusement dans les vols que je faisais au cuisinier ; il le tirait, par exemple à l'écart, et l'occupait pendant que j'enlevais quelque portion de tout ce qui me tombait sous la main. Outre ce tonnelier, il y avait à bord un matelot qui était également dans le secret ; et l'on va voir que c'était un confident de trop ?

» Un dimanche, il y avait un mois que nous étions en mer, le tonnelier et le matelot causaient ensemble sur le gaillard d'avant. Voilà qu'ils se prennent de querelle pour une bagatelle. Je travaillais en ce moment à dévisser une caisse, pour en retirer quelques provisions, quand ce matelot, qui avait brusquement quitté le tonnelier, passa près de moi. Trompé par l'obscurité, car il commençait à faire nuit, et me prenant pour un autre, il me frappe sur l'épaule et me crie : Où est le capitaine ?... J'ai à lui parler !... Mais, me reconnaissant, il s'éloigna rapidement, et courut à la chambre du capitaine, où il se précipita en criant à tue-tête : *Au meurtre !... à l'assassin !... Nous sommes tous perdus !... Le bâtiment va être pris ; il y a dix hommes de cachés dans la cale, et tel et tel* (en me nommant ainsi que le tonnelier) *sont du complot ;... ils veulent s'emparer du bâtiment, et nous tuer tous !...*

» Aussitôt le capitaine appelle son second, monte avec lui sur le pont, et ordonne que tout le monde s'y rende. Lorsqu'on fut réuni, le matelot nous désigna de nouveau, le tonnelier et moi, comme chefs du complot, en soutenant qu'il y avait dix hommes cachés dans la cale. On y descendit avec des lumières, on retourna tout sans rien découvrir, tant mes hommes étaient bien cachés. Enfin, le capitaine n'en voulant pas démordre, s'avisa de faire emplir la cale de fumée. Force fut alors aux pauvres diables de sortir sous peine d'être asphyxiés. En arrivant sur le pont, ils faisaient la plus triste figure ; depuis leur départ de Sydney-Cove, ils n'avaient été ni rasés ni lavés, et leurs vêtements tombaient en lambeaux. Ce qui rendait ce spectacle encore plus lugubre, c'est que la nuit était sombre et que le pont n'était éclairé que par une lanterne.

» Le capitaine commença par faire mettre les menottes aux nouveaux venus ; puis, après les avoir interrogés et s'être assuré qu'ils n'étaient que six, il les fit coucher à plat ventre sur le pont. Restait le second acte de la pièce, il consista à nous traiter, le tonnelier et moi, de la même manière. Quand nous fûmes tous réunis, on jeta sur nous une grande voile, qui nous enveloppa comme un filet. C'est ainsi que nous passâmes la nuit. Le lendemain, au petit jour, on nous descendit l'un après l'autre, au moyen d'une corde passée autour de la ceinture, à fond de cale, dans une espèce de cachot si noir que nous ne nous voyions pas les uns les autres. Nous y couchions sur la planche nue. Pour toute nourriture, on donnait par jour à chacun une pinte d'eau et une livre de biscuit. Nous recevions cette distribution sans la voir ; le matelot chargé de la faire nous avertissait par un cri d'avancer la main, et quand nous tenions la pitance, nous la partagions à tâtons entre nous.

» On nous garda dans cette situation pendant quarante mortels jours, c'est-à-dire jusqu'à ce que le bâtiment fût arrivé au Cap de Bonne-Espérance, où il devait relâcher. Le capitaine se rendit chez le gouverneur pour lui annoncer qu'il avait à son bord des condamnés évadés, et lui demanda s'il ne pourrait pas les débarquer et les écrouer dans la prison commune ; mais celui-ci répondit qu'il n'avait que faire des gens de cette espèce, et qu'il ne voulait pas qu'on les débarquât. Toutefois, le capitaine se consola bientôt de cette contrariété, en apprenant qu'il y avait dans le port un bâtiment irlandais, chargé de condamnés pour Botany-Bey ; il s'aboucha avec le capitaine de ce bâtiment, et le détermina sans peine à emmener avec lui mes pauvres camarades. En conséquence, on vint les retirer du cachot, et depuis je ne les ai revus ni les uns ni les autres. »

Les obstacles que j'ai signalés sont tellement graves, que je ne parlerai pas de l'événement d'une guerre maritime venant compliquer encore la situation, en interceptant toute relation et tout transport. Dans l'intérêt de la science, on a vu des puissances belligérantes livrer passage à des naturalistes, à des mathématiciens, mais il est permis de douter que, dans l'intérêt de la morale, on accordât la même faveur à des forçats, qui pourraient, après tout, n'être que des soldats travestis.

Admettons cependant, pour un instant, qu'on ait levé tous les obstacles, que la déportation soit possible : sera-t-elle indistinctement perpétuelle pour tous les condamnés ? ou suivra-t-on dans son application la gradation observée pour la durée des travaux forcés ? Dans la première hypothèse, vous détruisez toute proportion entre les peines et les délits, puisque l'homme qui, d'après le Code, n'aurait encouru que les travaux à temps, ne reverra pas plus son pays que celui qu'aurait atteint une condamnation à perpétuité. En Angleterre, où le *minimum* de la durée de la déportation (sept ans) s'applique pour un vol de vingt-quatre sous comme pour violences graves exercées contre un magistrat, cette disproportion existe, mais elle pallie souvent encore les rigueurs d'une législation qui punit de mort des délits passibles chez nous d'une simple réclusion. Aussi, dans les assises anglaises, rien n'est-il plus ordinaire que d'entendre un individu condamné à la déportation, dire, au prononcé du jugement : *Mylords, je vous remercie.*

Si la déportation n'est pas perpétuelle, vous retombez dans l'inconvénient que signalent chaque année les conseils généraux, en réclamant contre l'amalgame des forçats libérés avec la population. Nos déportés libérés rentreront dans la société à peu près avec les mêmes vices qu'ils eussent contractés au bagne. Tout même porte à croire qu'ils seront plus incorrigibles que les déportés anglais, qu'un esprit national de voyages et de colonisation attache assez fréquemment au sol sur lequel on les a transplantés.

La colonisation reconnue à peu près impossible, il ne reste plus, pour améliorer le moral des condamnés, qu'à introduire dans les bagnes des réformes indiquées par l'expérience. La première consisterait à classer les forçats d'après leurs dispositions ; il faudrait, pour cela, consulter non-seulement leur conduite présente, mais encore leur correspondance et leurs antécédents : chose dont ne s'occupe nullement l'administration des bagnes, qui borne sa sollicitude à prévenir les évasions. Les hommes disposés à s'amender devraient obtenir ces petites faveurs réservées aujourd'hui aux voleurs audacieux, aux condamnés à perpétuité, qu'on ménage pour leur ôter l'envie de se sauver. C'est là en effet un moyen de les retenir, puisque rien ne peut désormais aggraver leur peine. Il serait enfin utile d'abréger les peines, en raison de l'amélioration des détenus, car tel homme qu'un séjour de six mois au bagne eût corrigé, n'en sort, au bout de cinq ans, qu'entièrement corrompu.

Une autre précaution prise contre les forçats qui ont un grand nombre d'années à faire, c'est de les mettre en couple avec ceux qui n'ont à subir qu'une condamnation de peu de durée. On croit leur donner ainsi des surveillants qui, peu aguerris aux coups de bâtons, et craignant de faire prolonger leur détention par des soupçons de complicité, dévoileront toute tentative d'évasion. Il en résulte que le novice, accouplé avec un scélérat consommé, se pervertit rapidement. Les jours de repos, lorsqu'on n'enchaîne les forçats au banc que le soir, il suit forcément son compagnon dans la société d'autres bandits, où il achève de se corrompre par l'exemple de ce que l'égarement des passions peut produire de plus monstrueux. On m'a compris... Mais n'est-il pas honteux de voir publiquement organiser une prostitution qui, même au milieu de la corruption des grandes villes, s'entoure encore des ombres du mystère : comment ne songe-t-on pas à prévenir en partie ces excès, en isolant les jeunes gens réservés ordinairement à figurer dans ces saturnales.

Il serait également urgent de prévenir l'abus des liqueurs fortes, qui entretiennent chez les condamnés une excitation contraire au calme dans lequel il importe de les maintenir, si l'on veut que la réflexion amène le repentir. Ce n'est pas à dire qu'on doive les en sevrer entièrement comme cela se pratique en certains cas aux États-Unis : cette diète absolue ne pourrait s'appliquer sans inconvénient aux hommes astreints à des travaux pénibles ; il faut même veiller à ce que les distributions autorisées par les règlements soient consommées par les condamnés qui les reçoivent. En même temps que l'on protégerait ainsi la santé de ces malheureux, on préviendrait de graves désordres. Les jours de repos, il arrive souvent qu'un condamné, voulant faire la débauche, engage ses rations pour quinze jours ; avec les avances en nature qu'il obtient, il s'enivre, fait du tapage, reçoit la bastonnade, et se trouve réduit ensuite à l'eau et à la soupe aux gourganes, lorsqu'il aurait besoin de spiritueux pour se soutenir. Il est, à la vérité, d'autres moyens de subvenir à ces orgies : on vole dans les ateliers, dans les magasins, dans les chantiers. Ceux-ci enlèvent le cuivre du doublage des vaisseaux, pour faire des pièces de six liards, qu'on vend au rabais aux paysans ; ceux-là prennent le fer qui sert à confectionner ces petits ouvrages qu'on vend aux étrangers ; d'autres détournent des pièces de bois qui, coupées par morceaux, passent au foyer des *argousins*, qu'on désarme au moyen de ces prévenances. On m'assure qu'aujourd'hui, cette partie du service a subi de notables améliorations ; je désire qu'il en soit ainsi : tout ce que je puis dire, c'est qu'à l'époque où j'étais à Brest, il était de notoriété publique que jamais aucun *argousin* n'achetait de bois à brûler.

C'est aussi dans les ateliers de serrurerie que les condamnés s'instruisent mutuellement dans la fabrication des fausses clefs, et des autres instruments nécessaires pour forcer les portes, tels que *cadets, pinces, monseigneurs, rossignols, etc.* L'inconvénient est peut-être inévitable dans un port où il faut nécessairement fournir à l'armement des navires ; mais pourquoi conserver de semblables ateliers dans les maisons de détention de l'intérieur ? J'ajouterai que le travail des condamnés, de quelque nature qu'il soit, est loin de produire autant que celui des ouvriers libres : mais c'est de tous les abus celui qu'on doit avoir moins d'espoir de déraciner. Le bâton peut sans doute contraindre le condamné à agir, parce qu'il existe une différence marquée entre l'action et le repos ; mais aucun châtiment ne peut éveiller chez le condamné cette ardeur instinctive qui seule accélère le travail et le dirige vers la perfection. Le gouvernement doit juger au surplus, lui-même, bien insignifiant le produit des journées des forçats, puisqu'il ne l'a jamais fait figurer comme recette au budget. La dépense générale des chiourmes, classée dans les divers chapitres, s'élève à la somme totale de *deux millions sept cent dix-huit mille neuf cent francs*. Voici le détail de quelques allocations.

Habillement des forçats	220,500
Id. des forçats libérés	23,012
Entretien de la chaussure	711,190
Façon et entretien des fers	11,250
Frais de capture	7,000
Service des chaînes	130,000

Viennent ensuite le traitement des employés, la solde, l'habillement, les rations des garde-chiourme, etc.

Pour rendre ces dépenses tout à fait utiles, pour entrer dans la voie des améliorations réclamées depuis si long-temps, et qui ne s'effectuent que bien lentement, on ne saurait trop recommander aux surveillants une modération dont ils ne devraient jamais s'écarter, même en infligeant les punitions les plus sévères. J'ai vu des garde-chiourme jeter des condamnés dans le désespoir, en les maltraitant au gré de leurs caprices, et comme pour se faire un jeu de leurs souffrances. « *Comment te nommes-tu ?...* disait un de ces misérables aux nouveaux venus ; *je parie que tu te nommes la Poussière... Eh ! bien, moi, je me nomme le Vent ;... je fais voler la poussière.* » Et il tombait sur eux à coups de nerf de bœuf. Plusieurs garde-chiourme ont été assassinés pour avoir ainsi provoqué des idées de vengeance dont rien ne distrait le forçat. Dans la suite de ces Mémoires, j'aurai l'occasion de revenir sur ce sujet, à propos de cette *surveillance* qui constitue une nouvelle peine pour les hommes libérés.

Les inconvénients et les abus que je viens de signaler existaient pour la plupart au bagne de Brest lorsque j'y fus conduit ; raison de plus pour abréger le séjour que je devais y faire. En pareil cas, la première chose à faire, c'est de s'assurer de la discrétion de son camarade de *couple*. Le mien était un vigneron des environs de Dijon, de trente-six ans environ, condamné à vingt-quatre ans pour récidive de vol avec effraction : espèce d'idiot, que la misère et les mauvais traitements avaient achevé d'abrutir. Courbé sous le bâton, il semblait n'avoir conservé d'intelligence que ce qu'il en fallait pour répondre avec la prestesse d'un singe ou d'un chien, au sifflet des *argousins*. Un pareil sujet ne pouvait me convenir, puisque, pour exécuter mon projet, il me fallait un homme assez résolu pour ne pas reculer devant la perspective des coups de bâton, qu'on ne manque jamais d'administrer aux forçats soupçonnés d'avoir favorisé, ou même connu l'évasion d'un condamné. Pour me débarrasser du Bourguignon, je feignis une indisposition : on le mit au couple avec un autre pour aller à *la fatigue*, et lorsque je fus rétabli, on m'appareilla avec un pauvre diable condamné à huit ans pour avoir volé des poules dans un presbytère.

Celui-ci conservait du moins quelque énergie. La première fois que nous nous trouvâmes seuls sur le banc, il me dit : « Écoute, camarade, tu ne m'as pas l'air de vouloir manger long-temps du pain de la nation... Sois franc avec moi,... tu n'y perdras rien... » J'avouai que j'avais l'intention de m'évader à la première occasion. Eh bien ! me dit-il, si j'ai un conseil à te donner, c'est de walser avant que ces rhinocéros d'*argousins* ne connaissent ta *coloquinte* (figure) ; mais ce n'est pas tout que de vouloir ;... as-tu des *philippes (écus)* ? » Je répondis que j'avais quelque argent dans mon étui ; alors il me dit qu'il se procurerait facilement des habits près d'un condamné à la double chaîne, mais que pour détourner les soupçons, il fallait que j'achetasse un *ménage,* comme un homme qui se propose de faire paisiblement son temps. Ce ménage consiste en deux gamelles de bois, un petit tonneau pour le vin, des *patarasses,* (espèce de bourrelet, pour empêcher le froissement des fers), enfin un *serpentin,* petit matelas rembourré d'étoupes de calfat. On était au jeudi, sixième jour de mon entrée au bagne ; le samedi soir, j'eus des habits de matelot, que je revêtis immédiatement sous ma casaque de forçat. En soldant le vendeur, je n'aperçus qu'il avait aux poignets les cicatrices circulaires de profondes cautérisations ; j'appris que, condamné aux galères à perpétuité, en 1774, il avait subi à Rennes la question par le feu, sans avouer le vol dont il était accusé. Lors de la promulgation du Code de 1791, il avait obtenu une commutation en vingt-quatre ans de travaux forcés.

Le lendemain, la section dans laquelle je me trouvais partit au coup de canon pour le travail de la pompe, qui ne s'interrompt jamais. Au guichet de la salle, on visita comme à l'ordinaire nos *manicles* et nos vêtements. Connaissant cet usage, j'avais collé sur mes habits de matelot, à l'endroit de la poitrine, une vessie peinte en couleur de chair. Comme je laissais à dessein ma casaque et ma chemise ouvertes, aucun garde ne songea à pousser plus loin l'examen, et je sortis sans encombre. Arrivé au bassin, je passai avec mon camarade derrière un tas de planches, comme pour satisfaire un besoin ; ma *manicle* avait été coupée la veille ; la soudure qui cachait les traces de la scie céda au premier effort. Débarrassé es fers, je me dépouillai à la hâte de la casaque et du pantalon de forçat. Sous ma casquette de cuir, je mis une perruque apportée de Bicêtre, puis après avoir donné à mon camarade, la récompense légère que je lui avais promise, je disparus en me glissant derrière des piles de bois équarris.

CHAPITRE X

La chasse aux forçats. – Un maire de village. – La voix du sang. – L'hôpital. – Sœur Françoise. – Faublas II. – La mère des voleurs.

Je passai sans obstacle à la grille ; je me trouvais dans Brest que je ne connaissais pas du tout, et la craint
que mon hésitation sur le chemin que je devais prendre, ne me fît remarquer, augmentait encore mes inquié
tudes ; après mille tours et détours, j'arrivai enfin à la seule porte qu'eût la ville ; il y avait là toujours, à poste fixe
un ancien garde-chiourme, nommé *Lachique,* qui vous devinait un forçat au geste, à la tournure, à la physiono
mie ; et ce qui rendait ses observations plus faciles, c'est qu'un homme qui a passé quelque temps au bagne *tir*
toujours involontairement la jambe par laquelle il a traîné le fer. Il fallait cependant passer devant ce redoutable
personnage, qui fumait gravement, en fixant un œil d'aigle sur tout ce qui entrait ou sortait. J'avais été prévenu
je payai d'effronterie : arrivé devant Lachique, je déposai à ses pieds une cruche de lait de beurre, que j'avais ache
tée pour rendre mon déguisement plus complet. Chargeant alors ma pipe, je lui demandai du feu. Il s'empressa de
m'en donner avec toute la courtoisie dont il était susceptible, et après que nous nous fûmes réciproquement lâché
quelques bouffées de tabac dans la figure, je le quittai pour prendre la route qui se présentait devant moi.

Je la suivais depuis trois quarts d'heure, quand j'entendis les trois coups de canon qu'on tire pour annon
cer l'évasion d'un forçat, afin d'avertir les paysans des environs qu'il y a une gratification de cent francs à gagner
pour celui qui saisira le fugitif. Je vis en effet beaucoup de gens armés de fusils ou de faux, courir la campagne
battant soigneusement le buisson, et jusqu'aux moindres touffes de genêt. Quelques laboureurs paraissaient
même devoir emporter des armes par précaution, car j'en vis plusieurs quitter leur attelage avec un fusil qu'ils ti
raient d'un sillon. Un de ces derniers passa tout près de moi dans un chemin de traverse que j'avais pris en enten
dant les coups de canon, mais il n'eut garde de me reconnaître ; j'étais d'abord vêtu fort proprement, et de plu
mon chapeau, que la chaleur permettait de porter sous le bras, laissait voir des cheveux en queue, qui ne pou
vaient appartenir à un forçat.

Je continuai à m'enfoncer dans l'intérieur des terres, évitant les villages et les habitations isolées. À la
brune, je rencontrai deux femmes, auxquelles je demandai sur quelle route je me trouvais ; elles me répondiren
dans un patois dont je ne compris pas un mot ; mais leur ayant montré de l'argent, en faisant signe que je désirai
manger, elles me conduisirent à l'entrée d'un petit village, dans un cabaret tenu par... le garde-champêtre, que je
vis sous le manteau de la cheminée, revêtu des insignes de sa dignité. Je fus un instant démonté, mais, me remet
tant bientôt, je lui dis que je voulais parler au maire. – « C'est moi », dit un vieux paysan en bonnet de laine et en
sabots, assis à une petite table, et mangeant de la galette de sarrasin. Nouveau désappointement pour moi, qu
comptais bien m'esquiver dans le trajet du cabaret à la mairie. Il fallait cependant se tirer de là, de manière ou
d'autre. Je dis au fonctionnaire en sabots, qu'ayant pris la traverse en partant de Morlaix pour Brest, je m'étai
égaré ; je lui demandai en même temps à quelle distance je me trouvais de cette dernière ville, en témoignant le
désir d'y aller coucher le soir même. – « Vous êtes à cinq lieues de pays de Brest, me dit-il : il est impossible qu
vous y arriviez ce soir : si vous voulez coucher ici, je vous donnerai place dans ma grange, et demain vous partire
avec le garde-champêtre, qui va conduire un forçat évadé, que nous avons arrêté hier ».

Ces derniers mots renouvelèrent toutes mes terreurs ; car à la manière dont ils étaient prononcés, je vi
que le maire n'avait pas pris mon histoire au pied de la lettre. J'acceptai néanmoins son offre obligeante ; mai
après souper, au moment de gagner la grange, portant les mains à mes poches, je m'écriai avec toutes les démon
trations d'un homme désespéré : « Ah, mon Dieu ! j'ai oublié à Morlaix mon porte-feuilles où sont mes papiers, e
huit doubles louis !... Il faut que je reparte tout de suite,... oui tout de suite ; mais comment retrouver la route ?..
Si le garde-champêtre, qui doit connaître le pays, voulait m'accompagner ?... nous serions bien revenus demai
pour partir à temps avec votre forçat. » Cette proposition écartait tous les soupçons, puisqu'un homme qui veu
se sauver ne prend pas ordinairement la compagnie que je sollicitais ; d'un autre côté, le garde-champêtre, entre
voyant une récompense, avait mis ses bottes à mon premier mot. Nous partîmes donc, et au point du jour nou
étions à Morlaix. Mon compagnon, que j'avais eu soin d'abreuver largement en route, était déjà bien conditionné
je l'achevai avec du rhum, au premier bouchon que nous rencontrâmes en ville. Il y resta à m'attendre à table, ou
plutôt sous la table, et il aura pu m'attendre long-temps.

À la première personne que je rencontre, je demande le chemin de Vannes ; on me l'indique tant bien qu
mal, et je pars, comme dit le proverbe hollandais, *avec la peur chaussée aux talons.* Deux jours se passent san

encombre : le troisième, à quelques lieues de Guemené, au détour de la route, je tombe sur deux gendarmes qui revenaient de la correspondance. L'aspect inattendu des culottes jaunes et des chapeaux bordés me trouble, je fais un mouvement pour fuir ; mes deux hommes me crient d'arrêter, en faisant le geste très significatif de prendre leur carabine au crochet ; ils arrivent à moi, je n'ai point de papiers à leur montrer, mais j'improvise une réponse au hasard : « Je me nomme Duval, né à l'Orient, déserteur de la frégate la *Cocarde*, actuellement en rade à Saint-Malo. » Il est inutile de dire que j'avais appris cette particularité pendant mon séjour au bagne, où il arrivait chaque jour des nouvelles de tous les ports. « Comment ! s'écrie le brigadier, vous seriez Auguste,... le fils du père Duval, qui demeure à l'Orient, sur la place, à côté de la *Boule d'or* ? » Je n'eus garde de dire le contraire : ce qui pouvait m'arriver de pis, c'était d'être reconnu pour un forçat évadé. « Parbleu ! reprend le brigadier, je suis bien fâché de vous avoir arrêté ;... mais maintenant il n'y a plus de remède... il faut je vous fasse conduire à l'Orient ou à Saint-Malo. » Je le priai instamment de ne pas me diriger sur la première de ces deux villes, ne me souciant pas d'être confronté avec ma nouvelle famille, dans le cas où l'on voudrait constater l'identité du personnage. Le maréchal-des-logis donna cependant l'ordre de m'y transférer, et j'arrivai le surlendemain à l'Orient, où l'on m'écroua à Pontaniau, maison de détention destinée aux marins, et située près du nouveau bagne, qu'on venait de peupler avec des forçats pris à Brest.

Interrogé le lendemain par le commissaire des classes, je déclarai de nouveau que j'étais Auguste Duval, et que j'avais quitté mon bord sans permission, pour venir voir mes parents. On me reconduisit alors dans la prison, où se trouvait, entre autres marins, un jeune homme de l'Orient, accusé de voies de fait contre un lieutenant de vaisseau. Après avoir causé quelque temps avec moi, il me dit un matin : « Mon *pays*, si vous vouliez payer à déjeûner, je vous dirais quelque chose qui ne vous ferait pas de peine. » Son air mystérieux, l'affectation avec laquelle il appuya sur le mot *pays*, m'inquiétèrent, et ne me permirent pas de reculer, le déjeûner fut servi, et au dessert il me parla en ces termes :

« Vous fiez-vous à moi. – Oui ! – Eh bien, je vais vous tirer d'affaire... Je ne sais pas qui vous êtes, mais à coup sûr vous n'êtes pas le fils Duval, car il est mort il y a deux ans à Saint-Pierre-Martinique. (Je fis un mouvement). Oui, il est mort il y a deux ans, mais personne n'en sait rien ici, tant il y a d'ordre dans nos hôpitaux des colonies. Maintenant, je puis vous donner sur sa famille assez de renseignements pour que vous vous fassiez passer pour lui, même aux yeux des parents ; cela sera d'autant plus facile, qu'il était parti fort jeune de la maison paternelle. Pour plus de sûreté, vous pouvez d'ailleurs feindre un affaiblissement d'esprit, causé par les fatigues de la mer et par les maladies. Il y a autre chose : avant de s'embarquer, Auguste Duval s'était fait tatouer sur le bras gauche un dessin, comme en ont la plupart des marins et des soldats ; je connais parfaitement ce dessin : c'était un autel surmonté d'une guirlande. Si vous voulez vous faire mettre au cachot avec moi pour quinze jours, je vous ferai les mêmes marques, de manière à ce que tout le monde s'y méprenne. »

Mon convive paraissait franc et ouvert : j'expliquerai l'intérêt qu'il prenait à mon affaire par ce désir de faire piège à la justice, dont sont animés tous les détenus ; pour eux, la dépister, entraver sa marche, ou l'induire en erreur, c'est une plaisir de vengeance qu'ils achètent volontiers au prix de quelques semaines de cachot : il s'agissait ici de s'y faire mettre, l'expédient fut bientôt trouvé. Sous les fenêtres de la salle où nous déjeûnions se trouvait un factionnaire : nous commençâmes à lui jeter des boulettes de mie de pain, et comme il nous menaçait du concierge, nous le mîmes au défi de se plaindre. Sur ces entrefaites, on vint le relever ; le caporal, qui faisait l'important, entra au greffe, et un instant après le concierge vint nous prendre, sans même nous dire de quoi il s'agissait. Nous nous en aperçûmes, en entrant dans une espèce de cul de basse-fosse, fort humide mais assez clair. À peine y étions-nous enfermés, que mon camarade commença l'opération, qui réussit parfaitement. Elle consiste tout simplement à piquer le bras avec plusieurs aiguilles réunies en faisceau, et trempées dans l'encre de la Chine et le carmin. Au bout de douze jours, les piqûres étaient cicatrisées au point qu'il était impossible de reconnaître depuis combien de temps elles étaient faites. Mon compagnon profita de plus de cette retraite, pour me donner de nouveaux détails sur la famille Duval, qu'il connaissait d'enfance, et à laquelle il était même, je crois, allié ; c'est au point qu'il m'enseigna jusqu'à un *tic* de mon Sosie.

Ces renseignements me furent d'un grand secours, lorsque, le seizième jour de notre détention au cachot, on vint m'en extraire pour me présenter à mon père, que le commissaire des classes avait fait prévenir. Mon camarade m'avait dépeint ce personnage de manière à ne pas s'y méprendre ; en l'apercevant, je lui saute au cou : il me *reconnaît* ; sa femme, qui arrive un instant après, me *reconnaît* ; une cousine et un oncle me *reconnaissent* ; me voilà bien Auguste Duval, il n'était plus possible d'en douter, et le commissaire des classes en demeura convaincu lui-même. Mais cela ne me suffisait pas pour me faire mettre en liberté : comme déserteur de *la Cocarde*, je devais être conduit à Saint-Malo, où elle avait laissé des hommes à l'hôpital, puis traduit devant un conseil maritime. À vrai dire, tout cela ne m'effrayait guères, certain que j'étais de m'évader dans le trajet. Je partis enfin baigné des larmes de mes *parents*, et lesté de quelques louis de plus, que j'ajoutai à ceux que je portais dans un étui caché, comme je l'ai déjà indiqué.

Jusqu'à Quimper, où je devais être livré à la correspondance, il ne se présenta aucune occasion de fausser compagnie aux gendarmes qui me conduisaient, ainsi que plusieurs autres individus, voleurs, contrebandiers ou déserteurs. On nous avait déposés dans la prison de la ville ; en entrant dans la chambre où je devais passer la nuit, je vis sur le pied d'un grabat une casaque rouge, marquée dans le dos de ces initiales, GAL, que je ne connaissais que trop bien. Là dormait, enveloppé d'une mauvaise couverture, un homme qu'à son bonnet vert garni d'une plaque de fer-blanc numérotée, je reconnus pour un forçat ; Allait-il me reconnaître ? me signaler ? j'étais dans les transes mortelles, quand l'individu, éveillé par le bruit des serrures et des verrous, s'étant mis sur son séant, je vis un jeune homme, nommé *Goupy*, arrivé à Brest en même temps que moi. Il était condamné aux travaux forcés à perpétuité pour vol de nuit avec effraction, dans les environs de Bernai, en Normandie ; son père faisait le service d'argousin au bagne de Brest, où, dans son temps, il n'était probablement pas venu pour changer d'air. Ne voulant pas l'avoir continuellement sous les yeux, il avait obtenu qu'on le transférât au bagne de Rochefort ; il était en route pour cette destination. Je lui contai mon affaire ; il me promit le secret, et le garda d'autant plus fidèlement qu'il n'y avait trop rien à gagner à me trahir.

Cependant la correspondance ne marchait pas, et quinze jours s'étaient écoulés déjà depuis mon arrivée à Quimper, sans qu'il fût question de partir. Cette prolongation de séjour me donna l'idée de percer un mur pour m'évader ; mais, ayant reconnu l'impossibilité de réussir, je pris un parti qui devait m'assurer la confiance du concierge, et me fournir peut-être l'occasion d'exécuter mon projet en lui inspirant une fausse sécurité. Après lui avoir dit que j'avais entendu les détenus comploter quelque chose, je lui indiquai l'endroit de la prison où l'on devait avoir travaillé. Il fit les recherches les plus minutieuses, et trouva naturellement mon trou, ce qui me valut toute sa bienveillance. Je ne m'en trouvais toutefois guère plus avancé, car la surveillance générale se faisait avec une exactitude qui mettait en défaut toutes mes combinaisons. J'imaginai alors de me faire mettre à l'hôpital, où j'espérais être plus heureux dans l'exécution de mes projets. Pour me donner une fièvre de cheval, il me suffit d'avaler pendant deux jours du *jus de tabac* ; les médecins me donnèrent aussitôt mon billet. En arrivant dans la maison, je reçus en échange de mes habits une coiffe et une capote grise, et je fus mis avec les consignés.

Il entrait dans mes vues de rester quelque temps à l'hôpital, afin d'en connaître les issues ; mais l'indisposition que m'avait causée le jus de tabac ne devait pas durer au-delà de trois ou quatre jours ; il fallait trouver une recette pour improviser une autre maladie ; car, ne connaissant encore personne dans les salles, il m'était impossible de me procurer de nouveau du jus de tabac. À Bicêtre, j'avais été initié aux moyens de se faire venir ces plaies et ces ulcères au moyen desquels tant de mendiants excitent la pitié publique et prélèvent des aumônes qu'il est impossible de plus mal placer. De tous ces expédients, j'adoptai celui qui consistait à se faire enfler la tête comme un boisseau, d'abord parce que les médecins devraient infailliblement s'y méprendre, ensuite parce qu'il n'était nullement douloureux, et qu'on pouvait en faire disparaître les traces du jour au lendemain. Ma tête devint tout à coup d'une grosseur prodigieuse ; grande rumeur parmi les médecins de l'établissement, qui, n'étant pas, à ce qu'il paraît, très ferrés, ne savaient trop qu'en penser ; je crois cependant leur avoir entendu parler *d'Éléphantiasis,* ou bien encore d'hydropisie du cerveau. Quoi qu'il en soit, cette belle consultation se termina par la prescription si commune à l'hôpital, de me mettre à la diète la plus sévère.

Avec de l'argent, je me fusse assez peu inquiété de l'ordonnance ; mai mon étui ne contenait que quelques pièces d'or, et je craignais, en les changeant, de donner l'éveil. Je me décidai pourtant à en toucher quelque chose à un forçat libéré qui faisait le service d'infirmier ; cet homme, qui eût tout fait pour de l'argent, me procura bientôt ce que je désirais. Sur l'envie que je lui témoignai de sortir pour quelques heures en ville, il me dit qu'en me déguisant, cela ne serait pas impossible, les murs n'ayant pas plus de huit pieds d'élévation. C'était, me dit-il, le chemin qu'il prenait, ainsi que ses camarades, quand il avait à faire quelque partie. Nous tombâmes d'accord qu'il me fournirait des habits, et qu'il m'accompagnerait dans mon excursion nocturne, qui devait se borner à aller souper chez des filles. Mais les seuls vêtements qu'il eût pu se procurer dans l'intérieur de l'hôpital, étant beaucoup trop petits, il fallut surseoir à l'exécution de ce projet.

Sur ces entrefaites, vint à passer devant mon lit une des sœurs de la maison, que j'avais déjà plusieurs fois remarquée dans des intentions assez mondaines : ce n'est pas que sœur Françoise fût une de ces religieuses petites-maîtresses, comme on en voyait dans l'opéra des *Visitandines* avant que les nonnettes eussent été transformées en pensionnaires, et que la guimpe eût été remplacée par le tablier vert. Sœur Françoise avouait trente-quatre ans. Elle était brune, haute en couleur, et ses robustes appas faisaient plus d'une passion malheureuse, tant parmi les *carabins* que parmi *les infirmiers*. En voyant cette séduisante créature, qui pouvait peser entre un et deux quintaux, l'idée me vint de lui emprunter, pour un instant, son harnais claustral ; j'en parlai à mon infirmier comme d'une idée folle ; mais il prit la chose au sérieux, et promit de me procurer, pour la nuit suivante, une partie de la garde-robe de sœur Françoise. Vers deux heures du matin, je le vis en effet arriver avec un paquet contenant robe, guimpe, bas, etc., qu'il avait enlevé de la cellule de la sœur, pendant qu'elle était à matines. Tous mes camarades de salle, au nombre de neuf, étaient profondément endormis ; je passai néanmoins sur le carré, pour faire ma toilette. Ce qui me donna le plus de mal, ce fut la coiffure ; je n'avais aucune idée de la manière de la disposer, et pourtant l'apparence du désordre dans ces vêtements, toujours arrangés avec une symétrie minutieuse, m'eût inévitablement trahi.

Enfin la toilette de *sœur Vidocq* est achevée ; nous traversons les cours, les jardins, et nous arrivons à l'endroit où le mur était le plus facile à escalader. Je remets alors à l'infirmier cinquante francs, qui étaient à peu près tout ce qui me restait : il me prête la main, et me voilà dans une ruelle déserte, d'où je gagne la campagne, guidé par ses indications assez vagues. Quoique assez embarrassé dans mes jupons, je marchais encore assez vite pour avoir fait deux grandes lieues au lever du soleil. Un paysan que je rencontrai, venant vendre des légumes à

Quimper, et que je questionnai sur la route que je suivais, me fit entendre que j'avançais sur Brest. Ce n'était pas là mon compte ; je fis comprendre à cet homme que je voulais aller à Rennes, et il m'indiqua un chemin de traverse qui devait joindre la grande route de cette ville ; je m'y enfonçai aussitôt, tremblant à chaque instant de rencontrer quelques militaires de l'*armée d'Angleterre*, qui était cantonnée dans les villages depuis Nantes jusqu'à Brest. Vers dix heures du matin, arrivant dans une petite commune, je m'informai s'il ne s'y trouvait pas de soldats, en témoignant la crainte, bien réelle, qu'ils ne voulussent me houspiller ; ce qui devait me faire découvrir. La personne à laquelle je demandai ces renseignements était un sacristain bavard et fort communicatif, qui me força d'entrer, pour me rafraîchir, au presbytère, dont je voyais à deux pas les murs blanchis et les contrevents verts.

Le curé, homme âgé, dont la figure respirait cette bonhommie, si rare chez ces ecclésiastiques qui viennent dans les villes afficher leurs prétentions et cacher leur immoralité, le curé me reçut avec bonté : « Ma chère sœur, me dit-il, j'allais célébrer la messe ; dès qu'elle sera dite, vous déjeunerez avec nous. » Il fallut donc aller à l'église, et ce ne fut pas un petit embarras pour moi que de faire les signes et les génuflexions prescrits à une religieuse : heureusement la vieille servante du curé se trouvait à mes côtés ; je me tirai passablement d'affaire en l'imitant de tout point. La messe finie, on se mit à table, et les questions commencèrent. Je dis à ces braves gens que je me rendais à Rennes pour accomplir une pénitence. Le curé n'insista pas ; mais le sacristain, me pressant un peu vivement, afin de savoir pourquoi j'étais ainsi punie, je lui répondis : « Hélas ! c'est pour avoir été curieuse !... » Mon homme se le tint pour dit, et quitta ce chapitre. Ma position était cependant assez difficile ; je n'osais pas manger, dans la crainte de déceler un appétit viril ; d'un autre côté, je disais plus souvent *M. le Curé*, que *mon cher frère*, de telle sorte que ces distractions eussent pu tout découvrir, si je n'eusse abrégé le déjeuner. Je trouvai cependant moyen de me faire indiquer les endroits de cantonnement ; et, muni des bénédictions du curé, qui me promit de ne pas m'oublier dans ses prières, je me remis en chemin, déjà familiarisé avec mon nouveau costume.

Sur la route je rencontrai peu de monde ; les guerres de la révolution avaient dépeuplé ce malheureux pays, et je traversais des villages où il ne restait pas debout une maison. À la nuit, arrivant dans un hameau composé de quelques habitations, je frappai à la porte d'une chaumière. Une femme âgée vint ouvrir, et m'introduisit dans une pièce assez grande, mais qui, pour la malpropreté, l'eût disputé aux plus sales taudis de la Galice ou des Asturies. La famille se composait du père, de la mère, d'un jeune garçon, et de deux filles, de quinze à dix-sept ans. Lorsque j'entrai, on faisait des espèces de crêpes avec de la farine de sarrasin ; tout le monde était groupé autour de la poêle, et ces figures, éclairées à la Rembrandt par les seules lueurs du foyer, formaient un tableau qu'un peintre eût admiré ; pour moi, qui n'avais guères le temps de faire attention aux effets de lumière, je témoignai le désir de prendre quelque chose. Avec tous les égards qu'inspirait mon costume, on me servit les premières crêpes, que je dévorai, sans même m'apercevoir qu'elles étaient brûlantes à m'enlever le palais. Depuis, je me suis assis à des tables somptueuses ; on m'a prodigué les vins les plus exquis, les mets les plus délicats et les plus recherchés ; rien de tout cela ne m'a fait oublier les crêpes du paysan bas-breton.

Le souper terminé, la prière se fit en commun. Le père et la mère allumèrent ensuite leurs pipes en attendant l'heure du coucher. Très abattu par les agitations et les fatigues de la journée, je témoignai le désir de me retirer. « Nous n'avons point de lit à vous donner, dit le maître de la maison, qui, ayant été marin, parlait assez bien français : vous coucherez avec mes deux filles... » Je lui fis observer qu'allant en pénitence, je devais coucher sur la paille ; j'ajoutai que je me contenterais d'un coin de l'étable. « Oh ! reprit-il, en couchant avec Jeanne et Madelon, vous ne romprez pas votre vœu, car leur lit n'est composé que de paille... Vous ne pouvez pas d'ailleurs avoir place dans l'étable... il s'y trouve déjà un chaudronnier et deux semestriers qui ont demandé à y passer la nuit. » Je n'avais plus rien à dire : trop heureux d'éviter la rencontre des soldats, je gagnai le boudoir de ces demoiselles. C'était un bouge rempli de pommes à cidre, de fromages et de lard fumé ; dans un coin, juchaient une douzaine de poules, et plus bas on avait parqué huit lapins. L'ameublement se composait d'une cruche ébréchée, d'une escabelle vermoulue et d'un fragment de miroir ; le lit, comme tous ceux de ce pays, était tout simplement un coffre en forme de bière, à demi rempli de paille, et n'ayant guère plus de trois pieds de largeur.

Ici nouvel embarras pour moi ; les deux jeunes filles se déshabillaient fort librement devant moi, qui avais de bonnes raisons pour montrer beaucoup de retenue. Indépendamment des circonstances qu'on devine, j'avais sous mes habits de femme une chemise d'homme qui devait déceler mon sexe et mon *incognito*. Pour ne pas me livrer, je détachai lentement quelques épingles, et lorsque je vis les deux sœurs couchées, je renversai, comme par mégarde, la lampe de fer qui nous éclairait ; je pus alors me débarrasser sans crainte de mes vêtements féminins. En entrant dans les draps de toile à voiles, je me couchai de manière à éviter toute fâcheuse découverte. Cette nuit fut cruelle : car, sans être jolie, mademoiselle Jeanne, qui ne pouvait faire un mouvement sans me toucher, jouissait d'une fraîcheur et d'un embonpoint trop séduisants pour un homme condamné depuis si long-temps aux rigueurs d'un célibat absolu. Ceux qui ont pu se trouver dans une position analogue croiront sans peine que je ne dormis pas un seul instant.

J'étais donc immobile, les yeux ouverts comme un lièvre au gîte, quand, long-temps avant que le jour ne dût paraître, j'entendis frapper à la porte à coups de crosses de fusil. Ma première idée, comme celle de tout homme qui se trouve dans un mauvais cas, fut qu'on avait découvert mes traces, et qu'on venait m'arrêter ; je ne savais plus où me fourrer. Pendant que les coups redoublaient, je me rappelai enfin les soldats couchés dans l'étable, et mes alarmes se dissipèrent. « Qui est là, dit le maître de la maison, s'éveillant en sursaut ? – Vos soldats d'hier. – Eh bien, que voulez-vous ? – Du feu, pour allumer nos pipes avant de partir. » Notre hôte se leva alors, chercha du feu dans les cendres, et ouvrit aux soldats. L'un des deux, regardant sa montre à la clarté de la lampe, dit : « Il est quatre heures et demie... Allons, partons, l'étape est bonne... En route, mauvaise troupe. » Ils s'éloignèrent en effet ; l'hôte souffla la lampe et se recoucha. Pour moi, ne voulant pas plus m'habiller devant mes compagnes, que m'y déshabiller, je me levai aussitôt, et, rallumant la lampe, j'endossai de nouveau ma robe de bure ; puis je me mis a genoux dans un coin, feignant de prier Dieu en attendant le réveil de la famille. Il ne se fit pas long-temps attendre. À cinq heures, la mère cria de son lit : « Jeanne,... debout... il faut faire la soupe pour la sœur, qui veut partir de bonne heure. » Jeanne se lève ; la soupe au lait de beurre est faite, mangée de bon appétit, et je quitte les bonnes gens qui m'avaient si bien accueilli.

Après avoir marché toute cette journée avec ardeur, je me trouvai le soir dans un village des environs de Vannes, où je reconnus que j'avais été trompé par des indications fausses ou mal comprises. Je couchai dans ce village, et le lendemain je traversai Vannes de très grand matin. Mon intention était toujours de gagner Rennes, d'où j'espérais arriver facilement à Paris ; mais, en sortant de Vannes, je fis une rencontre qui me décida à changer d'avis. Sur la même route, cheminait lentement une femme suivie d'un jeune enfant, et portant sur son dos une boîte de reliques, quelle montrait dans les villages, en chantant des complaintes, et vendant des bagues de saint Hubert ou des chapelets bénits. Cette femme me dit qu'elle allait à Nantes par la traverse. J'avais tant d'intérêt à éviter la grande route, que je n'hésitai point à suivre ce nouveau guide ; Nantes me présentant d'ailleurs encore plus de ressources que Rennes, comme on le verra tout à l'heure.

Au bout de huit jours de marche, nous arrivâmes à Nantes, où je quittai la femme aux reliques, qui logea dans un faubourg. Pour moi, je me fis indiquer l'*île Feydeau.* Étant à Bicêtre, j'avais appris d'un nommé Grenier, dit le *Nantais,* qu'il se trouvait dans ce quartier une espèce d'auberge où les voleurs se rassemblaient sans crainte d'y être inquiétés ; je savais qu'en se recommandant de quelques noms *connus,* on y était admis sans difficulté, mais je ne connaissais que très vaguement l'adresse, et il n'y avait guères moyen de la demander. Je m'avisai d'un expédient qui me réussit ; j'entrai successivement chez plusieurs logeurs en demandant M. Grenier. À la quatrième maison où je m'adressai, l'hôtesse, quittant deux personnes avec lesquelles elle était en affaire, me fit passer dans un petit cabinet et me dit : « Vous avez vu Grenier ?... Est-il toujours malade (en prison) ? – Non, repris-je, il est bien portant (libre). Et voyant que j'étais bien chez *la mère des voleurs,* je lui dis sans hésiter qui j'étais, et dans quelle position je me trouvais. Sans répondre, elle me prit par le bras, ouvrit une porte pratiquée dans la boiserie, et me fit entrer dans une salle basse, ou huit hommes et deux femmes jouaient aux cartes, en buvant de l'eau-de-vie et des ligueurs. « Tenez », dit ma conductrice en me présentant à la compagnie, fort étonnée de l'apparition d'une religieuse ; « tenez, voilà la sœur qui vient vous convertir ». En même temps, j'arrachai ma guimpe, et trois des assistants, que j'avais vus au bagne, me reconnurent : c'était les nommés Berry, Bidaut-Mauger, et le jeune Goupy, que j'avais rencontré à Quimper ; les autres étaient des évadés du bagne de Rochefort. On s'amusa beaucoup de mon travestissement : lorsque le souper nous eut mis en gaieté, une des femmes qui se trouvaient là, voulut s'en revêtir, et ses propos, ses attitudes contrastaient si étrangement avec ce costume que tout le monde en rit aux larmes jusqu'au moment où l'on alla se coucher.

À mon réveil, je trouvai sur mon lit des habits neufs, du linge, tout ce qu'il fallait enfin pour compléter ma toilette. D'où provenaient ces effets ? C'est ce dont je n'avais guères le loisir de m'inquiéter. Le peu d'argent que je n'avais pas dépensé à l'hôpital de Quimper, où tout se payait fort cher, avait été employé dans le voyage ; sans vêtements, sans ressources, sans connaissances, il me fallait au moins le temps d'écrire à ma mère pour en obtenir des secours. J'acceptai donc tout ce qu'on m'offrit. Mais une circonstance toute particulière abrégea singulièrement mon séjour dans l'*île Feydeau.* Au bout de huit jours, mes commensaux me voyant parfaitement remis de mes fatigues, me dirent un soir que le lendemain il y avait un coup à faire dans une maison, place Graslin, et qu'ils comptaient sur moi pour les accompagner : j'aurais même le poste d'honneur, devant *travailler* dans l'intérieur avec Mauger.

Ce n'était pas là mon compte. Je voulais bien utiliser la circonstance pour me tirer d'affaire, et gagner Paris, où, rapproché de ma famille, les ressources ne me manqueraient pas ; mais il n'entrait nullement dans mes combinaisons de m'enrôler dans une bande de voleurs : car, bien qu'ayant hanté les escrocs et vécu d'industrie, j'éprouvais une répugnance invincible à entrer dans cette carrière de crimes dont une expérience précoce commençait à me révéler les périls. Un refus devait, d'un autre côté, me rendre suspect à mes nouveaux compagnons, qui, dans cette retraite inaccessible aux regards, pouvaient m'expédier à bas bruit, et m'envoyer tenir compagnie aux saumons et aux éperlans de la Loire : il ne me restait donc qu'un parti à prendre, c'était de partir au plus vite, et je m'y décidai.

Après avoir troqué mes habits neufs contre une casaque de paysan, avec laquelle on me donna dix-huit francs de retour, je quittai Nantes, portant au bout d'un bâton un panier de provisions, ce qui me donnait tout à fait l'air d'un homme des environs. Il est inutile de faire observer que je pris la traverse, où, soit dit en passant, les gendarmes seraient bien plus utiles que sur les grandes routes, où se montrent rarement les gens qui peuvent avoir quelque chose à démêler avec la justice. Cette observation se rattache, du reste, à un système de police municipale dont on pourrait tirer, je crois, d'immenses avantages. Borné à la sûreté proprement dite, il permettrait de uivre de commune en commune la trace des malfaiteurs, tandis qu'une fois sortis du rayon des grandes villes, ils ravent toutes les recherches de l'administration. À diverses époques, et toujours à l'occasion de quelques grandes alamités, quand les chauffeurs parcouraient le Nord, quand la disette pesait sur le Calvados et sur l'Eure, quand Oise voyait chaque nuit éclater des incendies, on fit des applications partielles de ce système, et les résultats en émontrèrent l'efficacité.

CHAPITRE XI

Le marché de Cholet. – Arrivée à Paris. – Histoire du capitaine Villedieu.

En quittant Nantes, je marchai pendant un jour et deux nuits sans m'arrêter dans aucun village, mes provisions m'en dispensèrent ; j'allais au hasard, quoique toujours décidé à gagner Paris ou les bords de la mer, espérant être reçu à bord de quelque navire, lorsque j'arrivai aux premières habitations d'une ville qui me parut avoir été récemment le théâtre d'un combat. La plupart des maisons n'étaient plus qu'un tas de décombres noircis par le feu ; toutes celles qui entouraient la place avaient été complètement détruites. Il ne restait debout que la tour de l'église, où l'horloge sonnait encore les heures pour des habitants qui n'existaient plus. Cette scène de désolation présentait en même temps les accidents les plus bizarres. Sur le seul pan de mur qui restât d'une auberge, on lisait encore ces mots : *Bon logis, à pied et à cheval* ; là, des soldats abreuvaient leurs chevaux dans le bénitier d'une chapelle ; plus loin, leurs camarades y dansaient au son de l'orgue, avec des femmes du pays, que l'abandon et la misère forçaient à se prostituer *aux bleus* pour un pain de munition. Aux traces de cette guerre d'extermination on eût pu se croire au milieu des savanes de l'Amérique ou des *oasis* du désert alors que des peuplades barbares s'égorgeaient avec une rage aveugle. Il n'y avait pourtant eu là, des deux côtés, que des Français, mais tous les fanatismes s'y étaient donné rendez-vous. J'étais dans la Vendée, à Cholet.

Le maître d'un misérable cabaret couvert en genêts, dans lequel je m'étais arrêté, me suggéra un rôle, en me demandant si je venais à Cholet pour le marché du lendemain. Je répondis affirmativement, fort étonné d'abord, qu'on se réunît au milieu de ces ruines, ensuite que les cultivateurs des environs eussent encore quelque chose à vendre ; mais l'hôte me fit observer qu'on n'amenait guères à ce marché que des bestiaux de cantons assez éloignés ; d'un autre côté, quoiqu'on n'eût encore rien fait, pour réparer les désastres de la guerre, la pacification avait été presque terminée par le général Hoche, et si l'on voyait encore des soldats républicains dans le pays, c'était surtout pour contenir les chouans, qui pouvaient devenir redoutables.

Je me trouvai au marché de grand matin, et, songeant à tirer parti de la circonstance, je m'approchai d'un marchand de bœufs, dont la figure me revenait, en le priant de m'entendre un instant. Il me regarda d'abord avec quelque méfiance, me prenant peut-être pour quelque espion, mais je m'empressai de le rassurer en lui disant qu'il s'agissait d'une affaire purement personnelle. Nous entrâmes alors sous un hangar où l'on vendait de l'eau-de-vie ; je lui racontai succinctement, qu'ayant déserté de la 36e demi-brigade pour voir mes parents, qui habitaient Paris, je désirais vivement trouver une place qui me permît de me rendre à ma destination sans crainte d'être arrêté. Ce brave homme me répondit qu'il n'avait pas de place à me donner, mais que si je voulais *toucher* (conduire) un troupeau de bœufs jusqu'à Sceaux, il pourrait m'y emmener avec lui. Jamais proposition ne fut acceptée avec plus d'empressement. J'entrai immédiatement en fonctions, voulant rendre à mon nouveau patron les petits services qui dépendaient de moi.

Dans l'après-midi, il m'envoya porter une lettre chez une personne de la ville, qui me demanda si mon maître ne m'avait pas chargé de rien recevoir : je répondis négativement : « C'est égal, » me dit cette personne, qui était, je crois, un notaire ;... « vous lui remettrez toujours ce sac de trois cents francs. » Je livrai fidèlement la somme au marchand de bœufs, auquel mon exactitude parut inspirer quelque confiance. On partit le lendemain. Au bout de trois jours de route, mon patron me fit appeler : « Louis, me dit-il, sais-tu écrire ? – Oui, monsieur. – Compter ?... – Oui, monsieur. – Tenir un registre ? – Oui, monsieur. – Eh bien ! comme j'ai besoin de me détourner de la route pour aller voir des bœufs maigres à Sainte-Gauburge, tu conduiras les bœufs à Paris avec Jacques et Saturnin ; tu seras maître-garçon. » Il me donna ensuite ses instructions, et partit.

En raison de l'avancement que je venais d'obtenir, je cessai de voyager à pied, ce qui améliora sensiblement ma position : car les toucheurs de bœufs fantassins sont toujours ou étouffés par la poussière qu'élèvent les bestiaux, ou enfoncés jusqu'aux genoux dans la boue, que leur passage augmente encore. J'étais d'ailleurs mieux payé, mieux nourri, mais je n'abusai pas de ces avantages, comme je le voyais faire à la plupart des maîtres-garçons qui suivaient la même route. Tandis que le fourrage des bestiaux se transformait pour eux en poulardes et en gigots de moutons, ou qu'ils s'en faisaient tenir compte par les aubergistes, les pauvres animaux dépérissaient à vue d'œil.

Je me conduisis plus loyalement : aussi, en nous retrouvant à Verneuil, mon maître, qui nous avait devancés, me fit-il des compliments sur l'état du troupeau. Arrivés à Sceaux, mes bêtes valaient vingt francs de plus par tête que toutes les autres, et j'avais dépensé quatre-vingt-dix francs de moins que mes confrères pour mes frais de route. Mon maître, enchanté, me donna une gratification de quarante francs, et me cita parmi tous les herbagers, comme l'Aristide des touchers de bœufs ; je fus en quelque sorte mis à l'ordre du jour du marché de Sceaux ; en revanche, mes collègues m'auraient assommé de bon cœur. Un d'eux, gars bas-normand, connu pour sa force et son adresse, tenta même de me dégoûter du métier, en se chargeant de la vindicte publique : mais que pouvait un rustre épais contre l'élève du grand Goupy !... Le Bas-Normand succomba dans un des plus mémorables combats à coups de poings, dont les habitués du Marché aux vaches grasses eussent gardé le souvenir.

Ce triomphe fut d'autant plus glorieux, que j'avais mis beaucoup de modération dans ma conduite, et que je n'avais consenti à me battre que lorsqu'il n'était plus possible de faire autrement. Mon maître, de plus en plus satisfait de moi, voulut absolument me garder à l'année comme maître-garçon, en me promettant un petit intérêt dans son commerce. Je n'avais pas reçu de nouvelles de ma mère ; je trouvais là les ressources que je venais chercher à Paris ; enfin, mon nouveau costume me déguisait si bien, que je ne craignais nullement d'être découvert dans les excursions fréquentes que je fis à Paris. Je passai en effet auprès de plusieurs personnes de ma connaissance, qui ne firent même pas attention à moi. Un soir, cependant, que je traversais la rue Dauphine, pour regagner la barrière d'Enfer, je me sentis frapper sur l'épaule : ma première pensée fut de fuir, sans me retourner, attendu que celui qui vous arrête ainsi compte sur ce mouvement pour vous saisir ; mais un embarras de voiture barrait le passage : j'attendis l'événement, et, d'un coup d'œil, je reconnus que j'avais eu *la panique*.

Celui qui m'avait fait si grand'peur n'était autre que Villedieu, ce capitaine du 13e chasseurs *bis*, avec lequel j'avais été intimement lié à Lille. Quoique surpris de me voir avec un chapeau couvert de toile cirée, une blouse et des guêtres de cuir, il me fit beaucoup d'amitiés, et m'invita à souper, en me disant qu'il avait à me raconter des choses bien extraordinaires. Pour lui, il n'était pas en uniforme ; mais cette circonstance ne m'étonna pas, les officiers prenant ordinairement des habits bourgeois quand ils séjournent à Paris. Ce qui me frappa, ce fut son air inquiet, et son extrême pâleur. Comme il témoignait l'intention de souper hors barrières, nous prîmes un fiacre qui nous conduisit jusqu'à Sceaux.

Arrivés au *Grand Cerf*, nous demandâmes un cabinet. À peine fûmes-nous servis que Villedieu, fermant la porte à double tour, et mettant la clef dans sa poche, me dit, les larmes aux yeux, et d'un air égaré : « Mon ami, je suis un homme perdu !... perdu !... On me cherche... Il faut que tu me procures des habits semblables aux tiens... Et si tu veux,... j'ai de l'argent,... beaucoup d'argent, nous partirons ensemble pour la Suisse. Je connais ton adresse, pour les évasions ; il n'y a que toi qui puisses me tirer de là. »

Ce début n'avait rien de trop rassurant pour moi. Déjà assez embarrassé de ma personne, je ne me souciais pas du tout de mettre contre moi une nouvelle chance d'arrestation, en me réunissant à un homme qui, poursuivi avec activité, devait me faire découvrir. Ce raisonnement, que je fis *in petto*, me décida à jouer serré avec Villedieu. Je ne savais d'ailleurs nullement de quoi il s'agissait. À Lille, je l'avais vu faire plus de dépenses que n'en comportait sa solde ; mais un officier jeune et bien tourné a tant de moyens de se procurer de l'argent, que personne n'y faisait attention. Je fus donc fort surpris de l'entendre me raconter ce qu'on va lire.

« Je ne te parlerai pas des circonstances de ma vie qui ont précédé notre connaissance ; il te suffira de savoir qu'aussi brave et aussi intelligent qu'un autre, poussé de plus par d'assez puissants protecteurs, je me trouvais, à trente-quatre ans, capitaine de chasseurs, quand je te rencontrai à Lille, au *Café de la Montagne*. Là, je me liai avec un individu dont les formes honnêtes me prévinrent en sa faveur ; insensiblement ces relations devinrent plus intimes, si bien que je fus reçu dans son intérieur. Il y avait beaucoup d'aisance dans la maison ; on y était pour moi aux petits soins ; et si M. Lemaire était bon convive, madame Lemaire était charmante. Bijoutier, voyageant avec les objets de son commerce, il faisait de fréquentes absences de six ou huit jours ; je n'en voyais pas moins son épouse, et tu devines déjà que je fus bientôt son amant. Lemaire ne s'aperçut de rien, ou ferma les yeux. Ce qu'il y a de certain, c'est que je menais la vie la plus agréable, quand, un matin, je trouvai Joséphine en pleurs. Son mari venait, me dit-elle, d'être arrêté, à Courtrai, pour avoir vendu des objets non contrôlés, et comme il était probable qu'on viendrait visiter son domicile, il fallait tout enlever au plus vite. Les effets les plus précieux furent en effet emballés dans une malle, et transportés à mon logement. Alors Joséphine me pria de me rendre à Courtrai, où l'influence de mon grade pourrait être utile à son mari. Je n'hésitai pas un instant. J'étais si vivement épris de cette femme, qu'il semblait que j'eusse renoncé à l'usage de mes facultés pour ne penser que ce qu'elle pensait, ne vouloir que ce qu'elle voulait. »

» La permission du colonel obtenue, j'envoyai chercher des chevaux, une chaise de poste, et je partis avec l'express qui avait apporté la nouvelle de l'arrestation de Lemaire. La figure de cet homme ne me revenait pas du tout ; ce qui m'avait d'abord indisposé contre lui, c'était de l'entendre tutoyer Joséphine, et la traiter avec beaucoup d'abandon. À peine monté dans la voiture, il s'installa dans un coin, s'y mit à son aise, et dormit jusqu'à Menin, où je fis arrêter pour prendre quelque chose. Paraissant s'éveiller en sursaut, il me dit familièrement : – Capitaine, je ne voudrais pas descendre... Faites-moi le plaisir de m'apporter un verre d'eau-de-vie... – Assez surpris de ce ton, je lui envoyai ce qu'il demandait par une fille de service, qui revint aussitôt me dire que mon compagnon de voyage n'avait pas répondu ; que, sans doute, il dormait. Force me fut de retourner à la voiture, où je vis mon homme, immobile dans son coin, la figure couverte d'un mouchoir. – Dormez-vous, lui dis-je à voix basse ? –

Non, répondit-il ;... et je n'en ai guères d'envie ; mais pourquoi diable m'envoyez-vous une domestique, quand je vous dis que je ne me soucie pas de montrer ma face à ces gens-là. – Je lui apportai le verre d'eau-de-vie, qu'il avala d'un trait ; nous partîmes ensuite. Comme il ne paraissait plus disposé à dormir, je le questionnai légèrement sur les motifs qui l'engageaient à garder *l'incognito*, et sur l'affaire que j'allais traiter à Courtrai, sans en connaître les détails. Il me dit, très succinctement, que Lemaire était prévenu de faire partie d'une bande de chauffeurs, et il ajouta qu'il n'en avait rien dit à Joséphine, dans la crainte de l'affliger davantage. Cependant nous approchons de Courtrai : à quatre cents pas de la ville, mon compagnon crie au postillon d'arrêter un moment ; il met une perruque, cachée dans la forme de son chapeau, se colle un large emplâtre sur l'œil gauche, tire de son gilet une paire de pistolets doubles, change les amorces, les replace au même endroit, ouvre la portière, saute à terre et disparaît.

» Toutes ces évolutions, dont je ne connaissais pas le but, ne laissaient pas que de me donner quelques inquiétudes. L'arrestation de Lemaire n'était-elle qu'un prétexte ? M'attirait-on dans un piège ? Voulait-on me faire jouer un rôle dans quelque intrigue, dans quelque mauvaise affaire ? je ne pouvais me résoudre à le croire. Cependant j'étais fort incertain sur ce que j'avais à faire, et je me promenais à grands pas dans une chambre de *l'Hôtel du Damier,* où mon mystérieux compagnon m'avait conseillé de descendre, quand la porte s'ouvrant tout à-coup, me laissa voir... Joséphine ! À son aspect, tous mes soupçons s'évanouirent. Cette brusque apparition, ce voyage précipité, fait sans moi, à quelques heures de distance, tandis qu'il eût été si simple de profiter de la chaise, eussent dû cependant les redoubler. Mais j'étais amoureux, et quand Joséphine m'eut dit qu'elle n'avait pu supporter l'idée de l'absence, je trouvai la raison excellente et sans réplique. Il était quatre heures après midi, Joséphine s'habille, sort, et ne rentre qu'à dix heures, accompagnée d'un homme habillé en cultivateur du pays de Liège, mais dont la tenue et l'expression de physionomie ne répondaient nullement à ce costume.

» On servit quelques rafraîchissements ; les domestiques sortirent. Aussitôt Joséphine, se jetant à mon cou, me supplia de nouveau de sauver son mari, en me répétant qu'il ne dépendait que de moi de lui rendre ce service. Je promis tout ce qu'on voulut. Le prétendu paysan, qui avait jusque là gardé le silence, prit la parole, en fort bons termes, et m'exposa ce qu'il y avait à faire. Lemaire, me dit-il, arrivait à Courtrai, avec plusieurs voyageurs qu'il avait rencontrés sur la route sans les connaître, quand ils avaient été entourés par un détachement de gendarmerie, qui les sommait, au nom de la loi, d'arrêter. Les étrangers s'étaient mis en défense, des coups de pistolets avaient été échangés, et Lemaire, resté seul avec son commis, sur le champ de bataille, avait été saisi, sans qu'il fît aucun effort pour se sauver, persuadé qu'il n'était pas coupable, et qu'il n'avait rien à craindre. Il s'élevait cependant contre lui des charges assez fortes : il n'avait pas pu rendre un compte exact des affaires qui l'amenaient dans le canton, attendu, me dit le faux paysan, qu'il faisait en ce moment la contrebande ; puis on avait trouvé dans un buisson deux paires de pistolets, qu'on assurait y avoir été jetés par lui et par son commis, au moment où on les avait arrêtés ; enfin une femme assurait l'avoir vu, la semaine précédente, sur la route de Gand, avec les voyageurs qu'il prétendait n'avoir rencontrés que le matin de l'engagement avec les gendarmes.

» Dans ces circonstances, ajouta mon interlocuteur, il faut trouver moyen de prouver :

1° Que Lemaire n'a quitté Lille que depuis trois jours, et qu'il y résidait depuis un mois ;

» 2° Qu'il n'a jamais porté de pistolets ;

» 3° Qu'avant de partir, il a touché de quelqu'un soixante louis.

» Cette confidence eût dû m'ouvrir les yeux sur la nature des démarches qu'on exigeait de moi ; mais, enivré par les caresses de Joséphine, je repoussai des pensers importuns, en m'efforçant de m'étourdir sur un funeste avenir. Nous partîmes tous trois, la même nuit, pour Lille. En arrivant, je courus toute la journée pour faire les dispositions nécessaires ; le soir j'eus tous mes témoins[4]. Leurs dépositions ne furent pas plus tôt parvenues à Courtrai, que Lemaire et son commis recouvrèrent leur liberté. On juge de leur joie. Elle me parut si excessive, que je ne pus m'empêcher de faire la réflexion qu'il fallait que le cas fût bien critique, pour que leur libération excitât de pareils transports. Le lendemain de son arrivée, dînant chez Lemaire, je trouvai dans ma serviette un rouleau de cent louis. J'eus la faiblesse de les accepter ; dès lors je fus un homme perdu.

» Jouant gros jeu, traitant mes camarades, faisant de la dépense, j'eus bientôt dissipé cette somme. Lemaire me faisant chaque jour de nouvelles offres de services, j'en profitai pour lui faire divers emprunts, qui se

---

4 On sera peut-être surpris de cette facilité mais on cesserait de s'en étonner en apprenant par combien de témoignages de complaisance le cours de la justice est entravé chaque jour. N'a-t-on pas vu récemment à la cour d'assises de Cahors, la moitié des habitants d'une commune déposer sur un fait patent, dans un sens tout opposé que l'autre moitié.

montèrent à deux mille francs, sans que j'en fusse plus riche, ou du moins plus raisonnable. Quinze cents francs empruntés à un Juif, sur une traite en blanc de mille écus, et vingt-cinq louis, que m'avait avancés le quartier-maître, disparurent avec la même rapidité. Je dissipai enfin jusqu'à une somme de cinq cents francs, que mon lieutenant m'avait prié de lui garder jusqu'à l'arrivée de son marchand de chevaux, auquel il la devait. Cette dernière somme fut jouée et perdue dans une soirée, au *Café de la Montagne*, contre un nommé Carré, qui avait déjà ruiné la moitié du régiment.

» La nuit qui suivit fut affreuse : tour à tour agité par la honte d'avoir abusé d'un dépôt qui formait toute la fortune du lieutenant, par la rage de me trouver dupe, et par le désir effréné de jouer encore, je fus vingt fois tenté de me faire sauter la cervelle. Lorsque les trompettes sonnèrent le réveil, je n'avais pas encore fermé l'œil : j'étais de semaine, je descendis pour passer l'inspection des écuries ; la première personne que j'y rencontrai fut le lieutenant, qui me prévint que son marchand de chevaux étant arrivé, il allait envoyer chercher ses cinq cents francs par son domestique. Mon trouble était si grand, que je répondis sans savoir ce que je disais ; l'obscurité de l'écurie l'empêcha seule de s'en apercevoir. Il n'y avait plus un instant à perdre si je voulais éviter d'être à jamais perdu de réputation auprès de mes chefs et de mes camarades.

» Dans cette position terrible, il ne m'était pas même venu dans la pensée de m'adresser à Lemaire, tant je croyais avoir abusé déjà de son amitié ; je n'avais cependant plus d'autre ressource ; enfin, je me décidai à l'informer par un billet de l'embarras de ma situation. Il accourut aussitôt, et, déposant sur ma table deux tabatières d'or, trois montres et douze couverts armoriés, il me dit qu'il n'avait pas d'argent pour le moment, mais que je m'en procurerais facilement, en mettant au mont-de-piété ces valeurs, qu'il laissait à ma disposition. Après m'être confondu en remercîments, j'envoyai engager le tout par mon domestique, qui me rapporta douze cents francs. Je remboursai d'abord le lieutenant ; puis, conduit par ma mauvaise étoile, je volai au *Café de la Montagne*, où Carré, après s'être long-temps fait prier pour donner une revanche, fit passer de ma bourse dans la sienne les sept cents francs qui me restaient.

» Tout étourdi de ce dernier coup, j'errai quelque temps au hasard dans les rues de Lille, roulant dans ma tête mille projets funestes. C'est dans cette disposition que j'arrivai, sans m'en apercevoir, à la porte de Lemaire ; j'entrai machinalement ; on allait se mettre à table. Joséphine, frappée de mon extrême pâleur, me questionna avec intérêt sur mes affaires et sur ma santé ; j'étais dans un de ces moments d'abattement où la conscience de sa faiblesse rend expansif l'homme le plus réservé. J'avouai toutes mes profusions, en ajoutant qu'avant deux mois, j'aurais à payer plus de quatre mille francs, dont je ne possédais pas le premier sou.

» À ces mots, Lemaire me regarde fixement, et, avec un regard que je n'oublierai de ma vie, fût-elle encore bien longue : – Capitaine, me dit-il, je ne vous laisserai pas dans l'embarras ;... mais une confidence en vaut une autre... On n'a rien à cacher à un homme qui vous à sauvé de... et, avec un rire atroce, il se passa la main gauche autour du cou... Je frémis ;... je regardai Joséphine : elle était calme !... Ce moment fut affreux... Sans paraître remarquer mon trouble, Lemaire continuait son épouvantable confidence : j'appris qu'il faisait partie de la bande de Sallambier ; que lorsque les gendarmes l'avaient arrêté près de Courtrai, ils venaient de commettre un vol, à main armée, dans une maison de campagne des environs de Gand. Les domestiques ayant voulu se défendre, on en avait tué trois, et deux malheureuses servantes avaient été pendues dans un cellier. Les objets que j'avais engagés provenaient du vol qui avait suivi ces assassinats !... Après m'avoir expliqué comment il avait été arrêté près de Courtrai, en soutenant la retraite, Lemaire ajouta que désormais il ne tiendrait qu'à moi de réparer mes pertes et de remonter mes affaires, en prenant seulement part à deux ou trois expéditions.

» J'étais anéanti. Jusqu'alors la conduite de Lemaire, les circonstances de son arrestation, le genre de service que je lui avais rendu, me paraissaient bien suspects, mais j'éloignais soigneusement de ma pensée tout ce qui eût pu convertir mes soupçons en certitude. Comme agité par un affreux cauchemar, j'attendais le réveil,... et le réveil fut plus affreux encore !

» Eh bien ! dit Joséphine, en prenant un air pénétré,... vous ne répondez pas... Ah ! je le vois,... nous avons perdu votre amitié..., j'en mourrai !... Elle fondait en pleurs ; ma tête s'égara ; oubliant la présence de Lemaire, je me précipite à ses genoux comme un insensé, en m'écriant : Moi, vous quitter... non, jamais ! jamais ! Les sanglots me coupèrent la voix : je vis une larme dans les yeux de Joséphine, mais elle reprit aussitôt sa fermeté. Pour Lemaire, il nous offrit de la fleur d'orange aussi tranquillement qu'un cavalier présente une glace à sa danseuse au milieu d'un bal.

» Me voilà donc enrôlé dans cette bande, l'effroi des départements du Nord, de la Lys et de l'Escaut. En moins de quinze jours, je fus présenté à Sallambier, dans qui je reconnus le paysan liégeois ; à Duhamel, à Chopine, à Calandrin et aux principaux chauffeurs. Le premier coup de main auquel je pris part eut lieu aux environs de Douai. La maîtresse de Duhamel, qui faisait partie de l'expédition, nous introduisit dans un château, où elle avait servi comme femme de chambre. Les chiens ayant été empoisonnés par un élagueur d'arbres employé dans la maison, nous n'attendîmes, même pas pour exécuter notre projet, que les maîtres fussent couchés. Aucune serrure ne résistait à Calandrin. Nous arrivâmes dans le plus grand silence, à la porte du salon ; la famille, composée du père, de la mère, d'une grand'tante, de deux jeunes personnes et d'un parent en visite, faisait *la bouillotte*. On n'entendait que ces mots, répétés d'une voix monotone : *Passe, tiens, je fais Charlemagne,* quand Sallambier, tournant brusquement le bouton de la porte, parût, suivi de dix hommes barbouillés de noir, le pistolet ou le poignard à la main. À cet aspect, les cartes tombèrent des mains à tout le monde ; les demoiselles voulurent crier ; d'un geste, Sallambier leur imposa silence. Pendant qu'un des nôtres, montant avec l'agilité d'un singe sur la tablette de la cheminée, coupait au plafond les deux cordons de sonnette ; les femmes s'évanouirent : on n'y fit pas attention. Le maître de la maison, quoique fort troublé, conservait seul quelque présence d'esprit. Après avoir vingt fois ouvert la bouche sans trouver une parole, il parvint enfin à demander ce que nous voulions : *de l'argent,* répondit Sallambier, dont la voix me parut toute changée ; et, prenant le flambeau de la table de jeu, il fit signe au propriétaire de le suivre dans une pièce voisine, où nous savions qu'étaient déposés l'argent et les bijoux : c'était exactement don Juan précédant la statue du commandeur.

» Nous restâmes sans lumière, immobiles à nos postes n'entendant que les soupirs étouffés des femmes, le bruit de l'argent, et ces mots, *encore ! encore !* que Sallambier répétait de temps en temps d'un ton sépulcral. Au bout de vingt minutes, il reparut avec un mouchoir rouge, noué par les coins et rempli de pièces de monnaie ; les bijoux étaient dans ses poches. Pour ne rien négliger, on prit à la vieille tante et à la mère leurs boucles d'oreilles, ainsi que sa montre au parent qui choisissait si bien son temps pour faire ses visites. On partit enfin, après avoir soigneusement enfermé toute la société, sans que les domestiques, déjà couchés depuis long-temps, se fussent même doutés de l'invasion du château.

» Je pris part encore à plusieurs autres coups de main qui présentèrent plus de difficultés que celui que je viens de te raconter. Nous éprouvions de la résistance, ou bien les propriétaires avaient enfoui leur argent, et pour le leur faire livrer, on leur faisait endurer les traitements les plus barbares. Dans le principe, on s'était borné à leur brûler la plante des pieds avec des pelles rougies au feu ; mais, adoptant, des modes plus expéditifs, on en vint à arracher les ongles aux entêtés, et à les gonfler comme des ballons avec un soufflet Quelques-uns de ces malheureux n'ayant réellement pas l'argent qu'on leur supposait, périssaient au milieu des tortures. Voilà, mon ami, dans quelle carrière était entré un officier bien né, que douze ans de bons services, quelques actions d'éclat, et le témoignage de ses camarades, entouraient d'une estime qu'il cessait de mériter depuis long-temps, et qu'il allait bientôt perdre sans retour. »

Ici Villedieu s'interrompit et laissa tomber sa tête sur sa poitrine, comme accablé par ses souvenirs ; je le laissai s'y livrer un moment, mais les noms qu'il citait m'étaient trop connus pour que je ne prisse pas à son récit un vif intérêt de curiosité. Quelques verres de champagne lui rendirent de l'énergie ; il continua en ces termes.

« Cependant les crimes se multipliaient dans une progression tellement effrayante, que la gendarmerie ne suffisant plus à la surveillance, on organisa des colonnes mobiles prises dans les garnisons de diverses villes. Je fus chargé d'en diriger une. Tu comprends que la mesure eut un effet tout contraire à celui qu'on en attendait, puisque, avertis par moi, les *chauffeurs* évitaient les endroits que je devais parcourir avec mon monde. Les choses n'en allèrent donc que plus mal. L'autorité ne savait plus quel parti prendre ; elle apprit toutefois que la plupart des *chauffeurs* résidaient à Lille, et l'ordre fut aussitôt donné de redoubler de surveillance aux portes. Nous trouvâmes pourtant moyen de rendre vaines ces nouvelles précautions. Sallambier se procura chez ces fripiers de ville de guerre, qui habilleraient tout un régiment, quinze uniformes du 13e chasseurs ; on en affubla un pareil nombre de chauffeurs, qui, m'ayant à leur tête, sortirent à la brune, comme allant en détachement pour une mission secrète.

» Quoique ce stratagème eût complètement réussi, je crus m'apercevoir que j'étais l'objet d'une surveillance particulière. Le bruit se répandit qu'il rôdait aux environs de Lille des hommes travestis en chasseurs à cheval. Le colonel paraissait se méfier de moi ; un de mes camarades fut désigné pour alterner avec moi dans le service des colonnes mobiles, qu'auparavant je dirigeais seul. Au lieu de me donner l'ordre la veille, comme aux officiers de gendarmerie, on ne me le faisait connaître qu'au moment du départ. On m'accusa enfin assez directement, pour me mettre dans la nécessité de m'expliquer vis-à-vis du colonel, qui ne me dissimula pas que je passais pour avoir des rapports avec les chauffeurs. Je me défendis tant bien que mal, les choses en restèrent là ; seulement, je quittai le service des colonnes mobiles, qui commencèrent à déployer une telle activité, que les chauffeurs osaient à peine sortir.

» Sallambier ne voulant pas toutefois languir si long-temps dans l'inaction, redoubla d'audace à mesure que les obstacles se multipliaient autour de nous. Dans une seule nuit, il commit trois vols dans la même commune. Mais les propriétaires de la première des maisons attaquées, s'étant débarrassés de leurs bâillons et de leurs liens, donnèrent l'alarme. On sonna le tocsin à deux lieues à la ronde, et les chauffeurs ne durent leur salut qu'à la vitesse de leurs chevaux. Les deux frères Sallambier furent surtout poursuivis avec tant d'acharnement, que ce ne fut que vers Bruges, que ceux qui leur donnaient la chasse perdirent leurs traces. Dans un gros village où ils se trouvaient, ils louèrent une voiture et deux chevaux, pour aller, dirent-ils, à quelques lieues, et revenir le soir.

» Un cocher les conduisait ; arrivés au bord de la mer, Sallambier l'aîné le frappa par derrière d'un coup de couteau qui le renversa de son siège. Les deux frères le transportèrent ensuite à la mer, espérant que les vagues entraîneraient le cadavre. Maîtres de la voiture, ils poursuivaient leur route, lorsqu'au déclin du jour, ils renconrèrent un homme du pays qui leur souhaita le bon soir. Comme ils ne répondaient pas, l'homme s'approcha en disant : Eh bien ! Vandeck, tu ne me reconnais pas ?... C'est moi,... Joseph... Sallambier dit alors qu'il a loué la voiture pour trois jours, sans conducteur. Le ton de cette réponse, l'état des chevaux, couverts de sueur, que leur maître n'eût certainement pas confiés sans conducteur, tout inspire des inquiétudes au questionneur. Sans pousser plus loin la conversation, il court au village voisin, et donne l'alarme : sept ou huit hommes montent à cheval ; ils se mettent à la poursuite de la voiture, qu'ils aperçoivent bientôt cheminant assez lentement. Ils pressent leur marche, ils l'atteignent... Elle est vide... Un peu désappointés, ils s'en emparent, et la mettent en fourrière dans un village, où ils se proposent de passer la nuit. À peine sont-ils à table, qu'un grand bruit se fait entendre : on amène chez le bourgmestre deux voyageurs accusés de l'assassinat d'un homme que des pêcheurs ont trouvé égorgé au bord de la mer. Ils y courent, Joseph reconnaît les individus qu'il avait vus dans la voiture, et qui l'ont quittée, parce que les chevaux refusaient de marcher. C'était en effet les deux Sallambier, que la confrontation de Joseph paraissait singulièrement déconcerter. Leur identité fut bientôt constatée. Sur le soupçon qu'ils pouvaient appartenir à quelque bande de chauffeurs, on les transféra à Lille, où ils furent reconnus en arrivant au *Petit Hôtel*.

» Là, Sallambier l'aîné, circonvenu par les agents de l'autorité, dénonça tous ses complices, en indiquant où et comment on pourrait les arrêter. Par suite de ses avis, quarante-trois personnes des deux sexes furent arrêtées. De ce nombre étaient Lemaire et sa femme. On lança en même temps contre moi un mandat d'amener. Prévenu par un maréchal des logis de gendarmerie, à qui j'avais rendu quelques services, je pus me sauver, et gagner Paris, où je suis depuis dix jours. Quand je t'ai rencontré, je cherchais le domicile d'une ancienne connaissance où je prévoyais pouvoir me cacher ou me donner quelque moyen de passer à l'étranger ; mais me voilà tranquille, puisque je retrouve Vidocq. »

CHAPITRE XII.

Voyage à Arras. – Le P. Lambert. – Vidocq maître d'école. – Départ pour la Hollande. – Les marchands d'âmes. – L'insurrection. – Le corsaire. – Catastrophe.

La confiance de Villedieu me flattait beaucoup, sans doute, mais je n'en trouvais pas moins ce voisinage fort dangereux ; aussi lui fis-je une histoire, quand il me questionna sur mes moyens d'existence, et particulièrement sur mon domicile. Par la même raison, je me gardai bien de me trouver au rendez-vous qu'il m'avait donné pour le lendemain ; c'eût été d'ailleurs m'exposer à me perdre sans lui être utile. En le quittant, à onze heures du soir, je pris même la précaution de faire plusieurs détours avant de rentrer à l'auberge, dans la crainte d'être suivi par quelques agents. Mon maître, qui était couché, m'éveilla le lendemain avant le jour, pour me dire que nous allions partir sur-le-champ pour Nogent-le-Rotrou, d'où nous devions nous rendre dans ses propriétés, situées aux environs de cette ville.

En quatre jours le voyage se fit. Reçu dans cette famille comme un serviteur laborieux et zélé, je n'en persistai pas moins dans l'intention que j'avais conçue depuis quelque temps de retourner dans mon pays, d'où je ne recevais ni nouvelles ni argent. De retour à Paris, où nous ramenâmes des bestiaux, j'en fis part à mon maître, qui ne me donna mon congé qu'à regret. En le quittant, j'entrai dans un café de la place du Châtelet, pour y attendre un commissionnaire qui m'apportait mes effets : un journal me tomba sous la main, et le premier article qui me frappa fut le récit de l'arrestation de Villedieu. Il ne s'était laissé prendre qu'après avoir terrassé deux des agents chargés de s'assurer de sa personne : lui-même était grièvement blessé. Deux mois après, exécuté à Bruges, le dernier de dix-sept de ses complices, il regardait tomber leurs têtes avec un calme qui ne se démentit pas un seul instant.

Cette circonstance me donna lieu de me féliciter du parti que j'avais pris. En restant avec le marchand de bœufs, je devais venir au moins deux fois à Paris ; la police politique, dirigée contre les complots et les agents de l'étranger, y prenait un développement et une énergie qui pouvaient me devenir d'autant plus funestes, qu'on surveillait fort minutieusement tous les individus qui, appelés à chaque instant, par leurs occupations, dans les départements de l'Ouest, pouvaient servir d'intermédiaires entre les chouans et leurs amis de la capitale. Je partis donc en toute hâte. Le troisième jour, j'étais devant Arras, où j'entrai le soir, au moment où les ouvriers revenaient du travail. Je ne descendis point directement chez mon père, mais chez une de mes tantes, qui fut prévenir mes parents. Ils me croyaient mort, n'ayant pas reçu mes deux dernières lettres ; je n'ai jamais su savoir comment et par qui elles avaient été égarées ou interceptées. Après avoir longuement raconté toutes mes traverses, j'en vins demander des nouvelles de la famille, ce qui me conduisit naturellement à m'informer de ma femme. J'appris que mon père l'avait recueillie quelque temps chez lui ; mais que ses débordements étaient devenus tellement scandaleux, qu'on avait dû la chasser honteusement. Elle était, me dit-on, enceinte d'un avocat de la ville, qui fournissait à peu près à ses besoins ; depuis quelque temps on n'entendait plus parler d'elle, et l'on ne s'en occupait plus.

Je ne m'en occupai pas davantage : j'avais à songer à bien autre chose. D'un moment à l'autre, on pouvait me découvrir, m'arrêter chez mes parents, que je mettrais ainsi dans l'embarras. Il était urgent de trouver un asil sur lequel la surveillance de la police s'exerçât moins activement qu'à Arras. On jeta les yeux sur un village des environs, Ambercourt, où demeurait un ex-carme, ami de mon père, qui consentit à me recevoir. À cette époque (1798), les prêtres se cachaient encore pour dire la messe, quoiqu'on ne fût guère hostile envers eux. Le père Lambert, mon hôte, célébrait donc l'office divin dans une espèce de grange ; comme il ne trouvait pour le seconder qu'un vieillard presque impotent, je m'offris à remplir les fonctions de sacristain, et je m'en tirai si bien, qu'on en dit que je n'avais fait autre chose de ma vie. Je devins également le second du père Lambert, dans les leçons qu'il donnait aux enfants du voisinage. Mes succès dans l'enseignement firent même quelque bruit dans le canton, attendu que j'avais pris un excellent moyen pour avancer rapidement les progrès de mes élèves : je commençais par tracer au crayon des lettres qu'ils recouvraient avec la plume ; la gomme élastique faisait le reste. Les parents étaient enchantés ; seulement il était un peu difficile à mes élèves d'opérer sans leur maître, ce dont les paysans artésiens, quoique aussi fins que qui que ce soit, en fait de transactions, avaient la bonté de ne pas s'apercevoir.

Ce genre de vie me convenait assez : affublé d'une espèce de costume de frère ignorantin, toléré par les autorités, je ne devais pas craindre d'être l'objet d'aucun soupçon ; d'un autre côté, la vie animale, pour laquelle j'ai toujours eu quelque considération, était fort bonne, les parents nous envoyant à chaque instant de la bière, de la volaille ou des fruits. Je comptais enfin dans ma clientèle quelques jolies paysannes, fort dociles à mes leçons,

Tout alla bien pendant quelque temps, mais on finit par se méfier de moi ; on m'épia, on eut la certitude que je donnais une grande extension à mes fonctions, et l'on s'en plaignit au père Lambert. À son tour, il me parla des charges élevées contre moi ; j'opposai des dénégations complètes. Les plaignants se turent, mais ils redoublèrent de surveillance ; et une nuit que, poussé par un zèle classique, j'allais donner leçon dans un grenier à foin, à une écolière de seize ans, je fus saisi par quatre garçons brasseurs, conduit dans une houblonnière, dépouillé de tous mes vêtements, et fustigé jusqu'au sang avec des verges d'orties et de chardons. La douleur fut si vive, que j'en perdis connaissance ; en reprenant mes sens, je me trouvai dans la rue, nu, couvert d'ampoules et de sang.

Que faire ? Rentrer chez le père Lambert, c'était vouloir courir de nouveaux dangers. La nuit n'était pas avancée. Bien que dévoré par une fièvre brûlante, je pris le parti de me rendre à Mareuil, chez un de mes oncles ; j'y arrivai à deux heures du matin, excédé de fatigues, et couvert seulement d'une mauvaise natte que j'avais trouvée près d'une mare. Après avoir un peu ri de ma mésaventure, on me frotta par tout le corps avec de la crème mêlée d'huile. Au bout de huit jours, je partis bien rétabli pour Arras. Il m'était cependant impossible d'y rester ; la police pouvait être instruite d'un moment à l'autre de mon séjour ; je me mis donc en route pour la Hollande, avec l'intention de m'y fixer ; l'argent que j'emportais me permettait d'attendre qu'il se présentât quelque occasion de m'occuper utilement.

Après avoir traversé Bruxelles, où j'appris que la baronne d'I... s'était fixée à Londres, Anvers et Breda, je m'embarquai pour Rotterdam. On m'avait donné l'adresse d'une taverne où je pourrais loger. J'y rencontrai un Français qui me fit beaucoup d'amitiés, et m'invita plusieurs fois à dîner, en me promettant de s'intéresser pour me faire trouver une bonne place. Je ne répondais à ces prévenances qu'avec méfiance, sachant que tous les moyens étaient bons au gouvernement hollandais pour recruter sa marine. Malgré toute ma réserve, mon nouvel ami parvint cependant à me griser complètement avec une liqueur particulière. Le lendemain, je m'éveillai en rade, à bord d'un brick de guerre hollandais. Il n'y avait plus à en douter : l'intempérance m'avait livré aux marchands d'âmes (*Sel Ferkaff*).

Étendu près d'un hauban, je réfléchissais à cette destinée singulière qui multipliait autour de moi les incidents, quand un homme de l'équipage, me poussant du pied, me dit de me lever pour aller recevoir les habits de bord. Je feignis de ne pas comprendre : le maître d'équipage vint alors me donner lui-même l'ordre en français. Sur mon observation que je n'étais pas marin, puisque je n'avais pas signé d'engagement, il saisit une corde comme pour m'en frapper ; à ce geste, je sautai sur le couteau d'un matelot qui déjeûnait au pied du grand mât, et, m'adossant à une pièce de canon, je jurai d'ouvrir le ventre au premier qui avancerait. Grande rumeur parmi l'équipage. Au bruit, le capitaine parut sur le pont. C'était un homme de quarante ans, de bonne mine, dont les manières n'avaient rien de cette brusquerie si commune aux gens de mer ; il écouta ma réclamation avec bienveillance, c'était tout ce qu'il pouvait faire, puisqu'il ne tenait pas à lui de changer l'organisation maritime de son gouvernement.

En Angleterre, où le service des bâtiments de guerre est plus dur, moins lucratif et surtout moins libre que celui des navires du commerce, la marine de l'État se recrutait et se recrute encore aujourd'hui au moyen de *la presse*. En temps de guerre, *la presse* se fait en mer à bord des vaisseaux marchands, auxquels on rend souvent des matelots épuisés ou malingres pour des hommes frais et vigoureux ; elle se fait aussi à terre au milieu des grandes villes, mais on ne prend en général que des individus dont la tournure ou le costume annoncent qu'ils ne sont pas étrangers à la mer. En Hollande, au contraire, à l'époque dont je parle, on procédait à peu près comme en Turquie, où, dans un moment d'urgence, on prend et jette sur un vaisseau de ligne, des maçons, des palefreniers, des tailleurs ou des barbiers, gens, comme on voit fort utiles. Qu'à la sortie du pont, un vaisseau soit forcé d'en venir au combat avec un semblable équipage, toutes les manœuvres sont manquées, et cette circonstance explique peut-être comment tant de frégates turques ont été prises ou coulées bas par de chétifs *misticks* grecs.

Nous avions donc à bord des hommes que leurs inclinations et les habitudes de toute leur vie semblaient tellement éloigner du service maritime, qu'il eût même paru ridicule de songer à les y faire entrer. Des deux cents individus *pressés* comme moi, il n'y en avait peut-être pas vingt qui eussent mis le pied sur un navire. La plupart avaient été enlevés de vive force où à la faveur de l'ivresse ; on avait séduit les autres en leur promettant un passage gratuit pour Batavia, où ils devaient exercer leur industrie : de ce nombre étaient deux Français, l'un teneur de livres, bourguignon, l'autre jardinier, limousin, qui devaient faire, comme on voit, d'excellents matelots. Pour nous consoler, les hommes de l'équipage nous disaient que dans la crainte des désertions, nous ne descendrions peut-être pas à terre avant six mois, ce qui s'est au surplus pratiqué quelquefois dans la marine anglaise, où le matelot peut rester des années entières sans voir la terre natale autrement que des *perroquets* de son vaisseau ; des hommes sûrs font le service de canotiers, et l'on y a vu même employer des gens étrangers à l'équipage. Pour adoucir ce que cette consigne a de rigoureux, on laisse venir à bord quelques-unes de ces femmes de mauvaise vie qui pullulent dans les ports de mer, et qu'on y appelle, je ne sais à quel propos, les filles de la reine Caroline (*Queents Caroline daugh'ers*). Les marins anglais dont j'ai tenu plus tard ces détails, qu'on ne doit pas considérer comme d'une exactitude générale, ajoutaient que, pour déguiser en partie l'immoralité de la mesure, des capitaines puritains exigeaient parfois que les visiteuses prissent le nom de cousines ou de sœurs.

Pour moi, qui me destinais depuis long-temps à la marine, cette position n'eût eu rien de répugnant si je n'eusse été contraint, et si je n'eusse eu en perspective l'esclavage dont on me menaçait ; ajoutez à cela les mauvais traitements du maître d'équipage, qui ne pouvait me pardonner ma première incartade. À la moindre fausse manœuvre, les coups de corde pleuvaient de manière à faire regretter le bâton des argousins du bagne. J'étais désespéré ; vingt fois il me vint dans l'idée de laisser tomber des hunes une poulie de drisse sur la tête de mon persécuteur ou bien encore de le jeter à la mer quand je serais de quart la nuit. J'eusse certainement exécuté quelqu'un de ces projets, si le lieutenant, qui m'avait pris en amitié, parce que je lui enseignais l'escrime, n'eut un peu adouci ma position. Nous devions d'ailleurs être incessamment dirigés sur Helwotsluis, où était mouillé le *heindrack*, de l'équipage duquel nous devions faire partie : dans le trajet, on pouvait s'évader.

Le jour du transbordement arrivé, nous embarquâmes au nombre de deux cent soixante dix recrues sur un petit smack, manœuvré par vingt-cinq hommes et monté par vingt-cinq soldats, qui devaient nous garder. La faiblesse de ce détachement me confirma dans la résolution de tenter un coup de main pour désarmer les militaires et forcer les marins à nous conduire près d'Anvers. Cent vingt des recrues, Français ou Belges, entrèrent dans le complot. Il fut convenu que nous surprendrions les hommes de quart au moment du dîner de leurs camarades, dont on devait avoir ainsi bon marché. Ce plan s'exécuta avec d'autant plus de succès, que nos gens ne se doutaient absolument de rien. L'officier qui commandait le détachement fut saisi au moment où il allait prendre le thé ; il ne fut cependant l'objet d'aucun mauvais traitement. Un jeune homme de Tournai, engagé comme subrécargue, et réduit au service de matelot, lui exposa si éloquemment les motifs de ce qu'il appelait notre révolte, qu'il lui persuada de se laisser mettre sans résistance à fond de cale avec ses soldats. Quant aux marins, ils restèrent dans les manœuvres ; seulement un Dunkerquois, qui était des nôtres, prit la barre du gouvernail.

La nuit vint : je voulais qu'on mit à la cape afin d'éviter de tomber peut-être sur quelque bâtiment garde-côte, auquel nos marins pouvaient faire des signaux ; le Dunkerquois s'y refusa avec une obstination qui eut dû m'inspirer de la méfiance. On continua la marche, et, au point du jour, le smack se trouva sous le canon d'un fort voisin d'Helwotsluis. Aussitôt le Dunkerquois annonça qu'il allait à terre pour voir si nous pouvions débarquer sans danger ; je vis alors que nous étions vendus, mais il n'y avait pas à reculer ; des signaux avaient sans doute déjà été faits : au moindre mouvement, le fort pouvait nous couler bas ; il fallut attendre l'événement. Bientôt une barque, montée par une vingtaine de personnes, partit du rivage et aborda le smack ; trois officiers qui s'y trouvaient montèrent sur le pont sans témoigner aucune crainte, quoiqu'il fut le théâtre d'une rixe assez vive entre nos camarades et les marins hollandais, qui voulaient tirer les soldats de la cale.

Le premier mot du plus âgé des officiers fut pour demander qui était le chef du complot : tout le monde restant muet, je pris la parole en français ; j'exposai qu'il n'y avait point eu de complot ; c'était par un mouvement unanime et spontané que nous avions cherché à nous soustraire à l'esclavage qu'on nous imposait ; nous n'avions d'ailleurs nullement maltraité le commandant du smack ; il pouvait en rendre témoignage comme les marins hollandais, qui savaient bien que nous leur aurions laissé le bâtiment après avoir débarqué près d'Anvers. J'ignore si ma harangue produisit quelque effet, car on ne me la laissa pas achever ; seulement, pendant qu'on nous entassait à fond de cale à la place des soldats que nous y avions mis la veille, j'entendis dire au pilote, « qu'il y en avait là plus d'un qui pourrait bien danser le lendemain au bout d'une vergue. » Le smack gouverna ensuite sur Helwotsluis, où il arriva, le même jour, à quatre heures de l'après-midi. Sur la rade était mouillé le *Heindrack*. Le commandant du fort s'y rendit en chaloupe, et une heure après, on m'y conduisit moi-même. Je trouvai assemblé une espèce de conseil maritime qui m'interrogea sur les détails de l'insurrection et sur la part que j'y avais prise. Je soutins, comme je l'avais déjà fait devant le commandant du fort, que n'ayant signé aucun acte d'engagement, je me croyais en droit de recouvrer ma liberté par tous les moyens possibles.

On me fit alors retirer pour faire comparaître le jeune homme de Tournai, qui avait arrêté le commandant du smack ; on nous considérait tous deux comme chefs de complot, et l'on sait qu'en pareille circonstance, c'est sur ces coupables que porte le châtiment ; il n'y allait véritablement pour nous ni plus ni moins que d'être pendus : heureusement le jeune homme, que j'avais eu le temps de prévenir, déposa dans le même sens que moi, en soutenant avec fermeté qu'il n'y avait eu suggestion de la part de personne, l'idée nous étant venue en même temps à tous de frapper le grand coup ; nous étions au reste bien sûrs de n'être pas démentis par nos camarades, qui nous témoignaient un vif intérêt, allant jusqu'à dire que si nous étions condamnés, le bâtiment à bord duquel on les placerait sauterait comme un caisson ; c'est-à-dire qu'ils mettraient le feu aux poudres, quitte à faire aussi un voyage en l'air. Il y avait là des gaillards capables de le faire comme ils le disaient. Soit qu'on craignît l'effet de ces menaces et du mauvais exemple qu'elles donneraient aux marins de la flottille enrôlés d'après le même procédé, soit que le conseil reconnût nous nous étions renfermés dans le cercle de la défense légitime, en cherchant à nous soustraire a un guet-apens, on nous promit de solliciter notre grâce de l'amiral, à condition que nous retiendrions nos camarades dans la subordination, qui ne paraissait pas être leur vertu favorite. Nous promîmes tout ce qu'on voulut, car rien ne rend si facile sur les conditions d'une transaction, que de se sentir la corde au cou.

Ces préliminaires arrêtés, nos camarades furent transférés à bord du vaisseau, et répartis dans les entreponts avec l'équipage qu'ils venaient compléter ; tout se fit dans le plus grand ordre ; il ne s'éleva pas la moindre plainte ; on n'eut pas à réprimer le plus petit désordre. Il est juste de dire qu'on ne nous maltraitait pas comme à bord du brick, où notre ancien ami le maître d'équipage ne commandait que la corde à la main. D'un autre côté, donnant des leçons d'escrime aux gardes-marine, j'étais traité avec quelques égards ; on me fit même passer bombardier, avec vingt-huit florins de solde par mois. Deux mois s'écoulèrent ainsi sans que la présence continuelle des croiseurs anglais nous permît de quitter la rade. Je m'étais fait à ma nouvelle position ; je ne songeais même nullement à en sortir quand nous apprîmes que les autorités françaises faisaient rechercher les nationaux qui pouvaient faire partie des équipages hollandais. L'occasion était belle pour ceux d'entre nous qui se fussent mal trouvés du service, mais personne ne se souciait d'en profiter ; on ne voulait d'abord nous avoir que pour nous incorporer dans les équipages de ligne français, mutation qui ne présentait rien de bien avantageux ; puis, la plupart de mes camarades avaient, je crois, comme moi, de bonnes raisons pour ne pas désirer de montrer leur figure aux agents de la métropole. Chacun se tut donc ; quand on envoya demander au capitaine ses rôles d'équipage, l'examen n'eut aucun résultat, par le motif tout simple que nous étions tous portés sous de faux noms ; nous crûmes l'orage passé.

Cependant les recherches continuaient : seulement, au lieu de faire des enquêtes, on apostait sur le port et dans les tavernes des agents chargés d'examiner les hommes qui venaient à terre pour leur service ou en permission. Ce fut dans une de ces excursions que l'on m'arrêta : j'en ai long-temps conservé de la reconnaissance pour le cuisinier du vaisseau, qui m'honorait de son inimitié personnelle, depuis que j'avais trouvé mauvais qu'il nous donnât du suif pour du beurre, et de la merluche gâtée pour du poisson frais. Amené chez le commandant de place, je me déclarai hollandais ; la langue m'était assez familière pour soutenir cette version ; je demandai, au surplus, à être conduit sous escorte à mon bord, pour me procurer les papiers qui justifieraient de ma naturalité ; rien ne paraissait plus juste et plus naturel. Un sous-officier fut chargé de m'accompagner ; nous partîmes dans le canot qui m'avait amené à terre. Arrivés près du vaisseau, je fis monter le premier mon homme, avec lequel j'avais causé jusque là fort amicalement ; quand je le vis accroché dans les haubans, je poussai tout à coup au large en criant aux canotiers de ramer vigoureusement, et qu'il y aurait pour boire. Nous fendions l'eau pendant que mon sous-officier, resté dans les haubans, se démenait au milieu de l'équipage, qui ne le comprenait pas, ou faisait semblant de ne pas le comprendre. Arrivé à terre, je courus me cacher dans une maison de connaissance, bien résolu de quitter le vaisseau, où il me devenait difficile de reparaître, sans être arrêté. Ma fuite devant confirmer tous les soupçons qui s'étaient élevés contre moi, j'en prévins toutefois le capitaine, qui m'autorisa tacitement à faire ce que je croirais utile à ma sûreté.

Un corsaire de Dunkerque, *le Barras,* capitaine Fromentin, était en rade. À cette époque, on visitait rarement les bâtiments de ce genre, qui avaient en quelque sorte droit d'asile ; il m'eût fort convenu d'y passer : un lieutenant de prise auquel je m'adressai me présenta à Fromentin, qui m'admit sur ma réputation, comme capitaine d'armes. Quatre jours après, *le Barras* mit à la voile pour établir sa croisière dans le Sund ; on était au commencement de l'hiver de 1799, dont les gros temps firent périr tant de navires sur les côtes de la Baltique. À peine étions-nous en haute mer, qu'il s'éleva un vent de nord tout à fait contraire pour notre destination ; il fallut mettre à la cape ; le roulis était tellement fort, que j'en fus indisposé au point de ne pouvoir rien prendre autre chose pendant trois jours, que de l'eau-de-vie mêlée d'eau ; la moitié de l'équipage était dans la même position, de manière qu'un bateau pêcheur eût suffi pour nous prendre sans coup férir. Enfin le temps s'éleva, le vent tourna tout à coup au sud-ouest, et *le Barras,* excellent marcheur, filant ses dix nœuds à l'heure, eut bientôt guéri tout le monde. En ce moment la vigie cria : *Navire à bâbord.* Le Capitaine saisissant sa lunette, déclara que c'était un caboteur anglais, sous pavillon neutre, que le coup de vent avait séparé de quelque convoi. On arriva sur lui vent arrière, après avoir hissé pavillon français. Au second coup de canon, il amena sans attendre l'abordage ; l'équipage fut mis à fond de cale, et la prise dirigée sur Bergen (Norwège), où la cargaison, composée de bois des Îles, trouva bientôt des acheteurs.

Je restai six mois à bord du *Barras :* mes parts de prise commençaient à me faire un assez bon pécule, quand nous entrâmes en relâche à Ostende. On a vu que cette ville m'avait toujours été funeste ; ce qui m'y arriva cette fois me ferait presque croire au fatalisme. Nous étions à peine entrés dans le bassin, qu'un commissaire, des gendarmes et des agents de police, vinrent à bord pour examiner les papiers de l'équipage ; j'ai su, depuis, que ce qui avait provoqué cette mesure en quelque sorte inusitée, c'était un assassinat dont on supposait que l'auteur pouvait se trouver parmi nous. Quand mon tour d'interrogatoire arriva, je déclarai me nommer Auguste Duval, né à Lorient, et j'ajoutai que mes papiers étaient restés à Rotterdam, au bureau de la marine hollandaise ; on ne répondit rien ; je me croyais tiré d'affaire. Lorsque les cent trois hommes qui se trouvaient à bord eurent été interrogés, on nous fit appeler à huit, en nous annonçant que nous allions être conduits au bureau des classes, pour y donner des explications ; ne m'en souciant pas du tout, je m'esquivai au détour de la première rue, et j'avais déjà gagné trente pas sur les gendarmes, quand une vieille femme qui lavait le devant de sa maison, me jeta son balai entre les jambes ; je tombai, les gendarmes arrivèrent, on me mit les menottes, sans préjudice de nombre de coups de crosse de carabine et de monture de sabre ; on m'amena ainsi garrotté devant le commissaire des classes qui, après m'avoir entendu, me demanda si je n'étais pas évadé de l'hôpital de Quimper. Je me vis pris, puisqu'il y avait danger pour *Duval* comme pour *Vidocq.* Je me décidai cependant pour le premier nom, qui présentait moins de chances défavorables que le second, puisque la route d'Ostende à Lorient étant plus longue que celle d'Ostende à Arras, pouvait me laisser plus de latitude pour m'échapper.

CHAPITRE XIII

Je revois Francine. – Ma réintégration dans la prison de Douai. – Suis-je ou ne suis-je pas Duval ? – Les magistrats embarrassés. – J'avoue que je suis Vidocq. – Nouveau séjour à Bicêtre. – J'y retrouve le capitaine Labbre. – Départ pour Toulon. – Jossas, admirable voleur. – Son entrevue avec une grande dame. – Une tempête sur le Rhône. – Le marquis de St Amand. – Le bourreau du bagne. – Les voleurs du garde-meuble. – Une famille de chauffeurs.

Huit jours s'écoulèrent pendant lesquels je revis une seule fois le commissaire des classes. On me fit ensuite partir avec un transport de prisonniers, déserteurs ou autres, qui furent dirigés sur Lille. Il était bien à craindre que l'incertitude de mon identité ne vint expirer dans une ville ou j'avais séjourné si souvent : aussi, averti que nous y passerions, pris-je de telles précautions, que des gendarmes qui m'avaient déjà conduit précédemment ne me reconnurent pas ; mes traits cachés sous une épaisse couche de fange et de suie étaient en outre dénaturés par l'enflure factice de mes joues, presque aussi grosses que celles de l'ange qui, dans les fresques d'églises, sonne la trompette du jugement dernier. Ce fut en cet état que j'entrai à l'*Égalité,* prison militaire, où je devais faire une station de quelques jours. Là, pour charmer l'ennui de la réclusion, je risquai quelques séances à la cantine : j'espérais qu'en me mêlant aux visiteurs je pourrais saisir une occasion de m'évader. La rencontre d'un matelot que j'avais connu à bord *du Barras* me parut d'un favorable augure à l'exécution de ce projet : je lui payai à déjeûner ; le repas terminé, je revins dans ma chambre ; j'y étais depuis environ trois heures, rêvant aux moyens de recouvrer ma liberté, lorsque le matelot monta pour m'inviter à prendre ma part d'un dîner que sa femme venait de lui apporter. Le matelot avait une femme ; il me vint à la pensée que pour mettre en défaut la vigilance des geôliers, elle pourrait me procurer des vêtements de son sexe ou tout autre déguisement. Plein de cette idée, je descends à la cantine, et m'approche de la table : soudain un cri se fait entendre, une femme s'est évanouie : c'est celle de mon camarade... Je veux la secourir,... une exclamation m'échappe... Ciel, c'est Francine... ! effrayé de mon imprudence, j'essaie de réprimer un premier mouvement dont je n'ai pas été le maître. Surpris, étonnés, les spectateurs de cette scène, se groupent autour de moi, on m'accable de questions, et après quelques minutes de silence, je réponds par une histoire : c'est ma sœur que j'ai cru reconnaître.

Cet incident n'eut pas de suite. Le lendemain, nous partîmes au point du jour ; je fus consterné en voyant que le convoi, au lieu de suivre comme de coutume la route de Lens, prenait celle de Douai. Pourquoi ce changement de direction ? je l'attribuais à quelque indiscrétion de Francine ; je sus bientôt qu'il résultait tout simplement de la nécessité d'évacuer sur Arras la foule de réfractaires entassés dans la prison de Cambrai.

Francine, que j'avais si injustement soupçonnée, m'attendait à la première halte... Malgré les gendarmes, elle voulut absolument me parler et m'embrasser : elle pleura beaucoup, et moi aussi. Avec quelle amertume ne se reprochait-elle pas une infidélité qui était la cause de tous mes malheurs ! Son repentir était sincère ; je lui pardonnai de bon cœur, et quand, sur l'injonction du brigadier, il fallut nous séparer, ne pouvant mieux faire, elle me glissa dans la main une somme de deux cents francs en or.

Enfin nous arrivons à Douai : nous voici à la porte de la prison du département, un gendarme sonne. Qui vient ouvrir ? Dutilleul, ce guichetier qui, à la suite d'une de mes tentatives d'évasion m'avait pansé pendant un mois. Il ne semble pas me remarquer. Au greffe je trouve encore une figure de ma connaissance, l'huissier Hurtrel, dans un tel état d'ivresse, que je me flatte qu'il aura perdu la mémoire. Pendant trois jours on ne me parle de rien ; mais le quatrième je suis mené devant le juge d'instruction, en présence d'Hurtrel et de Dutilleul : on me demande si je ne suis pas Vidocq ; je soutiens que je suis Auguste Duval, que l'on peut s'en assurer en écrivant à l'Orient, qu'au surplus le motif de mon arrestation à Ostende le prouve, puisque je ne suis prévenu que de désertion d'un bâtiment de l'État. Mon aplomb paraît en imposer au juge, il hésite, Hurtrel et Dutilleul persistent à dire qu'ils ne se trompent pas. Bientôt l'accusateur public Rausson vient me voir, et prétend également me reconnaître : toutefois, comme je ne me déconcerte point, il reste quelque incertitude, et afin d'éclaircir le fait, on imagine un stratagème.

Un matin, on m'annonce qu'une personne me demande au greffe ; je descends : c'est ma mère qu'on a fait venir d'Arras, on devine dans quelle intention. La pauvre femme s'élance pour m'embrasser... Je vois le piège... sans brusquerie, je la repousse en disant au juge d'instruction présent à l'entrevue, qu'il était indigne, de donner à cette malheureuse femme l'espoir de revoir son fils, quand on était au moins incertain de pouvoir le lui présenter. Cependant ma mère, mise au fait de la position par un signe que je lui avais fait en l'éloignant, feint de l'examiner avec attention, et finit par déclarer qu'une ressemblance extraordinaire l'a trompée ; puis elle se retire n maudissant ceux qui l'ont déplacée pour ne lui donner qu'une fausse joie.

Juge et guichetiers retombèrent alors dans une incertitude qu'une lettre arrivée de Lorient parut devoir aire cesser. On y parlait du dessin piqué sur le bras gauche du Duval évadé de l'hôpital de Quimper, comme d'un ait qui ne devait plus laisser aucun doute sur son identité avec l'individu détenu à Douai. Nouvelle comparution levant le juge d'instruction ; Hurtrel, triomphant déjà de sa perspicacité, assistait à l'interrogatoire : aux premiers nots, je vis de quoi il s'agissait, et, relevant la manche de mon habit au-dessus du coude, je leur montrai le dessin qu'ils ne s'attendaient guères à y trouver ; on constata sa ressemblance exacte avec la description envoyée de Lorient. Tout le monde tombait des nues ; ce qui compliquait encore la position, c'est que les autorités de Lorient me réclamaient comme déserteur de la marine. Quinze jours s'écoulèrent ainsi, sans qu'on prît aucun parti décisif à mon égard ; alors, fatigué des rigueurs exercées contre moi dans l'intention d'obtenir des aveux, j'écrivis au président du tribunal criminel pour lui déclarer que j'étais effectivement Vidocq. Ce qui m'avait déterminé à cette démarche, c'est que je comptais partir immédiatement pour Bicêtre avec un transport dans lequel on me comprit en effet. Il me fut toutefois impossible de faire en route, comme j'y comptais, la moindre tentative d'évasion, tant était rigoureuse la surveillance exercée contre nous.

Je fis ma seconde entrée à Bicêtre le 2 avril 1799. Je retrouvai là d'anciens détenus, qui, bien que condamnés aux travaux forcés, avaient obtenu qu'il fût sursis à leur translation au bagne ; il en résultait pour eux une véritable commutation, la durée de la peine comptant du jour de l'arrêt définitif. Ces sortes de faveurs s'accordent quelquefois encore aujourd'hui : si elles ne portaient que sur des sujets que les circonstances de leur condamnation ou leur repentir en rendissent dignes, on pourrait y donner un consentement tacite ; mais ces dérogations au droit commun proviennent en général de l'espèce de lutte qui existe entre la police des départements et la police générale, dont chacune a ses protégés. Les condamnés appartenant cependant sans exception à la police générale, elle peut faire partir qui bon lui semble de Bicêtre ou de toute autre prison pour le bagne ; c'est alors qu'on peut se convaincre de la justesse de l'observation que je viens d'émettre. Tel condamné qui jusque là s'était paré de dehors hypocrites et pieux, jette le masque, et se montre le plus audacieux des forçats.

Je vis encore à Bicêtre le capitaine Labbre, qu'on se rappelle m'avoir fourni dans le temps à Bruxelles les papiers au moyen desquels j'avais trompé la baronne d'I... Il était condamné à seize années de fers pour complicité dans un vol considérable commis à Gand, chez l'aubergiste Champon. Il devait, comme nous, faire partie de la première chaîne, dont le voyage très prochain s'annonçait fort désagréablement pour nous. Le capitaine Viez, sachant à qui il avait affaire, avait déclaré que, pour prévenir toute évasion, il nous mettrait les menottes et le double collier jusqu'à Toulon. Nos promesses parvinrent cependant à le faire renoncer à ce beau projet.

Lors du *ferrement,* qui présenta les mêmes circonstances que lors de mon premier départ, on me plaça en tête du premier cordon avec un des plus célèbres voleurs de Paris et de la province ; c'était Jossas, plus connu sous le nom du marquis de *Saint-Amand de Faral,* qu'il portait habituellement. C'était un homme de trente-six ans, ayant des formes agréables, et prenant au besoin le meilleur ton. Son costume de *voyage* était celui d'un élégant qui sort du lit pour passer dans son boudoir. Avec un pantalon à pied en tricot gris d'argent, il portait une veste et un bonnet garnis d'astracan, de la même couleur, le tout recouvert d'un ample manteau doublé de velours cramoisi. Sa dépense répondait à sa tenue, car, non content de se traiter splendidement à chaque halte, il nourrissait toujours trois ou quatre hommes du cordon.

L'éducation de Jossas était nulle ; mais, entré fort jeune au service d'un riche colon, qu'il accompagnait dans ses voyages, il avait pris d'assez bonnes manières pour n'être déplacé dans aucun cercle. Aussi ses camarades le voyant s'introduire dans les sociétés les plus distinguées, le surnommaient-ils le *passe-partout.* Il s'était même tellement identifié avec ce rôle, qu'au bagne, mis à la double chaîne, confondu avec des hommes de l'aspect le plus misérable, il conservait encore de grands airs sous sa casaque de forçat. Muni d'un magnifique nécessaire, il donnait tous les matins une heure à sa toilette, et soignait particulièrement ses mains qu'il avait fort belles.

Jossas était un de ces voleurs comme il en existe heureusement aujourd'hui fort peu, qui méditaient et préparaient quelquefois une expédition pendant une année entière. Opérant principalement à l'aide de fausses clefs, il commençait par prendre l'empreinte de la serrure de la porte extérieure. La clef fabriquée, il pénétrait dans la première pièce ; s'il était arrêté par une autre porte, il prenait une nouvelle empreinte, faisait fabriquer une seconde clef, et ainsi de suite, jusqu'à ce qu'il eût atteint son but. On comprend que ne pouvant s'introduire, chaque soir, qu'en l'absence des maîtres du logis, il devait perdre un temps considérable à attendre l'occasion. Il ne recourait donc à cet expédient qu'en désespoir de cause, c'est-à-dire lorsqu'il lui était impossible de s'introduire dans la maison ; s'il parvenait à s'y faire admettre sous quelque prétexte, il avait bientôt pris les empreintes de toutes les serrures. Quand les clefs étaient fabriquées, il invitait les personnes à dîner chez lui, rue Chantereine, et pendant qu'elles étaient à table, des complices dévalisaient l'appartement dont il avait trouvé le moyen d'éloigner les domestiques, soit en priant les maîtres de les amener pour servir, soit en faisant emmener les femmes de chambre ou les cuisinières par des amants qu'on leur détachait. Les portiers n'y voyaient rien, parce qu'on n'enlevait ordinairement que de l'argent ou des bijoux. S'il se trouvait par hasard quelque objet plus volumineux, on l'enveloppait dans du linge sale, et on le jetait par la fenêtre à un compère qui se trouvait là tout exprès ave[c] une voiture de blanchisseur.

On connaît de Jossas une foule de vols, qui tous annoncent cet esprit de finesse d'observation [e]t d'invention qu'il possédait au plus haut degré. Dans le monde où il se faisait passer pour un créole de la Havane, [i]l rencontra souvent des habitants de cette ville, sans rien laisser échapper qui pût le trahir. Plusieurs fois il amen[a] des familles honorables au point de lui faire offrir la main de jeunes personnes. S'informant toujours, au milie[u] des pourparlers, où était déposé l'argent de la dot, il ne manquait jamais de l'enlever et de disparaître au momen[t] de signer le contrat. Mais de ses tours, le plus étonnant est celui dont un banquier de Lyon fut victime. Introdu[it] dans la maison sous prétexte d'escomptes et de négociations, il parvint en peu de temps à une sorte d'intimité qu[i] lui donna les moyens de prendre l'empreinte de toutes les serrures, à l'exception de celle de la caisse, dont l'entré[e] à secret rendit tous ses essais inutiles. D'un autre côté, la caisse étant scellée dans le mur, et doublée de fer, il n[e] fallait pas songer à l'effraction ; enfin le caissier ne se dessaisissait jamais de sa clef : tant d'obstacles ne rebutèren[t] point Jossas. S'étant lié sans affectation avec le caissier, il lui proposa une partie de campagne à Collonges. Au jou[r] pris, on partit en cabriolet. Arrivé près de Saint-Rambert, on aperçut dans la berge une femme expirante, rendan[t] des flots de sang par la bouche et par le nez : à ses côtés était un homme qui paraissait fort embarrassé de lui don[-]ner des secours. Jossas, jouant l'émotion, lui dit que pour arrêter l'hémorragie, il suffisait d'appliquer une clef su[r] le dos de la malade. Mais personne ne se trouvait avoir de clef, à l'exception du caissier, qui offrit d'abord celle d[e] son appartement ; elle ne suffit pas. Alors le caissier, épouvanté de voir couler le sang à flots, livra la clef de l[a] caisse, qu'on appliqua avec beaucoup de succès entre les épaules de la malade. On a déjà deviné qu'il s'y trouvai[t] une couche de cire à modeler, et que toute la scène était préparée d'avance. Trois jours après la caisse était vidée.

Comme je l'ai déjà dit, Jossas jouant le magnifique, dépensait l'argent avec la facilité d'un homme qui s[e] le procure aisément. Il était de plus fort charitable, et je pourrais citer de lui plusieurs traits d'une générosité bi[-]zarre, que j'abandonne à l'examen des moralistes. Un jour entre autres il pénètre dans un appartement de la ru[e] du Hazard, qu'on lui avait indiqué comme bon à dévaliser. D'abord la mesquinerie de l'ameublement le frappe[;] mais le propriétaire peut être un avare ? il poursuit ses recherches, furète partout, brise tout, et ne trouve dans l[e] secrétaire qu'une liasse de reconnaissances du *Mont-de-piété*... Il tire de sa poche cinq louis, les pose sur la che[-] minée, et après avoir écrit sur la glace ces mots : *Indemnité pour les meubles cassés,* se retire en fermant soigneu[-] sement les portes, dans la crainte que d'autres voleurs moins scrupuleux ne viennent enlever ce qu'il a respecté.

Lorsque Jossas partit avec nous de Bicêtre, c'était la troisième fois qu'il faisait le voyage. Depuis, [il] s'échappa deux fois encore, fut repris, et mourut en 1805 au bagne de Rochefort.

À notre passage à Montereau, je fus témoin d'une scène qu'il est bon de faire connaître, puisqu'elle peu[t] se renouveler. Un forçat, nommé Mauger, connaissait un jeune homme de la ville, que ses parents croyaient con[-] damné aux fers ; après avoir recommandé à son voisin de se cacher la figure avec son mouchoir, il dit confidentiel[-] lement à quelques personnes accourues sur notre route, que celui qui se cachait était le jeune homme en question[.] La chaîne poursuivit ensuite sa marche, mais à peine étions-nous à un quart de lieue de Montereau, qu'un homm[e] courant après nous, remit au capitaine une somme de cinquante francs, produit d'une quête faite pour *l'homme a[u] mouchoir*. Ces cinquante francs furent distribués le soir aux intéressés, sans que personne, hors eux-mêmes, sût l[a] cause de cette libéralité.

À Sens Jossas me donna une autre comédie : il avait fait mander un nommé Sergent, qui tenait l'auberg[e] de l'*Écu ;* en le voyant, cet homme donna des signes de la plus vive douleur : « Comment, s'écriait-il, les larme[s] aux yeux, vous ici, monsieur le marquis !... vous, le frère de mon ancien maître !... moi qui vous croyais retourn[é] en Allemagne... Ah ! mon Dieu ! quel malheur ! » On devine que dans quelque expédition, Jossas se trouvant [à] Sens, s'était fait passer pour un émigré rentré clandestinement, et frère d'un comte chez lequel Sergent avait ét[é] cuisinier. Jossas lui expliqua comment, arrêté avec un passeport de fabrique, au moment où il tentait de repasse[r] la frontière, il avait été condamné comme faussaire. Le brave aubergiste ne se borna pas à de stériles lamenta[-] tions ; il fit servir au noble galérien un excellent dîner, dont je pris ma part avec un appétit qui contrastait avec m[a] fâcheuse position.

À part une furieuse bastonnade, distribuée à deux condamnés qui avaient voulu s'évader à Beaune il n[e] nous arriva rien d'extraordinaire jusqu'à Châlons, où l'on nous embarqua sur un grand bateau rempli de paille[,] assez semblable à ceux qui apportent le charbon à Paris ; une toile épaisse le recouvrait. Si, pour jeter un cou[p] d'œil sur la campagne, ou pour respirer un air plus pur, un condamné en levait un coin, les coups de bâton pleu[-] vaient à l'instant sur son dos. Quoique exempt de ces mauvais traitements, je n'en étais pas moins fort affecté d[e] ma position ; à peine la gaieté de Jossas, qui ne se démentait jamais, parvenait-elle à me faire oublier un instant[,] qu'arrivé au bagne, j'allais être l'objet d'une surveillance qui rendrait toute évasion impossible. Cette idé[e] m'assiégeait encore quand nous arrivâmes à Lyon.

En apercevant l'île Barbe, Jossas m'avait dit : « Tu vas voir du nouveau. » Je vis en effet sur le quai d[e] Saône, une voiture élégante, qui paraissait attendre l'arrivée du bateau ; dès qu'il parut, une femme mit la tête à l[a] portière, en agitant un mouchoir blanc : « C'est elle », dit Jossas, et il répondit au signal. Le bateau ayant ét[é] amarré au quai, cette femme descendit pour se mêler à la foule des curieux ; je ne pus voir sa figure que couvrait un voile noir fort épais. Elle resta là depuis quatre heures de l'après-midi jusqu'au soir ; la foule étant alors dissipée, Jossas lui détacha le lieutenant Thierry, qui revint bientôt avec un saucisson, dans lequel étaient cachés cinquante louis. J'appris que Jossas ayant fait la conquête de cette femme sous le titre de marquis, l'avait instruite par une lettre de sa condamnation, qu'il expliquait sans doute à peu près comme il l'avait fait pour l'aubergiste de Sens. Ces sortes d'intrigues, aujourd'hui fort rares, étaient très communes à cette époque, par suite des désordres de la révolution et de la désorganisation sociale qui en était le résultat. Ignorant le stratagème employé pour le tromper, cette dame voilée reparut le lendemain sur le quai, pour y rester jusqu'au moment de notre départ. Jossas était enchanté : non-seulement il remontait ses finances, mais il s'assurait encore un asile en cas d'évasion.

Nous approchions enfin du terme de notre navigation, lorsqu'à deux lieues du Pont-Saint-Esprit, nous fumes surpris par un de ces orages si terribles sur le Rhône. Il était annoncé par les roulements lointains du tonnerre. Bientôt la pluie tomba par torrents ; des coups de vent comme on n'en éprouve que sous les tropiques renversaient les maisons, déracinaient les arbres et soulevaient les vagues qui menaçaient à chaque instant d'engloutir notre embarcation. Elle présentait, en ce moment, un spectacle affreux : à la rapide lueur des éclairs, on eut vu deux cents hommes enchaînés comme pour leur ôter tout moyen de salut, exprimer par des cris d'effroi les angoisses d'une mort que le poids des fers qui les réunissait rendait inévitable ; sur ces physionomies sinistres, on eût lu le désir de conserver une vie disputée à l'échafaud, une vie qui devait s'écouler désormais dans la misère et l'avilissement : Quelques uns des condamnés montraient une impassibilité absolue ; plusieurs, au contraire, se livraient à une joie frénétique. Se rappelant les leçons du jeune âge, un malheureux bégayait-il quelque pieuse formule, ces derniers agitaient leurs fers en chantant des chansons licencieuses, et la prière expirait au milieu de longs hurlements.

Ce qui redoublait la consternation générale, c'était l'abattement des mariniers qui paraissaient désespérer de nous. Les gardes n'étaient guères plus rassurés ; ils firent même un mouvement comme pour abandonner le bateau, que l'eau remplissait à vue d'œil. Alors la scène prit un nouvel aspect : on se précipita sur les argousins en criant : *À terre ! à terre tout le monde !* et l'obscurité, jointe au trouble du moment, permettant de compter sur l'impunité, les plus intrépides d'entre les forçats, se levèrent en déclarant que personne ne sortirait du bateau avant qu'il n'eût touché le rivage. Le lieutenant Thierry, le seul à peu près qui n'eût pas perdu la tête, fit bonne contenance ; il protesta qu'il n'y avait aucun danger, et la preuve, c'est que lui ni les mariniers ne songeaient à quitter l'embarcation. On le crut d'autant mieux, que le temps se calmait sensiblement. Le jour parut : sur le fleuve uni comme une glace, rien n'eût rappelé les désastres de la nuit, si les eaux bourbeuses n'eussent charrié des bestiaux morts, des arbres entiers, des débris de meubles et d'habitations.

Échappés à la tempête, nous débarquâmes à Avignon, où l'on nous déposa dans le château. Là commença la vengeance des *argousins* : ils n'avaient pas oublié ce qu'ils appelaient notre insurrection ; ils nous en rafraîchirent d'abord la mémoire à grands coups de bâton ; puis ils empêchèrent le public de donner aux condamnés des secours que le terme du voyage ne devait plus faire passer entre leurs mains. « *L'aumône à ces flibustiers !* disait un d'entre eux, nommé le père Lami, à des dames qui lui demandaient à s'approcher ; *c'est bien de l'argent perdu... Au surplus, adressez-vous au chef...* » Le lieutenant Thierry, qu'on ne doit vraiment pas confondre avec les êtres brutaux et inhumains dont j'ai déjà eu l'occasion de parler, accorda la permission ; mais, par un raffinement de méchanceté, les *argousins* donnèrent le signal du départ avant que la distribution fut terminée. Le reste de la route n'offrit rien de remarquable. Enfin, après trente-sept jours du voyage le plus pénible, la chaîne entra dans Toulon.

Les quinze voitures parvenues sur le port, et rangées devant la corderie, on fit descendre les condamnés, qu'un employé reçut, et conduisit dans la cour du bagne. Pendant le trajet, ceux qui avaient des habits de quelque valeur s'empressèrent de s'en dépouiller pour les vendre ou les donner à la foule que réunit l'arrivée d'une nouvelle chaîne. Lorsque les vêtements du bagne furent distribués, et lorsqu'on eut rivé les *manicles*, comme je l'avais vu faire à Brest, on nous conduisit à bord du vaisseau rasé *le hasard* (aujourd'hui *le Frontin*), servant de Bagne flottant. Après que les *payots* (forçats qui remplissent les fonctions d'écrivains) eurent pris nos signalements, on choisit les *chevaux de retour* (forçats évadés), pour les mettre à la double chaîne. Leur évasion prolongeait leur peine de trois ans.

Comme je me trouvais dans ce cas, on me fit passer à la salle n° 3, où étaient placés les condamnés les plus suspects. Dans la crainte qu'ils ne trouvassent l'occasion de s'échapper en parcourant le port, on ne les conduisait jamais à la *fatigue*. Toujours attachés au banc, couchés sur la planche nue, rongés par la vermine, exténués par les mauvais traitements, le défaut de nourriture et d'exercice, ils offraient un spectacle déplorable.

Ce que j'ai dit des abus de toute espèce dont le bagne de Brest était le théâtre me dispense de signaler ceux que j'ai pu observer à Toulon. C'était la même confusion des condamnés, la même brutalité chez les *argousins*, la même dilapidation des objets appartenants à l'état ; seulement l'importance des armements présentait plus d'occasions de vol aux forçats qu'on employait dans les arsenaux ou dans les magasins. Le fer, le plomb, le cuivre, le chanvre, la poix, le goudron, l'huile, le rhum le biscuit, le bœuf fumé, disparaissaient chaque jour, et trouvaient d'autant plus facilement des recéleurs que les condamnés avaient des auxiliaires fort actifs dans les marins et dans les ouvriers libres du port. Les objets de gréement provenant de ces soustractions servaient à équiper une foule d'allèges et de bateaux pêcheurs, dont les patrons se les procuraient à vil prix, sauf à dire, en cas d'enquête, qu'ils les avaient acheter à quelque vente publique d'objets hors de service.

Un condamné de notre salle, qui, étant prisonnier en Angleterre avait travaillé comme charpentier dans les chantiers de Chatam et de Plymouth, nous rapporta que le pillage y était encore plus considérable. Il nous assura que dans tous les villages des bords de la Tamise et du Medway, il y avait des gens continuellement occupés à détordre les cordages de la marine royale, pour en ôter la marque et la cordelette qu'on y mêle pour les faire reconnaître ; d'autres n'étaient employés qu'à effacer la flèche empreinte sur tous les objets de métal enlevés dans les arsenaux. Ces dilapidations quelque considérables qu'elles fussent, ne pouvaient toutefois se comparer aux brigandages qui s'exerçaient sur la Tamise, au préjudice du commerce. Quoique l'établissement d'une police de marine ait en grande partie réprimé ces abus, je crois qu'il ne sera pas sans intérêt de donner quelques détails sur ces fraudes qui se pratiquent encore aujourd'hui dans certains ports, aux dépens de qui il appartient.

Les malfaiteurs dont il est ici question se divisaient en plusieurs catégories, dont chacune avait une désignation et des attributions particulières : il y avait les *Pirates de rivière,* les *Chevaux-légers* (Light horsemen), les *Gendarmes* (Heary horsemen), les *Bateliers chasseurs (Game* watermen), les *Gabariers chasseurs* (Game lightermen), les *Hirondelles de vase* (Mudlarks), les *Tapageurs* (Scuffle hunters) ; et les *Recéleurs* (Copemen).

Les *Pirates de rivière* se composaient de ce qu'il y avait de plus audacieux et de plus féroce parmi les brigands qui infestaient la Tamise. Ils opéraient surtout la nuit contre les bâtiments mal gardés, dont ils massacraient quelquefois le faible équipage pour piller plus à leur aise. Le plus souvent ils se bornaient à prendre des cordages, des rames, des perches, ou même des balles de coton. Mouillé à Castlane-Ter, le capitaine d'un brick américain, ayant entendu du bruit, monta sur le pont pour s'en rendre compte ; un canot s'éloignait : c'étaient des pirates, qui, en lui souhaitant le bonsoir lui dirent qu'ils venaient d'enlever son ancre avec le câble. En s'entendant avec les *Watchmen,* chargés de veiller la nuit sur les cargaisons, ils pillaient encore avec plus de facilité. Quand on ne pouvait pratiquer de semblables intelligences, on coupait les câbles des allèges, et on les laissait dériver jusqu'à ce qu'ils fussent parvenus dans un endroit où l'on pût se mettre à la besogne sans crainte d'être découverts. De petits bâtiments de charbon se sont trouvés ainsi déchargés en entier dans le cours d'une nuit. Le suif de Russie, que la difficulté de remuer les barriques énormes qui le contiennent semblait devoir protéger contre ces tentatives, n'était pas plus à l'abri, puisqu'on avait l'exemple de l'enlèvement nocturne de sept de ces barriques, qui pèsent entre trente et quarante quintaux.

Les *Chevaux-légers* pillaient également pendant la nuit, mais c'était principalement aux vaisseaux venant des Indes occidentales qu'ils s'attaquaient. Ce genre de vol prenait son origine dans un arrangement entre les contremaîtres et les recéleurs, qui achetaient les balayures, c'est-à-dire les parcelles de sucre, les grains de café, ou le coulage des liquides, qui restent dans l'entrepont après le déchargement de la cargaison. On comprend qu'il était facile d'augmenter ces profits en crevant les sacs et en disjoignant les douves des tonneaux. C'est ce que découvrit, à son grand étonnement, un négociant Canadien, qui expédiait tous les ans une grande quantité d'huile. Trouvant toujours un déchet beaucoup plus considérable que celui qui peut résulter du coulage ordinaire, et ne pouvant obtenir, à cet égard, de ses correspondants une explication satisfaisante, il profita d'un voyage à Londres pour pénétrer le mystère. Déterminé à poursuivre ses investigations avec le soin le plus minutieux, il était sur le quai, attendant avec impatience une gabare chargée de la veille, et dont le retard lui semblait déjà fort extraordinaire. Elle parut enfin, et le négociant vit une troupe d'hommes de mauvaise mine se précipiter à bord avec autant d'ardeur que des corsaires qui monteraient à l'abordage. Il pénétra à son tour dans l'entrepont, et resta stupéfait, en voyant les barils rangés, les bondons *en dessous.* Lorsqu'on vint à décharger la gabare, il se trouva répandu dans la cale assez d'huile pour en emplir neuf barils. Le propriétaire ayant fait lever quelques planches, on trouva encore de quoi emplir cinq autres ; en sorte que du simple chargement d'un allège on avait distrait quatorze barils. Ce qu'on aura peine à croire, c'est que l'équipage, loin de convenir de ses torts, eut l'impudence de prétendre qu'on le privait d'un profit qui lui appartenait.

Non contents de dilapidations de ce genre, les *chevau-légers,* réunis aux *gabarriers chasseurs,* enfonçaient pendant la nuit des barriques de sucre, dont le contenu disparaissait entièrement, emporté par portions dans des sacs noirs, qu'on appelait *black-straps (bandes* noires*)*. Des constables, venus à Paris en mission, et avec lesquels j'ai dû être mis en rapport, m'ont assuré qu'en une nuit, il avait été ainsi enlevé de divers vaisseaux jusqu'à vingt barriques de sucre, et jusqu'à du rhum extrait au moyen d'une pompe *(gigger),* et dont on remplit des vessies. Les bâtiments à bord desquels se pratiquait ce trafic étaient désignés sous le nom de *game ships* (vaisseaux à gibier). À cette époque, les vols de liquides et des spiritueux étaient, au surplus, fort communs, même dans la marine royale. On en trouve un exemple fort curieux dans ce qui arriva à bord de la frégate *la Victoire,* qui apportait en Angleterre les restes de Nelson, tué, comme on sait, au combat de Trafalgar. Pour conserver le corps, on l'avait mis dans une tonne de rhum. Lorsqu'en arrivant de Plymouth, on ouvrit la tonne, elle était à sec. Pendant la traversée, les matelots, bien certains que le sommelier ne visiterait pas cette pièce, avaient tout bu à l'aide de calumets de paille ou de *giggers.* Ils appelaient cela mettre l'*Amiral en perce.*

Les *bateliers chasseurs* se tenaient à bord des vaisseaux qu'on déchargeait, pour recevoir et transférer sur-le-champ à terre les objets volés. Comme ils étaient chargés de traiter avec les receleurs, ils se réservaient des profits considérables ; tous faisaient beaucoup de dépense. On en citait un qui, du fruit de son industrie, entretenait une femme très élégante, et possédait un cheval de selle.

Par *hirondelles de vase,* on entendait ces hommes qui rôdaient à marée basse, autour de la quille des vaisseaux, sous prétexte de chercher de vieux cordages, du fer, du charbon, mais dans le fait pour recevoir et cacher des objets qu'on leur jetait du bord.

Les *tapageurs* étaient des ouvriers à longs tabliers, qui, feignant de demander de l'ouvrage, se précipitaient en foule à bord des bâtiments, où ils trouvaient toujours moyen de dérober quelque chose à la faveur du tumulte.

Venaient enfin les *receleurs,* qui, non contents d'acheter tout ce que leur apportaient les valeurs dont on vient de voir l'énumération, traitaient quelquefois directement avec les capitaines ou avec les contremaîtres qu'ils savaient disposés à se laisser séduire. Ces négociations se faisaient dans un argot intelligible seulement pour les intéressés. Le sucre était du *sable,* le café des *haricots,* le piment des *petits-pois,* le rhum du *vinaigre,* le thé du *houblon,* de manière qu'on pouvait traiter même en présence du consignataire du navire sans qu'il sût qu'il s'agissait de sa cargaison.

Je trouvai réuni à la salle n° 3 tout ce qu'il y avait dans le bagne de scélérats consommés. J'y vis un nommé Vidal, qui faisait horreur aux forçats eux-mêmes !... Arrêté à quatorze ans, au milieu d'une bande d'assassins dont il partageait les crimes, son âge seul l'avait dérobé à l'échafaud. Il était condamné à vingt-quatre ans de réclusion ; mais à peine fut-il entré dans la prison, qu'à la suite d'une querelle, il tua l'un de ses camarades d'un coup de couteau. Une condamnation à vingt-quatre années de travaux forcés remplaça alors la peine de la réclusion. Il était depuis quelques années au bagne, lorsqu'un forçat fut condamné à mort. Il n'y avait pas en ce moment de bourreau dans la ville ; Vidal offrit avec empressement ses services : ils furent acceptés, et l'exécution eut lieu, mais on dut mettre Vidal sur le banc des garde-chiourme ; autrement il était assommé à coups de chaînes. Les menaces dont il était l'objet ne l'empêchèrent pas de remplir de nouveau quelque temps après son odieux ministère. Il se chargea de plus d'administrer les bastonnades infligées aux condamnés. Enfin, en 1794, le tribunal révolutionnaire ayant été installé à Toulon, à la suite de la prise de cette ville par Dugommier, Vidal fut chargé d'exécuter ses arrêts. Il se croyait définitivement libéré ; mais quand la terreur eut cessé, on le fit rentrer au bagne, où il devint l'objet d'une surveillance toute particulière.

Au même banc que Vidal, était enchaîné le Juif Deschamps, un des auteurs du vol du Garde-Meuble, dont les forçats écoutaient le récit dans un recueillement sinistre ; seulement à l'énumération des diamants et des bijoux enlevés, leurs yeux s'animaient, leurs muscles se contractaient par un mouvement convulsif ; et, à l'expression de leurs physionomies, on pouvait juger quel usage ils eussent fait alors de leur liberté. Cette disposition se remarquait surtout chez les hommes coupables de légers délits, qu'on humiliait en les goguenardant sur la niaiserie de s'attaquer à des objets de peu de valeur ; c'est ainsi qu'après avoir évalué à vingt millions les objets enlevés au Garde-Meuble, Deschamps disait d'un air méprisant à un pauvre diable condamné pour vol de légumes : « Eh bien ! est-ce là des choux ! »

Du moment où ce vol fut commis, il devint le texte de commentaires, que les circonstances et l'agitation des esprits rendaient fort singuliers. Ce fut dans la séance du dimanche soir (16 septembre 1792), que le ministre de l'intérieur Roland annonça l'événement à la tribune de la Convention, en se plaignant amèrement du défaut de surveillance des employés et des militaires de garde qui avaient abandonné leurs postes, sous prétexte de *la rigueur du froid.* Quelques jours après, Thurlot, qui faisait partie de la commission chargée de suivre l'instruction, vint accuser à son tour l'incurie du ministre, qui répondit assez sèchement qu'il avait autre chose à faire que de surveiller le Garde-Meuble. La discussion en resta là, mais ces débats avaient éveillé l'attention, et l'on ne parlait dans le public que d'intelligences coupables, de complots dont le produit ou devait servir à soudoyer des agents ; on alla jusqu'à dire que le gouvernement s'était volé lui-même ; ce qui donna quelque consistance à ce bruit, ce fut le sursis accordé, le 18 octobre, à quelques individus condamnés pour ce fait, et dont on attendait des révélations. Néanmoins, le 22 février 1797, dans son rapport au conseil des Anciens, sur la proposition d'accorder une gratification de 5000 fr. à une dame Corbin, qui avait facilité la découverte d'une grande partie des objets enlevés, Thiébault déclara, de la manière la plus formelle, que cet événement ne se rattachait à aucune combinaison politique, et qu'il avait été tout simplement été provoqué par le défaut de surveillance, des gardiens et par le désordre qui régnait alors dans toutes les administrations.

Dans le principe, *le Moniteur* avait échauffé les imaginations les plus circonspectes, en parlant de *quarante brigands armés* qu'on aurait surpris dans les salles du Garde-Meuble ; la vérité est que l'on n'avait surpris personne, et que, lorsqu'on s'aperçut de la disparition du *Régent,* du *hochet du dauphin* et d'une foule d'autres pièces, estimées dix-sept millions, il y avait *quatre nuits* successives que Deschamps, Bernard Salles et un Juif portugais nommé Dacosta, s'introduisaient, tour à tour dans les salles sans autres armes que les instruments nécessaires pour détacher les pierreries enchâssées dans des pièces d'argenterie qu'ils dédaignaient d'emporter ;

c'est ainsi qu'ils enlevèrent avec beaucoup de précaution les magnifiques rubis qui figuraient les yeux des poissons d'ivoire.

Deschamps, à qui reste l'honneur de l'invention, s'était introduit le premier dans la galerie en escaladant une fenêtre au moyen d'un réverbère qui existe encore à l'angle de la rue Royale et de la place Louis XV. Bernard Salles et Dacosta, qui faisaient le guet, l'avaient d'abord secondé seuls ; mais la troisième nuit, Benoît Naid, Philipponeau, Paumettes, Fraumont, Gay, Mouton, lieutenant dans la garde nationale, et Durand, dit *le Turc,* bijoutier rue Saint-Sauveur, s'étaient mis de la partie, ainsi que plusieurs *grinches de la haute pègre* (voleurs de distinction), qu'on avait amicalement prévenus de venir prendre part à la curée. Le quartier général était dans un billard de la rue de Rohan ; on faisait au surplus si peu mystère de l'affaire, que le lendemain du premier vol, Paumettes, dînant avec des filles dans un restaurant de la rue d'Argenteuil, leur jeta sur la table une poignée de roses et de petits brillants. La police n'en fut pas même informée. Pour découvrir les principaux auteurs du vol, il fallut que Durand, arrêté sous la prévention de fabrication de faux assignats, se décidât à faire des révélations pour obtenir sa grâce. Ce fut sur ces données qu'on parvint à retrouver le *Régent ;* il fut saisi à Tours, cousu dans la toque d'une femme nommée Lelièvre, qui, ne pouvant passer en Angleterre à cause de la guerre, allait le vendre à Bordeaux, à un Juif ami de Dacosta. On avait d'abord tenté de s'en défaire à Paris, mais la Valeur de cette pièce, estimée douze millions, devait éveiller des soupçons dangereux ; on avait également renoncé au projet de la faire diviser à la scie, dans la crainte d'être trahi par le lapidaire.

La plupart des auteurs du vol furent successivement arrêtés et condamnés pour d'autres délits ; de ce nombre se trouvèrent Benoît Naid, Dacosta, Bernard Salles, Fraumont et Philipponeau ; ce dernier, arrêté à Londres à la fin de 1791, au moment où il faisait graver une planche d'assignats de 300 fr., avait été amené à Paris et enfermé à la Force, d'où il s'était évadé à la faveur des massacres du 2 septembre.

Avant d'être condamné pour le vol du Garde-meuble, Deschamps avait été impliqué dans une affaire capitale, dont il s'était tiré, bien que coupable, comme il s'en vantait avec nous, en donnant des détails qui ne permettaient pas d'en douter ; il s'agissait du double assassinat du joaillier Deslong et de sa servante, commis de complicité avec le brocanteur Fraumont.

Deslong faisait des affaires assez étendues dans sa partie. Outre les achats particuliers, il faisait encore le courtage en perles et en diamants, et comme il était connu pour honnête homme, on lui confiait souvent des objets de prix, soit pour les vendre ou pour en tirer parti en les démontant ; il courait aussi les ventes, et c'est là qu'il avait fait la connaissance de Fraumont, qui s'y rendait fort assidûment pour acheter principalement des chasubles et autres ornements provenant du pillage des églises (1793), qu'il brûlait pour extraire le métal des galons. De l'habitude de se voir et de se trouver en concurrence pour quelques opérations, naquit entre ces deux hommes une sorte de liaison qui devint bientôt intime. Deslong n'avait plus rien de caché pour Fraumont ; il le consultait sur toutes ses entreprises, l'informait de la valeur de tous les dépôts qu'il recevait, et alla même jusqu'à lui confier le secret d'une cachette où il plaçait ses objets les plus précieux.

Instruit de toutes ces particularités, et ayant ses entrées libres chez Deslong, Fraumont conçut le projet de le voler pendant qu'il serait avec sa femme au spectacle, où ils allaient souvent. Il fallait également un complice pour faire le guet ; il était d'ailleurs dangereux pour Fraumont, que le jour de l'expédition on le vît dans la maison, où tout le monde le connaissait. Il avait d'abord choisi un serrurier, forçat évadé, qui avait fait les fausses clefs nécessaires pour entrer chez Deslong ; mais cet homme, poursuivi par la police, ayant été forcé de quitter Paris, il lui substitua Deschamps.

Au jour pris pour effectuer le vol, Deslong et sa femme étant partis au *Théâtre de la République,* Fraumont fut se mettre en embuscade chez un marchand de vin pour guetter le retour de la servante, qui profitait ordinairement de l'absence de ses maîtres pour aller voir son amant. Deschamps monta à l'appartement et ouvrit doucement la porte avec une des fausses clefs... Quel fut son étonnement de voir dans le vestibule la servante, qu'il croyait sortie (sa sœur, qui lui ressemblait beaucoup, l'ayant effectivement quittée quelques instants auparavant...) ! À l'aspect de Deschamps, dont la surprise rendait la figure plus effrayante encore, cette fille laisse tomber son ouvrage... Elle va crier... Deschamps se précipite sur elle, la renverse, la saisit à la gorge, et lui porte cinq coups d'un couteau à gaine qu'il portait toujours dans la poche droite de son pantalon. La malheureuse tombe baignée dans son sang... Pendant qu'elle fait entendre le râle de la mort, l'assassin furète dans tous les coins de l'appartement, mais, soit que cet incident inattendu l'eut troublé, soit qu'il entendît quelque rumeur sur les escaliers, il se borne à enlever quelques pièces d'argenterie qui se trouvent sous sa main, revient trouver son complice chez le marchand de vin où il s'était posté, et lui raconte toute l'aventure ; celui-ci se montra fort affecté, non de la mort de la servante, mais du peu d'intelligence et d'aplomb de Deschamps, auquel il reprochait de n'avoir pas su découvrir la cachette qu'il lui avait si bien indiquée : ce qui mettait le comble à son mécontentement, c'est qu'il prévoyait qu'après une pareille catastrophe, Deslong se tiendrait si bien sur ses gardes, qu'il serait impossible de retrouver une semblable occasion.

Celui-ci avait en effet changé de logement à la suite de cet événement, qui lui inspirait les plus vives terreurs ; le peu de monde qu'il recevait n'était introduit chez lui qu'avec de grandes précautions. Quoique Fraumont vitât de s'y présenter, il ne conçut point de soupçons contre lui : comment aurait-il eu de pareilles idées sur un homme qui, s'il eût commis le crime, n'eût pas manqué de dévaliser la cachette dont il connaissait le secret. Le rencontrant même au bout de quelques jours sur la place Vendôme, il l'engagea fortement à venir le voir, et se lia plus intimement que jamais avec lui. Fraumont revint alors à ses premiers projets ; mais, désespérant de forcer la nouvelle cachette, qui, d'ailleurs, était soigneusement gardée, il se décida à changer de plan. Attiré chez Deschamps, sous prétexte de traiter d'une forte partie de diamants, Deslong fut assassiné et dépouillé d'une somme de dix-sept mille francs, tant en or qu'en assignats, dont il s'était muni sur l'invitation de Fraumont, qui lui porta le premier coup.

Deux jours s'écoulèrent : madame Deslong ne voyant pas revenir son mari, qui ne se fût pas absenté si long-temps sans l'en prévenir, et sachant qu'il était porteur de valeurs assez considérables, ne douta plus qu'il ne lui fût arrivé malheur. Elle s'adressa à la police, dont l'organisation se ressentait alors de la confusion qui régnait dans tous les services ; on parvint cependant à mettre la main sur Fraumont et sur Deschamps, et les révélations du serrurier qui devait concourir au vol, et qui était arrêté de nouveau, eussent pu leur être funestes ; mais on refusa à cet homme la liberté qu'on lui avait promise à titre de récompense, et l'agent de police Cadot, qui avait été son intermédiaire, ne voulant pas en avoir le démenti, le fit évader dans le trajet de la Force au Palais. Cette circonstance enlevant le seul témoin à charge qui eût pu déposer dans l'affaire, Deschamps et Fraumont furent mis en liberté.

Condamné depuis à dix-huit ans de fers, pour d'autres vols, Fraumont partit pour le bagne de Rochefort le 1er nivose an VII ; il ne se tenait pourtant pas encore pour battu : au moyen de l'argent provenant de ses expéditions, il avait soudoyé quelques individus, qui devaient suivre la chaîne pour faciliter son évasion, dans le cas où il pourrait la tenter, ou même pour l'enlever s'il y avait lieu. L'usage qu'il se proposait de faire de sa liberté, c'était de venir assassiner M. Delalande, premier président du tribunal qui l'avait condamné, et le commissaire de police de la *section de l'Unité,* qui avait produit contre lui des charges accablantes. Tout était disposé pour l'exécution de ce projet, quand une femme publique qui en avait appris le détail de la bouche d'un des intéressés, fit des révélations spontanées : on prit les mesures en conséquence ; l'escorte fut avertie ; lorsque la chaîne sortit de Bicêtre, on mit à Fraumont des menottes qui ne le quittèrent qu'à son arrivée à Rochefort, où il fut spécialement recommandé ; on m'a assuré qu'il était mort au bagne. Pour Deschamps, qui devait bientôt s'évader de Toulon, il fut trois ans après arrêté à la suite d'un vol commis à Auteuil, condamné à mort par le tribunal criminel de la Seine, et exécuté à Paris.

À la salle n° 3, je n'étais séparé de Deschamps que par un voleur effractionnaire, Louis Mulot, fils de ce Cornu qui porta long-temps l'effroi dans les campagnes de la Normandie, où ses crimes ne sont point encore oubliés. Déguisé en maquignon, il courait les foires, observait les marchands qui portaient avec eux de fortes sommes, et prenait la traverse pour aller les attendre dans quelque endroit écarté, où il les assassinait. Marié en troisièmes noces à une jeune et jolie fille de Bernai, il lui avait d'abord soigneusement caché sa terrible profession, mais il ne tarda pas à découvrir qu'elle était digne en tout de lui. Dès lors il l'associa à toutes ses expéditions. Courant aussi les foires comme mercière ambulante, elle s'introduisait facilement auprès des riches cultivateurs de la vallée d'Auge, et plus d'un trouva la mort dans un galant rendez-vous. Plusieurs fois soupçonnés, ils opposèrent avec succès des *alibi* dus aux excellents chevaux dont ils avaient toujours soin de se munir.

En 1794, la famille Cornu se composait du père, de la mère, de trois fils, de deux filles et des amants de ces dernières, qu'on avait habitués au crime dès leur plus tendre enfance, soit en les faisant servir d'espions, soit en les envoyant mettre le feu aux granges. La plus jeune des filles, Florentine, ayant d'abord témoigné quelque répugnance, on l'avait aguerrie en lui faisant porter pendant deux lieues dans son tablier la tête d'une fermière des environs d'Argentan ! ! !...

Plus tard, tout à fait *affranchie* (dégagée de tout scrupule), elle eut pour amant l'assassin Capelu, exécuté à Paris en 1802. Lorsque la famille se forma en bande de chauffeurs pour exploiter le pays situé entre Caen et Falaise, c'était elle qui donnait la question aux malheureux fermiers, en leur mettant sous l'aisselle une chandelle allumée, ou en leur posant de l'amadou brûlant sur l'orteil.

Vivement poursuivi par la police de Caen et surtout par celle de Rouen, qui venait d'arrêter deux des jeunes gens à Brionne, Cornu prit le parti de se retirer pour quelque temps dans les environs de Paris, espérant ainsi dépister son monde. Installé avec sa famille dans une maison isolée de la route de Sèvres, il ne craignait pourtant pas de venir faire sa promenade aux Champs-Élysées, où il rencontrait presque toujours quelques voleurs de sa connaissance. « Eh ! bien, père Cornu, lui disaient-ils un jour, que faites-vous maintenant ? – Toujours le *grand soulasse* (l'assassinat), mes enfants, toujours le grand soulasse. – Il est drôle le père Cornu... ; mais la *passe* (la peine de mort)... – Eh ! on ne la craint pas quand il n'y a plus *de parrains* (témoins)... Si j'avais *refroidi* tous les *garnafiers* que j'ai mis en *suage,* je n'en aurais pas *le taf* aujourd'hui. (Si j'avais tué tous les fermiers auxquels j'ai chauffé les pieds, je n'en aurais pas peur aujourd'hui.) »

Dans une de ces excursions, Cornu rencontra un de ses anciens collègues, qui lui proposa de forcer un pavillon situé dans les bois de Ville-d'Avray. Le vol s'exécute, on partage le butin, mais Cornu croit s'apercevoir qu'il est dupe. Arrivé au milieu du bois, il laisse tomber sa tabatière en la présentant à son camarade ; celui-ci fait un mouvement pour la ramasser ; à l'instant où il se baisse, Cornu lui fait sauter la cervelle d'un coup de pistolet, le dépouille, et regagne sa maison, où il raconte l'aventure à sa famille, en riant aux éclats.

Arrêté près de Vernon, au moment de pénétrer dans une ferme, Cornu fut conduit à Rouen, traduit devant la Cour criminelle, et condamné à mort. Dans l'intervalle de son pourvoi, sa femme, restée libre, allait chaque jour lui porter des provisions et le consoler : « Écoute, lui dit-elle, un matin qu'il paraissait plus sombre qu'à l'ordinaire, écoute, Joseph, on dirait que la *carline* (la mort) te fait peur... Ne va pas faire le *sinvre* (la bête) au moins quand tu seras sur la *placarde* (la place des exécutions)... Les *garçons de campagne* (voleurs de grands chemins) se moqueraient joliment de toi...

» Oui, dit Cornu, tout cela serait bel et bon, s'il ne s'agissait pas de la *coloquinte* (tête), mais quand *on a Charlot* (le bourreau) d'un côté, *le sanglier* (le confesseur) *de l'autre,* et *les marchands de lacets* (les gendarmes) derrière, ce n'est pas déjà si réjouissant d'aller faire des abreuvoirs à mouches...

» Allons donc ! Joseph, pas de ces idées là ; suis qu'une femme, vois-tu ; eh bien ! j'irais là comme à une neuvaine, avec toi surtout, mon pauvre Joseph ! Oui, je te le dis, foi de Marguerite, je voudrais y aller avec toi.

– » Bien vrai ! répartit Cornu.

– » Oh oui, bien vrai, soupira Marguerite. Mais pourquoi te lèves-tu, Joseph... ? Qu'as-tu donc ?

– » Je n'ai rien, reprit Cornu ; puis, s'approchant d'un porte-clefs qui se tenait à l'entrée du corridor Roch, lui dit-il, faites venir le concierge, j'ai besoin de parler à l'accusateur public.

– » Comment, s'écria la femme, l'accusateur public... ! Voudrais-tu *manger le morceau ?* (faire des révélations.) Ah Joseph, quelle réputation tu vas laisser à nos enfants ! »

Cornu garda le silence jusqu'à l'arrivée du magistrat ; alors il dénonça sa femme, et cette malheureuse condamnée à mort par suite de ses révélations, fut suppliciée en même temps que lui. Mulot, de qui je tiens les détails de cette scène, ne la racontait jamais sans en rire aux larmes. Toutefois, il ne pensait pas que l'on dût plaisanter avec la guillotine, et depuis long-temps il évitait toute affaire qui eût pu l'envoyer rejoindre son père, sa mère un de ses frères et sa sœur Florentine, tous exécutés à Rouen. Quand il parlait d'eux et de la fin qu'ils avaient faite il lui arrivait souvent de dire : *Voilà ce que c'est que de jouer avec le feu ; aussi l'on ne m'y prendra pas :* et en effet, ses jeux étaient moins redoutables, ils se bornaient à un genre de vol dans lequel il excellait. L'aînée de ses sœurs, qu'il avait amenée à Paris, le secondait dans ses expéditions. Vêtue en blanchisseuse, la hotte au dos ou le panier au bras, elle montait dans les maisons sans portier, frappait à toutes les portes, et quand elle s'était assuré qu'un locataire était absent, elle revenait faire part de sa découverte à Mulot. Alors celui-ci, déguisé en garçon serrurier, accourait, son trousseau de rossignols à la main, et en deux tours il venait à bout de la serrure la plus compliquée. Souvent, afin de ne pas éveiller les soupçons, dans le cas où quelqu'un viendrait à passer, la sœur, le tablier devant elle, la modeste cornette sur le front, et avec l'air contrarié d'une bonne qui a perdu sa clef, assistait l'opération. Mulot, ainsi qu'on le voit, ne manquait pas de prévoyance ; il n'en fut pas moins surpris en besogne, et peu de temps après condamné aux fers.

CHAPITRE XIV.

Le père Mathieu. – Je me fais industriel. – Ruine de mon établissement. – On me croit perdu. – Je suis aide major. – Ecce Homo ou le marchand de cantiques. – Un déguisement. – Arrêtez ! c'est un forçat. – Je suis mis à la double chaîne. – La clémence du commissaire. – Je lui fais un conte. – Ma plus belle évasion. – La fille publique et l'enterrement. – Je ne sais pas ce que c'est. – Situation critique. – Une bande de brigands. – J'y découvre un voleur. – J'obtiens mon congé. – L'indemnité de route. – Je promets le secret.

Jamais je n'avais été si malheureux que depuis mon entrée dans le bagne de Toulon. Confondu à vingt-quatre ans avec les plus vils scélérats, sans cesse en contact avec eux, j'eusse mieux aimé cent fois être réduit à vivre au milieu d'une troupe de pestiférés. Contraint à ne voir, à n'entendre que des êtres dégradés, dont l'esprit sans cesse s'évertuait au mal, je redoutais pour moi la contagion de l'exemple. Quand, jour et nuit, en ma présence, on préconisait hautement les actions les plus contraires à la morale, je n'étais plus assez sûr de la force de mon caractère pour ne pas craindre de me familiariser avec ce perfide et dangereux langage. À la vérité, j'avais déjà résisté à de nombreuses tentations ; mais le besoin, la misère, le désir surtout de recouvrer la liberté, peuvent souvent faire faire vers le crime un pas involontaire. Je ne m'étais pas encore trouvé dans une situation à laquelle il m'eût paru plus urgent d'échapper. Dès lors toutes mes pensées se tournèrent vers la possibilité d'une évasion. Divers plans s'offraient à mon esprit ; mais ce n'était pas tout de les avoir conçus : pour les exécuter, il me fallait attendre un moment favorable ; jusque là la patience était l'unique remède à mes maux. Attaché au même banc que des voleurs de profession, qui déjà s'étaient évadés plusieurs fois, j'étais, ainsi qu'eux, l'objet d'une surveillance bien difficile à déjouer. Retirés dans leurs *cambrons* (cabanes), placés à peu de distance de nous, les argousins étaient à portée d'épier nos moindres mouvements. Le père *Mathieu*, leur chef, avait des yeux de lynx, et une telle habitude des hommes, qu'à la première vue il s'apercevait si l'on avait le dessein de le tromper. Ce vieux renard approchait de la soixantaine, mais, pourvu d'une de ces organisations solides qui semblent être à l'épreuve des ans, il était encore vigoureux. C'était une de ces tailles carrées que rien n'use sur l'âge. Je crois le voir avec sa petite queue, ses cheveux gris poudrés, et son visage en courroux, qui allait si bien au métier qu'il faisait. Jamais il ne parlait sans mettre son bâton sur le tapis. C'était pour lui un plaisir de raconter les nombreuses bastonnades qu'il avait données ou fait donner. Continuellement en guerre avec les forçats, il n'y avait pas une de leurs ruses qu'il ne connût. Sa défiance était si grande, que souvent même il les accusait de comploter quand ils ne songeaient à rien. On doit penser qu'il n'était pas facile d'adoucir un pareil Cerbère. J'essayai cependant de captiver sa bienveillance ; c'était une entreprise dans laquelle personne n'avait encore réussi : bientôt je reconnus que je ne m'étais pas leurré d'un vain espoir ; je gagnais visiblement dans son esprit. Le père Mathieu m'adressait quelquefois la parole ; c'était, me disaient les anciens, un signe que je lui convenais beaucoup ; il n'y avait donc pas d'inconvénient à ce que je lui demandasse une grâce. Je le priai de me permettre de fabriquer des jouets d'enfants avec des morceaux de bois que m'apporteraient les forçats qui allaient *à la fatigue*. Il m'accorda tout ce que je voulais, à la condition que je serais sage ; et dès le lendemain je me mis à l'œuvre. Mes camarades ébauchaient, et moi je finissais. Le père Mathieu, trouvait que ce que je faisais était joli ; quand il remarqua que j'avais des aides pour mon petit travail, il ne put s'empêcher de témoigner qu'il était satisfait, ce qui ne lui était pas arrivé depuis long-temps. « À la bonne heure ! dit-il, voilà comment j'aime que l'on s'amuse : il serait bien à désirer que vous en fissiez tous autant, ça vous distrairait, et au moins avec le produit vous pourriez vous procurer quelques douceurs. » En peu de jours, le banc fut transformé en un atelier, où quatorze hommes également pressés de fuir l'ennui, et d'avoir quelque argent à leur disposition, déployaient la plus grande activité. Nous avions toujours de la marchandise prête, dont le débit s'effectuait par l'entremise des forçats qui nous fournissaient la matière première. Pendant un mois, notre commerce fut des plus florissants ; chaque jour nous faisions une recette assez abondante, dont il n'entrait pas une obole au bureau. Ainsi que cela se pratique d'ordinaire le père Mathieu, moyennant rétribution, nous avait autorisés à prendre pour notre trésorier le nommé *Pantaragat*, forçat qui vendait à boire et à manger dans la salle où nous étions. Malheureusement, il est des objets qu'on ne peut multiplier sans que l'équilibre nécessaire entre produire et consommer n'en soit détruit ; c'est une vérité d'économie politique : il vint un moment où la fabrication se ralentit faute de débouché. Toulon était encombré de jouets de toutes façons : il fallut nous croiser les bras. Ne sachant plus que faire, je prétextai des douleurs de jambes afin d'entrer à l'hôpital. Le médecin à qui je fus recommandé par le père Mathieu, dont j'étais véritablement le protégé, crut que j'étais hors d'état de pouvoir marcher. Quand on projette de s'évader, il est toujours bon de donner de soi une telle opinion. Le docteur *Ferrant* ne soupçonna pas un seul instant que j'eusse l'intention de le tromper ; c'était un de ces disciples d'Esculape qui, comme la plupart des Hippocrate de l'école de Montpellier, d'où il était sorti, imaginent que la brusquerie est un des attributs de leur profession ; mais il ne laissait pas que d'être humain, il avait surtout pour moi beaucoup de bonté. Le chirurgien en chef m'avait aussi pris en affection : c'était à moi qu'il avait confié le soin de sa boîte à pansement ; je disposais la charpie, je préparais les compresses, enfin je me rendais utile, et ma complaisance me valait des égards ; il n'y eut pas jusqu'à l'argouzin de l'infirmerie qui ne se fit un plaisir de m'être agréable : pourtant personne ne surpassait en dureté M. *Lhomme* (c'était le nom de cet employé), que l'on appelait assez plaisamment l'*Ecce Homo,* parce qu'autrefois il avait été marchand de cantiques. Bien que je lui eusse été signalé comme dangereux, M. Lhomme était tellement enchanté de ma bonne conduite, et plus encore des bouteilles de vin cuit que je lui repassais, qu'il s'humanisa visiblement. Quand je fus à peu près certain de ne plus lui inspirer de défiance, je dressai mes batteries, pour mettre en défaut sa vigilance, ainsi que celle de ses confrères. Déjà je m'étais procuré une perruque et des favoris noirs ; j'avais en outre caché dans ma paillasse une vieille paire de bottes, à laquelle le cirage donnait un aspect de nouveauté : ce n'était encore là que pour la tête et pour les pieds ; pour le complément de ma toilette, je comptais sur le chirurgien en chef, qui avait l'habitude d'entreposer sur mon lit sa redingote, son chapeau, sa canne et ses gants. Un matin qu'il était occupé à amputer un bras, je m'aperçus que M. Lhomme l'avait suivi, afin d'assister à l'opération qui se faisait à l'une des extrémités de la salle : l'occasion était belle pour un travestissement ; je me hâte de l'effectuer, et sous mon nouveau costume, je vais droit à la sortie ; il me fallait passer au milieu d'une troupe de sous argousins ; je me risque effrontément ; aucun d'eux ne paraît faire attention à moi, et déjà je me suppose hors de péril, lorsque j'entends ce cri : « *Arrêtez ! arrêtez ! c'est un forçat qui s'évade.* » À peine me restait-il vingt pas à faire pour gagner la porte de l'arsenal : sans me déconcerter, je redouble de vitesse, et, parvenu devant le poste, je dis à la garde, en montrant un individu qui venait d'entrer dans la ville : « *Courrez donc avec moi, c'est un échappé de l'hôpital.* » Cette présence d'esprit allait peut-être me sauver ; mais, sur le point de franchir la grille, je me sens tirer par ma perruque ; je me retourne, c'est M. Lhomme : si je résiste, je suis mort ; je me résigne à marcher devant lui, et l'on me reconduit au bagne, où je suis mis à la double chaîne. Il était clair qu'il allait me revenir une correction ; pour l'éviter, je me jette aux genoux du commissaire : « Ah ! Monsieur, lui dis-je, que l'on ne me frappe pas, c'est la seule grâce que je vous demande ; je ferai plutôt trois ans de plus si vous l'exigez. » Le commissaire, quelque touchante que fût ma prière, avait beaucoup de peine à garder sa gravité ; enfin il répondit qu'il me pardonnait, en faveur de la hardiesse et de la nouveauté du tour ; mais il voulut que je lui désignasse la personne qui m'avait procuré les objets d'habillement dont le chirurgien n'avait pas fait les frais. « Vous n'ignorez pas, lui répartis-je, que les gens qui nous gardent sont des misérables qui font tout pour de l'argent ; mais rien au monde ne me fera trahir celui qui m'a servi. » Satisfait de ma franchise, il donna aussitôt l'ordre de me retirer la double chaîne, et comme l'argouzin murmurait contre tant d'indulgence, il lui prescrivit de se taire, en ajoutant : « Vous devriez l'aimer au lieu de lui en vouloir, car il vient de vous donner une leçon dont vous pourrez faire votre profit. » Je remerciai le commissaire, et l'instant d'après je fus ramené sur le banc fatal auquel je me devais encore être attaché pendant six ans. Je me flattai alors de l'espoir de relever ma fabrique de jouets d'enfants ; mais le père Mathieu s'y opposa, et je fus, malgré moi, obligé de rester dans l'inaction. Deux mois se passèrent sans qu'il survînt aucun changement dans ma position. Une nuit, je ne pouvais pas dormir ; tout à coup il me vint une de ces idées lumineuses que l'on ne trouve que pendant les ténèbres ; Jossas était éveillé, je la lui communique. On devine qu'il s'agissait toujours de tentatives d'évasion ; il juge excellent, merveilleux, le moyen que j'ai imaginé, et il m'engage fortement à ne pas le négliger. On va voir que je n'oubliai pas son conseil. Un matin, le commissaire du bagne, faisant sa ronde, passant près de moi ; je lui demandai la permission de l'entretenir en particulier. « Eh ! que me veux-tu ? me dit-il ; as-tu quelque plainte à porter ? parle, garçon, parle hautement, je te ferai justice. » Encouragé par la douceur de ce langage : « Ah ! mon bon commissaire, m'écriai-je, vous voyez devant vous un second exemple de l'*honnête criminel.* Peut-être vous souviendrez-vous qu'en arrivant ici je vous ai fait connaître que je tenais la place de mon frère : je ne l'accuse point, je me plais même à croire qu'il était innocent du faux qu'on lui a imputé ; mais c'est lui que, sous mes prénoms, la Cour de Douai a condamné, c'est lui qui s'est évadé du bagne de Brest ; aujourd'hui, réfugié en Angleterre, il est libre, et moi, victime d'une funeste méprise, il me faut subir sa peine ; ai-je été malheureux de lui ressembler ! Sans cette circonstance, je n'aurais pas été conduit à Bicêtre, les gardiens de cette maison n'auraient pas déclaré qu'ils me reconnaissaient. En vain ai-je sollicité une enquête, c'est parce qu'on s'en est rapporté à leur témoignage que l'on a admis une identité qui n'existe pas. Enfin l'erreur est consommée, je suis bien à plaindre ! Je sais qu'il ne dépend pas de vous de faire réformer une décision sans appel, mais il est une grâce que vous pouvez m'accorder : par mesure de sûreté, l'on m'a mis à la salle des suspects, où je me trouve jeté au milieu d'un ramas de voleurs, d'assassins, de scélérats endurcis. À chaque instant, je frémis au récit des crimes qu'ils ont commis, comme à l'espoir de ceux qu'ils commettraient encore si jamais ils parvenaient à se délivrer de leurs fers. Ah ! je vous en supplie, au nom de tous les sentiments d'humanité, ne me laissez pas plus long-temps avec des êtres aussi pervertis. Mettez-moi au cachot, accablez-moi de chaînes, faites de moi tout ce que vous voudrez, mais que je ne sois plus avec eux. Si j'ai cherché à m'évader, ce n'a été que pour me délivrer de la présence de ces infâmes. (Dans ce moment, je me tournais du côté des forçats.) Voyez, mon commissaire, de quel œil de férocité ils me regardent ; déjà ils se préparent à me faire repentir de ce que je vous dis : ils brûlent de tremper leurs mains dans mon sang ; encore une fois, je vous en conjure, ne m'abandonnez pas à la vengeance de pareils monstres. » Pendant ce discours, les forçats étaient comme pétrifiés d'étonnement ; ils ne concevaient pas qu'un de leurs camarades eût ainsi la témérité de les injurier en face ; le commissaire lui-même ne savait que penser d'une démarche aussi étrange ; il gardait le silence ; je vis qu'il était profondément ému. Alors, me jetant à ses pieds, et les larmes aux yeux, je repris : « Ayez pitié de moi. Si vous me refusez, si vous vous éloignez sans m'avoir fait sortir de cette salle, vous ne me reverrez plus ». Ces dernières paroles produisirent l'effet que je m'en étais promis. Le commissaire qui était un brave homme, me fit déférer en sa présence, et donna l'ordre de me mettre de suite *à la fatigue.* On m'accoupla avec un nommé *Salesse,* gascon aussi malin que peut l'être un forçat. La première fois que nous fûmes seuls, il me demanda si j'avais l'intention de m'évader. Je n'ai garde d'y penser, lui répondis-je ; ne suis-je pas déjà assez heureux que l'on me laisse travailler. Cependant Jossas possédait mon secret ; ce fut lui qui disposa tout pour mon évasion. J'eus des vêtements bourgeois, que je cachai sous mes habits de galériens, sans même que mon camarade de couple s'en aperçût. Un boulon à vis avait remplacé le boulon rivé de la manicle, et j'étais prêt à partir. Le troisième jour après avoir quitté mes compagnons, je sors pour me rendre à la fatigue, et me présente à la visite de l'argouzin : Passe *mariase* (vaurien), me dit le père Mathieu, il n'est pas temps. Me voilà dans la corderie ; l'endroit me paraît propice ; je dis à mon camarade que j'ai à satisfaire un besoin ; il m'indique des pièces de bois derrière lesquelles je puis me placer, et à peine m'a-t-il perdu de vue, qu'ayant jeté ma casaque rouge et dévissé le boulon, je me mets à fuir dans la direction du bassin. On y réparait alors la frégate la *Muiron*, l'une de celles qui avaient ramené d'Égypte Bonaparte et sa suite. Je monte à bord et demande le maître charpentier que je savais être à l'hôpital. Le *coq* (cuisinier), à qui je m'adresse, me prend pour un homme du nouvel équipage. Je m'applaudis de son erreur, et pour l'y confirmer de plus en plus, comme à l'accent j'ai reconnu qu'il est Auvergnat, j'engage avec lui, dans le patois de son pays, une conversation que je soutiens du ton le plus assuré ; cependant j'étais sur les épines : quarante couples de forçats travaillaient à deux pas de nous. D'un instant à l'autre on pouvait me reconnaître. Enfin une embarcation part pour la ville, je m'y précipite, et, saisissant un aviron, je fends la lame comme un vieux matelot ; bientôt nous sommes dans Toulon. Pressé de gagner la campagne, je cours à la porte d'Italie, mais personne ne sort sans être muni d'une carte verte, délivrée par la municipalité ; on me refuse le passage, et tandis que je cherche dans mon esprit comment je viendrai à bout de prouver que la consigne n'est pas pour moi, j'entends les trois coups de canon qui donnent au loin le signal de mon évasion. Dans ce moment, un frisson me parcourt de la tête aux pieds ; déjà je me vois au pouvoir des argousins et de toute la milice du bagne ; il me semble comparaître devant ce brave commissaire que j'ai si indignement trompé ; si je suis repris, je suis perdu. Livré à ces tristes réflexions, je m'éloigne en toute hâte, et afin de rencontrer moins de monde, je me dirige vers les remparts.

Parvenu dans un endroit isolé, je marchai, assez lentement, comme un homme qui ne sachant où porter ses pas, tient conseil avec lui-même, quand une femme m'accoste et me demande en provençal l'heure qu'il est ; je lui réponds que je l'ignore ; elle se met alors à jaser de la pluie et du beau temps, et finit par me proposer de l'accompagner ; c'est à quatre pas d'ici, ajouta-t-elle, personne ne nous verra. L'occasion de trouver un refuge était trop belle pour la laisser échapper : je suis ma conductrice dans une espèce de galetas où je fais venir quelques rafraîchissements. Pendant que nous sommes à causer, trois autres coups de canon se font entendre. « Ah ! s'écria cette fille d'un air de satisfaction, voilà le deuxième qui s'échappe aujourd'hui. – Eh quoi ! lui dis-je, la belle enfant, ça te fait donc plaisir ? aurais-tu l'espoir de toucher la récompense ? – Moi ! tu ne me connais guère. – Bah ! bah ! repris-je, cinquante francs sont toujours bons à gagner, et je te jure bien que si l'un de ces gaillards-là tombait sous ma coupe... – Vous êtes un malheureux ! s'écria-t-elle, en faisant un geste comme pour me repousser : je ne suis qu'une pauvre fille, mais ce n'est pas Célestine qui mangera jamais de ce pain-là. » À ces mots, qu'elle prononça avec un accent de vérité qui ne me permettait pas de douter que l'épreuve me fût suffisante, je n'hésitai plus, je lui confiai mon secret. Dès qu'elle eut appris que j'étais un forçat, je ne saurais exprimer combien elle parut s'intéresser à mon sort. « Mon Dieu, disait-elle, ils sont si à plaindre, que je voudrais les sauver tous, aussi j'en ai déjà sauvé plusieurs » ; puis après s'être interrompue un instant comme pour réfléchir : « Laisse-moi faire, me dit-elle, j'ai mon amant qui a une carte verte, j'irai demain la lui emprunter, tu t'en serviras, et une fois hors la ville, tu la déposeras sous une pierre que je t'indiquerai ; en attendant, comme nous ne sommes pas en lieu sûr, je vais t'emmener dans ma chambre. » Lorsque nous y fûmes arrivés, elle m'annonça qu'elle allait me laisser un moment seul. « Il faut que j'avertisse mon amant, me dit-elle, je serai bientôt de retour. » Les femmes sont quelquefois si bonnes comédiennes, que, malgré tant de démonstrations bienveillantes, je redoutais quelque perfidie ; peut-être Célestine ne sortait-elle que pour me dénoncer ; elle n'était pas encore dans la rue, que je descends rapidement l'escalier : « Eh bien ! eh bien ! s'écrie cette fille, n'as-tu pas peur ? Si tu te méfies, viens avec moi plutôt. » Je crus qu'il était prudent de la veiller de près ; nous nous acheminons ensemble pour nous rendre je ne sais où. À peine avons-nous fait quelques pas, que vient à passer un convoi funèbre. « Suis l'enterrement, me dit ma protectrice, tu es sauvé », et sans que j'aie le temps de la remercier, elle disparaît. Le cortège était nombreux, je me mêlai à la foule des assistants, et pour que l'on ne me crût pas étranger à la cérémonie, je liai conversation avec un vieux marin, dont quelques mots me mirent à même de célébrer les vertus du défunt. Je me convainquis bientôt que Célestine ne m'avait pas trompé. Quand j'eus laissé derrière moi ces remparts, dont il m'importait tant de m'éloigner, j'en pleurais presque de joie ; toutefois, afin de ne pas me trahir, je jouai l'affliction jusqu'au bout. Parvenu au cimetière, je m'avançai à mon tour au bord de la fosse, et après avoir jeté une pellée de terre sur le cercueil, je me séparai de la compagnie en suivant des sentiers détournés. Je marchai très long-temps, sans perdre de vue Toulon. Sur les cinq heures du soir, près d'entrer dans un bois de sapins, j'aperçois tout à coup un homme armé d'un fusil : comme il était assez bien vêtu, et qu'il avait une carnassière, ma première pensée fut que c'était un chasseur ; mais en remarquant hors de sa veste la crosse d'un pistolet, je craignis que ce ne fut un de ces Provençaux qui, au bruit du canon, ne manquent jamais de se mettre en campagne pour traquer les forçats évadés. Si mes appréhensions étaient justes, toute fuite était inutile ; peut-être alors valait-il mieux avancer que rétrograder ; ce fut le parti que je pris, et m'étant assez approché de lui pour être à portée de saisir son premier mouvement, dans le cas où il serait hostile, je demandai la route d'Aix.

« – Est-ce la traverse ou la grande route ? me dit-il avec une intention marquée.

» – Ça m'est égal, répondis-je, espérant par cette indifférence écarter les soupçons.

» – En ce cas, suivez ce sentier, il vous mènera droit au poste de la gendarmerie ; si vous n'aimez pas à voyager seul, vous pourrez profiter de la correspondance. »

À ce mot de *gendarmerie,* je me sentis pâlir. L'inconnu s'aperçut de l'effet qu'il produisait sur moi : « Allons ! allons ! dit-il, je vois bien que vous ne tenez pas à labourer la grande route. Eh bien ! si vous n'êtes pas trop pressé, je vous conduirai jusqu'au village de Pourrières, qui n'est qu'à deux lieues d'Aix. » Il se montrait trop bien au fait des localités pour que je ne m'accommodasse pas de son obligeance ; je consentis à l'attendre. Alors, sans quitter sa place, il me désigna à quelque distance de lui un fourré où il ne tarderait pas à me joindre. Deux heures se passèrent avant qu'il eût terminé sa faction ; enfin il vint à moi : « Debout ! » me dit-il. Je me levai, je le suivis, et lorsque je me croyais encore dans l'épaisseur du bois, je me trouvai sur la lisière, à cinquante pas d'une maison devant laquelle étaient assis des gendarmes. À la vue de leur uniforme, je tressaillis. « Eh ! qu'avez-vous donc ? me dit mon guide ; craignez-vous que je vous livre ? Si vous redoutez quelque chose, voilà de quoi vous défendre. » En même temps il me présente ses pistolets ; je les refuse. « À la bonne heure ! » reprit-il, et il me serra la main pour marquer qu'il était satisfait de cette preuve de confiance. Masqués par les broussailles qui bordaient la route, nous nous étions arrêtés ; je ne comprenais pas trop le but d'une halte si près de l'ennemi. La station fut longue, enfin, à la tombée de la nuit, nous vîmes venir du côté de Toulon une malle-poste escortée par quatre gendarmes, que relevèrent autant d'hommes de la brigade dont le voisinage m'avait épouvanté. La malle poursuivit son chemin ; bientôt elle eut disparu. Alors mon compagnon, me saisissant par le bras, me dit d'un ton bref : « Partons, il n'y a rien à faire aujourd'hui. »

Nous nous éloignâmes aussitôt en changeant de direction ; après avoir marché environ une heure, mon guide s'approcha d'un arbre et promena ses mains sur le tronc ; je reconnus qu'il comptait des raies que l'on y avait faites avec un couteau. « C'est bon ! » s'écria-t-il avec une sorte de contentement dont je ne pouvais pas m'expliquer le sujet ; et après avoir tiré de sa carnassière un morceau de pain qu'il partagea avec moi, il me donna à boire dans sa gourde. La collation ne pouvait arriver plus à propos, car j'avais besoin de reprendre des forces. Malgré l'obscurité, nous marchions si vite, que je finis par me fatiguer : mes pieds, depuis long-temps privés d'exercice, étaient devenus douloureux, et j'allais déclarer qu'il m'était impossible de pousser plus loin, quand trois heures sonnèrent à une horloge de village. « Doucement, me dit mon guide, en se baissant pour appliquer son oreille sur le sol ; mettez-vous comme moi et écoutez : Avec cette maudite légion polonaise, il faut toujours être sur ses gardes. N'avez-vous rien entendu ? » Je répondis que je croyais avoir entendu les pas de plusieurs hommes. « – Oui, dit-il, ce sont eux, ne bougez pas, nous sommes pris. » À peine achevait-il, qu'une patrouille arriva sur les broussailles où nous étions cachés. « Voyez-vous quelque chose, vous autres ? dit-on très bas. – Rien, sergent. – Parbleu ! je crois bien, il fait noir comme dans un four. Cet enragé de Roman, que le tonnerre de Dieu l'écrase ! Nous faire voyager toute la nuit dans les bois comme des loups. Ah ! si jamais je le trouve, ou quelqu'un des siens !... » – « Qui vive ? » cria tout à coup un soldat.

» – Qu'est-ce que tu vois ? dit le sergent.

» – Rien, mais j'ai entendu respirer de ce côté. (et vraisemblablement il indiquait l'endroit où nous étions.)

» – Allons ! tu rêves... on t'a fait tant de peur de Roman, que tu crois toujours l'avoir dans ta giberne.

Deux autres soldats prétendirent aussi qu'ils avaient entendu.

« Taisez-vous donc, répliqua le sergent, je vous proteste qu'il n'y a personne ; ce sera encore cette fois comme de coutume, il nous faudra retourner à Pourières sans avoir rencontré le gibier ; tenez, mes amis, il est temps de nous retirer. » La patrouille parut se disposer à partir. « C'est une ruse de guerre, me dit mon compagnon, je suis sûr qu'ils vont battre le bois, et revenir sur nous en formant le demi-cercle. »

Il s'en fallait que je fusse à mon aise. « Auriez-vous peur ? me dit encore mon guide.

» – Ce ne serait pas le moment, répondis-je.

» – En ce cas, suivez-moi ; voilà mes pistolets ; quand je tirerai, tirez, de manière que les quatre coups n'en fassent qu'un... Il est temps ; feu ! »

Les quatre coups partent, et nous nous sauvons à toutes jambes, sans être poursuivis. La crainte de tomber dans quelque embuscade avait arrêté les soldats ; nous n'en continuâmes pas moins notre course. Arrivés auprès d'une bastide isolée, l'inconnu me dit : « Voici le jour ; mais nous sommes en sûreté. » Il passa alors entre les palissades d'un jardin, et fourrant son bras dans le tronc d'un arbre il y prit une clef ; c'était celle de la bastide, dans laquelle nous ne tardâmes pas à être installés.

Une lampe de fer, accrochée au manteau de la cheminée, éclairait un intérieur simple et rustique. Seulement je vis dans un coin un baril qui semblait contenir de la poudre ; plus haut, épars sur une planche, étaient des paquets de cartouches. Des vêtements de femme, placés sur une chaise, avec un de ces vastes chapeaux noirs à la provençale, indiquaient la présence d'une dormeuse, dont la respiration bruyante venait jusqu'à nous. Pendant que je jetais autour de moi un coup d'œil rapide, mon guide tirait d'un vieux bahut un quartier de chevreau, des oignons, de l'huile, une outre de vin, et m'invitait à prendre un repas dont j'avais le plus grand besoin. Il paraissait bien avoir quelque envie de me questionner ; mais je mangeais avec une telle avidité, qu'il se fit, je crois, un scrupule de m'interrompre. Quand j'eus terminé, c'est-à-dire quand il ne resta plus rien sur la table, il me conduisit dans une espèce de grenier, en me répétant que j'étais là bien en sûreté ; puis il se retira sans que je pusse savoir s'il restait dans la bastide, attendu qu'à peine fus-je étendu sur la paille, qu'un sommeil invincible s'empara de moi.

Lorsque je m'éveillai, je jugeai à la hauteur du soleil qu'il était deux heures après midi. Une paysanne, sans doute la même dont j'avais vu les atours, avertie par mes mouvements, montra sa tête à l'ouverture de la trappe de mon galetas : « Ne bougez pas, me dit-elle en patois, les environs sont remplis de *sapins* (gendarmes) qui furètent de tous côtés. » Je ne savais ce qu'elle entendait par ce mot de *sapins*, mais je me doutais qu'il ne s'appliquait à rien de bon.

À la brune, je revis l'homme de la veille, qui, après quelques paroles insignifiantes, me demanda directement qui j'étais, d'où je venais, où j'allais. Préparé à cet inévitable interrogatoire, je répondis que, déserteur du vaisseau l'*Océan,* alors en rade de Toulon, je cherchais à gagner Aix, d'où je me proposais de passer dans mon pays.

« C'est bon, me dit mon hôte, je vois qui vous êtes ; mais vous, qui pensez-vous que je sois ?

» – Ma foi, à dire vrai, je vous avais pris d'abord pour un garde-champêtre, ensuite j'ai cru que vous pourriez bien être un chef de contrebandiers, et maintenant je ne sais plus que penser.

» – Vous le saurez bientôt... Dans notre pays on est brave, voyez-vous, mais on n'aime pas à être soldat par force... aussi n'a-t-on obéi à la réquisition que quand on n'a pas pu faire autrement... Le contingent de Pouières a même refusé tout entier de partir ; des gendarmes sont venus pour saisir les réfractaires, on a fait résistance ; des deux côtés on s'est tué du monde, et tous ceux d'entre les habitants qui avaient pris part au combat se sont jetés dans les bois pour éviter la cour martiale. Nous nous sommes ainsi réunis au nombre de soixante, sous les ordres de M. Roman et des frères Bisson de Tretz : s'il vous convenait de rester avec nous, j'en serais bien aise, car j'ai vu cette nuit que vous êtes bon compagnon, et il m'est avis que vous ne vous souciez guère de frayer avec les gendarmes. Au surplus, nous ne manquons de rien, et nous ne courons pas grand danger... Les paysans nous avertissent de tout ce qui se passe, et ils nous fournissent plus de vivres qu'il ne nous en faut... Allons, êtes-vous des nôtres ? »

Je ne crus pas devoir rejeter la proposition, et, sans trop songer aux conséquences, je répondis comme il le désirait. Je passai encore deux jours à la bastide ; le troisième, je partis avec mon compagnon, qui me remit une carabine et deux pistolets. Après plusieurs heures de marche à travers des montagnes couvertes de bois, nous arrivâmes à une bastide beaucoup plus grande que celle que je venais de quitter : c'était là le quartier général de Roman. J'attendis un moment à la porte, parce qu'il était nécessaire que mon guide m'eût annoncé. Il revint bientôt, et m'introduisit dans une vaste grange, où je tombai au milieu d'une quarantaine d'individus dont le plus grand nombre se groupait autour d'un homme qu'à sa tenue moitié rustique moitié bourgeoise, on eût pris pour un riche propriétaire de campagne : ce fut à ce personnage qu'on me présenta : « Je suis charmé de vous voir, me dit-il : on m'a parlé de votre sang-froid, et je suis averti de ce que vous valez. Si vous souhaitez partager nos périls, vous trouverez ici amitié et franchise ; nous ne vous connaissons pas, mais avec un physique tel que le vôtre, on a partout des amis. D'abord, tous les honnêtes gens sont les nôtres, de même que tous les gens courageux : car nous ne prisons pas moins la probité que la bravoure. Après ce discours, qui ne pouvait m'être adressé que par Roman, les deux Bisson, et ensuite tous les assistants, me donnèrent l'accolade fraternelle. Telle fut ma réception dans cette société, à laquelle son chef attribuait un but politique : ce qu'il y a de certain, c'est qu'après avoir commencé comme les Chouans par arrêter les diligences qui portaient l'argent de l'état, Roman en était venu à détrousser les voyageurs. Les réfractaires dont sa troupe se composait en grande partie avaient d'abord eu quelque peine à se faire à ce genre d'expédition, mais les habitudes de vagabondage, l'oisiveté, et surtout la difficulté de retourner dans leurs familles, les avaient promptement déterminés.

Dès le lendemain de mon arrivée, Roman me désigna avec six hommes pour me porter aux environs de Saint-Maximin ; j'ignorais de quoi il s'agissait. Vers minuit, parvenu sur la lisière d'un petit bois que partageait la route, nous nous embusquons dans un ravin. Le lieutenant de Roman, Bisson de Tretz, recommande le plus profond silence. Bientôt le bruit d'une voiture se fait entendre : elle passe devant nous ; Bisson lève la tête avec précaution : « C'est la diligence de Nice, dit-il,... mais il n'y a rien à faire,... elle porte plus de dragons que de ballots. » Il donna alors l'ordre de la retraite, et nous regagnâmes la bastide, où Roman, irrité de nous voir revenir les mains vides, s'écria en jurant : « Eh bien ! elle paiera demain ! »

Il n'y avait plus moyen de me faire illusion sur l'association dont je faisais partie : décidément j'étais parmi ces voleurs de grand chemin qui répandaient l'effroi dans toute la Provence. Si je venais à être pris, ma qualité de forçat évadé ne me laissait pas même l'espoir d'un pardon qu'on pouvait encore accorder à quelques-uns de jeunes gens qui se trouvaient avec nous. En réfléchissant à ma situation, je fus tenté de fuir ; mais, récemment enrôlé dans la bande, n'était-il pas probable que l'on avait sans cesse l'œil sur moi ? D'un autre côté, exprimer le désir de me retirer, n'était-ce pas provoquer des défiances dont je serais devenu la victime ? Roman ne pouvait-il pas me prendre pour un espion, et me faire fusiller ?... La mort et l'infamie me menaçaient de partout...

Au milieu des perplexités auxquelles j'étais en proie, je m'avisai de sonder celui d'entre nous qui m'avait servi d'introducteur, et lui demandai s'il ne serait pas possible d'obtenir de notre chef un congé de quelques jours il me répondit fort sèchement que cela se faisait pour les gens bien connus, puis il me tourna le dos.

J'étais depuis onze jours avec les bandits, bien résolu à tout faire pour me dérober à l'honneur de leur exploits, lorsqu'une nuit, que l'excès de la fatigue m'avait jeté dans un profond sommeil, je fus réveillé par un bruit extraordinaire. On venait de voler à l'un de nos camarades une bourse assez bien garnie, et c'était lui qui faisait tout ce tapage. Comme j'étais le dernier venu, il était naturel que les soupçons tombassent sur moi. Il m'accusa formellement et toute la troupe faisait chorus ; en vain je protestai de mon innocence, il fut décidé que l'on me fouillerait. Je m'étais couché avec mes vêtements ; on commença à me déshabiller. Quel ne fut pas l'étonnement des bandits, en découvrant sur ma chemise... la marque des galères ?

« Un forçat !... s'écria Roman, un forçat parmi nous... ce ne peut être qu'un espion... Qu'on le sable[5] ; ou qu'on le fusille... ce sera plus tôt fait. »

J'entendis armer les fusils...

« Un instant ! commanda le chef ; il faut auparavant qu'il rende l'argent...

» Oui, lui dis-je, l'argent sera rendu ; mais il est indispensable que vous m'accordiez un entretien particulier. » Roman consentit à m'entendre. On croyait que j'allais faire des aveux ; mais quand je fus seul avec lui j'affirmai de nouveau que je n'étais pas le coupable, et je lui indiquai pour le découvrir un expédient dont il me semble avoir lu autrefois la recette dans Berquin. Roman reparut tenant dans sa main autant de brins de paille qu'il y avait d'individus présents : – Faites bien attention, leur dit-il, que le brin le plus long désignera le voleur. On procède au tirage ; et quand il est terminé, chacun s'empresse de rapporter sa paille... Une seule est plus courte que les autres. C'est un nommé Joseph d'Oriolles qui la présente. « C'est donc toi ? lui dit Roman : toutes les pailles étaient de même longueur ; tu as raccourci la tienne, tu t'es vendu toi-même... »

Aussitôt l'on fouilla Joseph, et l'argent volé fut trouvé dans sa ceinture. Ma justification était complète Roman lui-même me fit des excuses ; en même temps il me déclara que j'avais cessé de faire partie de sa troupe « c'est un malheur, ajouta-t-il, mais vous sentez qu'ayant été aux galères... » Il n'acheva pas, me mit quinze louis dans la main, et me fit promettre de ne pas parler de ce que j'avais vu, avant vingt-cinq jours. – Je fus discret.

FIN DU TOME PREMIER.

---

5 En Angleterre, on assomme avec des sacs pleins de sable... : en Provence, on substitue aux sacs une peau d'anguille, dont un seul coup appliqué entre les deux épaules, suffit pour détacher les poumons, et par conséquent pour donner la mort.

Printed in Great Britain
by Amazon

23142156R00056